现代办公文书写作手册

全新版

董丹◎编著

中国铁道出版社有限公司
CHINA RAILWAY PUBLISHING HOUSE CO., LTD.

内 容 简 介

本书是介绍现代常用办公文书的书籍，对各类办公文书进行了具体细致地介绍。

全书共分 11 章，主要包括四部分的内容：第一部分介绍了办公文书写作的必备基础知识；第二部分介绍了行政活动中的常用文书类型和具体适用原则；第三部分介绍了常用的事务文书类型，包括计划类文书、凭据类文书和法律类文书等；第四部分介绍了商务社交活动中的常用文书类型，如传真、商务函和书信等。

本书针对的读者主要是从事行政人事工作和商务活动，以及其他在工作和生活中会涉及文书写作的人士。本书注重具体范本实例的收集和介绍，因此对读者来说，实操性和可用性都很强。

图书在版编目（CIP）数据

现代办公文书写作手册:全新版/董丹编著.—2版.—北京：中国铁道出版社有限公司，2019.9（2022.1重印）

ISBN 978-7-113-26075-0

Ⅰ.①现… Ⅱ.①董… Ⅲ.①商务-应用文-写作-手册 Ⅳ.①F7-62

中国版本图书馆CIP数据核字（2019）第152208号

书　　名：现代办公文书写作手册（全新版）
作　　者：董　丹

策　　划：张亚慧　**编辑部电话：**(010) 51873035　**邮箱：**lampard@vip.163.com
责任编辑：苏　茜
封面设计：MXK DESIGN STUDIO
责任印制：赵星辰

出版发行：中国铁道出版社有限公司（100054，北京市西城区右安门西街8号）
印　　刷：佳兴达印刷（天津）有限公司
版　　次：2018年8月第1版　2019年9月第2版　2022年1月第2次印刷
开　　本：700 mm×1 000 mm　1/16　**印张：**22.25　**字数：**409千
书　　号：ISBN 978-7-113-26075-0
定　　价：69.00元

前言

PREFACE

办公文书在日常生活和工作中十分常见，运用非常广泛，但真正了解并做到正确规范使用文书的人却很少，大多数人都处在不知道该在哪些场合使用哪种具体文书，以及怎样把握文书细节的编写。

不能充分了解和合理运用办公文书的表现形式多种多样，但原因却往往相似。有的是因为公司成立时间不长，对于内部文件的规范性没有足够的认识，因此对办公文书的使用没有充分重视；有的是因为岗位交接不清，而新到任职员工没有相应的基础，导致其对办公文书的写作不了解；有的则是因为平时使用文书的机会较少，了解也少，没有相关文书范本的准备，等到具体使用时就显得无所适从。

知识掌握是写作的前提，要写好办公文书，首先就要了解办公文书，包括了解办公文书的基础知识、写作要求、写作方法和注意事项等。

阅读本书，不仅可以使从事行政管理和商务活动的人士更加从容地应对工作，还可以满足其他对文书写作有兴趣的人士以及对办公文书写作有需求的人士。书中收集整理和介绍了大量办公中可能会涉及的文书，并对范本的电子文件进行了收集与整理，方便读者直接调用。

本书内容

本书包括 11 章内容，各章节的内容如下表所示。

章节	主要内容	作用
第 1 章	该部分介绍了办公文书写作必备的基础知识，包括公文基础概述、办公文书写作基础知识、写作流程、写作技巧、注意事项、公文写作的 7 个基本功以及提高写作水平的方法等	这部分作为本书的开篇，为读者全面了解办公文书的基础知识做了铺垫，以帮助读者更轻松地阅读后面章节的内容
第 2 ～ 4 章	该部分介绍了知照类文书、指挥指示类文书以及规约类文书，如通知、公告、通报、命令、决定、制度、章程和规则等	这部分内容介绍了这 3 类文书中常用的具体文书种类以及范本,并进行了细致的范本讲解，以帮助读者充分了解各类文书的写作要求和方法，并正确使用文书范本
第 5 ～ 8 章	该部分介绍了计划类文书、总结报告类文书、凭据类文书以及法律类文书，如计划、安排、规划、总结、报告、合同、意向书和诉状等	这部分内容详细介绍了每种文书类别下具体的文书形式，并对其具体使用范围和范本进行了详细介绍，以帮助读者选择正确的文书类型，并进行规范写作
第 9 ～ 11 章	该部分介绍了商务往来类文书、书信类文书以及新闻媒体类文书，如传真、商务函、表扬信、申请书、推荐信、电视新闻稿和企业新闻稿等	这部分内容对于基础性内容介绍较少，更多是着重于范本展示和讲解，通过尽量多的范本帮助读者更多了解和更好运用这几类文书

本书特点

◎ 10 种文书类型，满足读者多样化需求

本书内容广泛，几乎囊括了办公中会涉及的各类文书，如行政工作中常用的通知、公告、命令和制度；个人工作中常用的计划、安排、总结和报告；商务工作中常用的邀请函、请柬和感谢信等。

◎ 范本丰富，随查随用

本书实用性较强，每一类文书都有具体的范本与之对应，读者在进行了基础知识和写作要求及技巧学习之后，可以通过详细的范例内容巩固所学知识，让理论和实际真正结合起来。

◎ 范本精讲与案例紧密结合，提炼主要内容

书中每个范本下都有具体的内容讲解，一般是对范本涉及重要事项的深入解释，或是对与范本文书有关，但在范例中未表现出来事项的介绍，以使读者对展示范本本身及该范本类型有更深层次地了解。

本书导读

为了让读者更好地学习本书的内容，下面针对本书的部分结构进行简要说明。

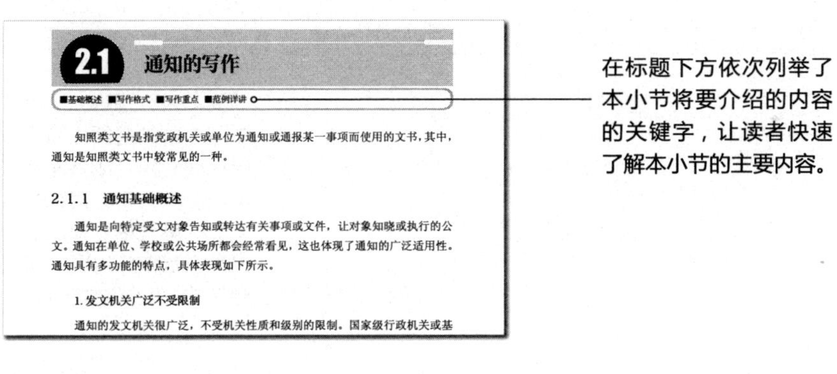

2.1 通知的写作

■基础概述 ■写作格式 ■写作重点 ■范例详讲

知照类文书是指党政机关或单位为通知或通报某一事项而使用的文书，其中，通知是知照类文书中较常见的一种。

2.1.1 通知基础概述

通知是向特定受文对象告知或转达有关事项或文件，让对象知晓或执行的公文。通知在单位、学校或公共场所都会经常看见，这也体现了通知的广泛适用性。通知具有多功能的特点，具体表现如下所示。

1. 发文机关广泛不受限制

通知的发文机关很广泛，不受机关性质和级别的限制。国家级行政机关或基

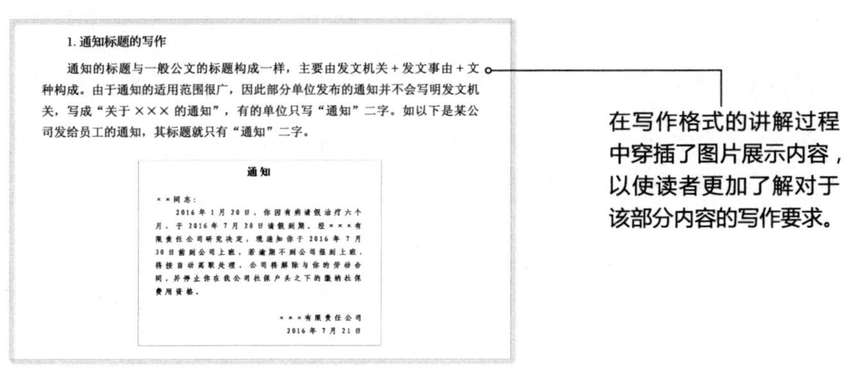

1. 通知标题的写作

通知的标题与一般公文的标题构成一样，主要由发文机关＋发文事由＋文种构成。由于通知的适用范围很广，因此部分单位发布的通知并不会写明发文机关，写成“关于 ××× 的通知”，有的单位只写“通知”二字。如以下是某公司发给员工的通知，其标题就只有“通知”二字。

通知

××同志：

2016 年 1 月 20 日，你因有病请假治疗六个月，于 2016 年 7 月 20 日请假到期。经×××有限责任公司研究决定，现通知你于 2016 年 7 月 30 日前到公司上班，若逾期不到公司报到上班，将按自动离职处理，公司将解除与你的劳动合同，并停止你在我公司社保户头之下的缴纳社保费用资格。

×××有限责任公司

2016 年 7 月 21 日

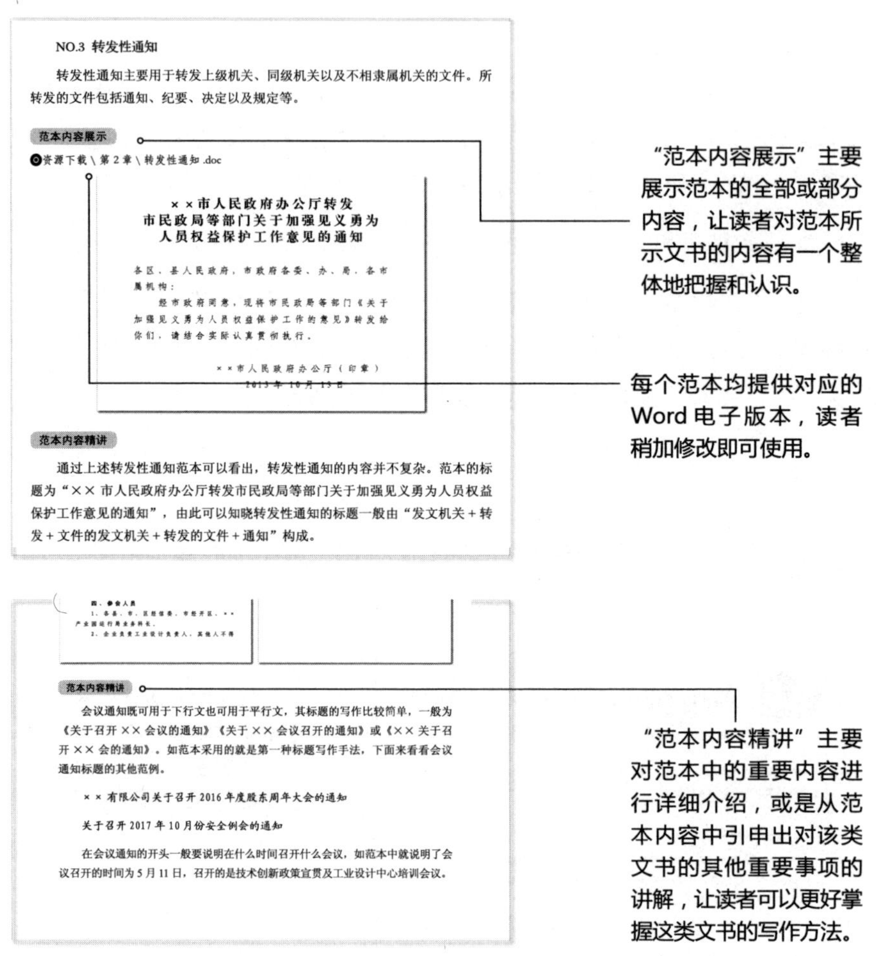

本书读者

本书适用于公司行政人员、文秘人员以及其他从业人员阅读使用。

最后，希望读者能够从本书中获益。由于编者能力有限，本书内容不完善的地方，希望读者批评指正。

编　者

2019 年 6 月

目 录

CONTENTS

第 1 章 现代办公文书写作快速入门

第 2 章　知照类文书写作要点与范例精析

第 4 章　规约类文书写作要点与范例精析

第 5 章　计划文书写作要点与范例精析

第6章　总结、报告、会议写作要点与范例精析

第 7 章 凭据类文书写作要点与范例精析

第 10 章　书信写作要点与范例精析

第 11 章　新闻媒体文书写作要点与范例精析

第1章

现代办公文书写作快速入门

1.1 公文基础概述

■基本特点 ■公文的作用 ■公文的分类

公文又被称为公文文书或公务文件，是国家行政机关、社会团体和企事业单位在公务活动中形成的具有法定效力和规范体式的文书。公文的类别有多种，如通知公文、公告公文、命令公文、制度公文和计划公文等。

1.1.1 公文有哪些基本特点

公文是能够发挥管理效能和法定效力的信息载体，其在日常工作中被广泛使用。那么公文具有哪些特点呢？具体内容如下所示。

◆ 规范性

公文具有规范性，它是在公共事务活动中形成的，以处理公共事务为内容。公文的撰写有行文规格和特定格式的要求。根据中共中央办公厅和国务院办公厅印发的《党政机关公文处理工作条例》国家质量监督检验检疫总局、国家标准化委员会发布的《党政机关公文格式》，对公文通用的纸张、排版和印制装订都作出了要求，使公文的撰写和印制有了规范性的指导。

◆ 实用性

公文是用来处理日常事务的文书，其具有一定的写作目的，如联系他人的目的、统一行动的目的以及上下协调的目的等。公文的写作都是为了满足现实的需要，这体现了公文的实用性。

◆ 对象的特定性

公文的作者都是法定作者，即法定的组织或该组织的领导人。需要注意的是，公文的作者和撰写者是两个不同的概念，撰写者是具体书写公文的人，而公文的作者是公文的制作、发布机关。同时，公文的读者具有特定性，公文的读者可以是社会公众，也可以是特定的受文机关。如下图所示公文的读者就是各区县（自治县）人民政府、市政府各部门和有关单位。

××市人民政府办公厅关于印发
××市安全生产"十三五"规划通知

各区县（自治县）人民政府，市政府各部门，有关单位：

《××市安全生产"十三五"规划》已经市政府同意，现印发给你们，请认真贯彻执行。

××市人民政府办公厅
2017年4月18日

◆ 时效性

公文是具有时效性的文书，其所针对的事务都只在一定时间内有效，一定时间过去了，公文也就失去了使用价值。因此，公文的写作、发出和处理都要求迅速及时。

部分公文会在文件中明确生效时间或有效时间，而有的公文则以成文日期为生效时间。公文时效的丧失一般有两种情形，一种是新的公文代替了原有的公文，原公文的时效在新公文生效时丧失；另一种是随着时间流逝，公文的时效自然而然地终止。如下图所示的通知公文，其生效时间就是成文日期。

关于规范船舶进口有关税收
政策问题的通知

海关总署：

近期，一些地方、部门在未经国务院批准同意的情况下通过保税港区对进口船舶实施保税登记。为维护税收政策的权威性和严肃性，增强航运业政策与船舶工业政策之间的协调性，现就规范船舶进口的有关税收政策问题通知如下：

保税港区等海关特殊监管区域的进口保税政策不适用于并不能实际入区的进境船舶。为规范政策，避免对国内船舶工业的发展造成冲击，除符合条件可享受中资"方便旗"船回国登记进口税收政策的船舶外，其他在保税港区等海关特殊监管区域登记的进境船舶，应按进口货物的有关规定办理报关手续，统一执行现行船舶进口的税收政策，照章缴纳进口关税和进口环节增值税。

财政部 国家税务总局
2014年1月28日

◆ 可靠性和真实性

公文中使用和引用的材料和数据都必须是可靠且真实的，不能出现错误和虚假的数据或信息。公文的真实性还体现在公文内容在事实上是真实的，即所反映的事物是真实存在的。另外，公文还必须要求方针政策上的真实性。

1.1.2 公文的作用随使用场合确定

公文的形成主体是国家机关或其他社会组织，其作用根据使用场景的不同会有所不同，具体有以下几方面的作用。

◆ 规范作用

国家机关发布的公文有一部分是法规性文件，如各种法律、行政法规或规章。法律是通过全国人民代表大会和全国人民代表大会常务委员会颁布的；行政法规是国务院根据《宪法》和相关法律制定的；而规章由国务院组成部门及直属机构，省、自治区、直辖市人民政府及省、自治区政府所在地的市和设区市的人民政府制定的，这些公文都有特定的适用范围。

◆ 指导作用

许多公文都具有指导作用，如上级机关对下级机关下发的决定或意见等公文，这类公文对下级机关有控制、指挥和要求的作用。具有指导作用的公文能够使各项管理工作分工明确，步调一致，最终实现共同目标。

◆ 宣传和交流作用

公文还具有宣传和交流的作用，如许多公告公文和会议公文都以提高读者思想认识为目的。此类公文以摆事实、讲道理的方式向读者传递信息，从而让读者明白哪些应该做，哪些不应该做。

许多机关或单位还会利用公文的宣传和交流作用来引导舆论、宣传形势和统一思想，以推动工作高效廉洁地进行。

◆ 凭证作用

公文在撰写完成并发布后，都会进行整理归档，以作为日后工作的凭证和依据。在日常的工作中，如果不清楚如何处理事务，就可以通过查看公文来寻找解决办法。如对某次会议的情况不了解，就可以通过查看会议公文来了解会议的内容。

公文所具有的上述作用并不是孤立存在的，而是相互联系的，一个公文可能会具有多方面的作用。

1.1.3 通过分类系统地认识公文

公文的类型有很多种，一般来说，可以按照以下标准来分类。

1. 按形成和使用领域分类

按公文的形成和使用领域可以分为通用公文和专用公文，通用公文又被称为行政公文，是指各级各类机关、团体和单位共同使用的公文，其使用范围最广。在实际生活中常说的公文一般都是指通用公文。

通用公文按照文种的性质和功能又可分为指挥性公文、规范性公文、告晓性公文、报请性公文、商洽性公文和记录性公文 6 种。

专用公文是指某一业务部门或行业根据专门工作的特殊需要而使用的文书。专用公文有特殊的使用领域，如外交公文（国书、照会、备忘录和条约等）、司法公文（起诉书、判决书和调解书等）和经济公文（合同、广告文书、招投标书等）。

2. 按照行文方向分类

按照公文的行文方向，公文可分为上行文、平行文和下行文。上行文是指下级机关向其所属的上级机关发出的汇报情况、提出问题或请求解决的公文；平行文是指同级机关或不相隶属的机关或单位之间递送的文件，此种公文又叫公函或函；下行文是指上级机关或主管部门对下级机关或部门发出的一种公文。

下行文根据发文的目的和要求又可分为 3 种行文方式，包括逐级下行文、多级下行文、直达基层组织和群众的下行文。

3. 按照紧急程度分类

按照公文的紧急程度，公文可分为特提公文、特急公文、加急公文、平急公文和普通公文 5 种。特提公文表明所涉及的事务非常紧急，要求公文接收人在接收到公文一天内进行办理。特急公文要求 3 天内办理；加急公文要求 5 天内办理；

平急公文要求在 10 天内办理。

公文除有上述分类标准外，按照保密程度还可以分为绝密公文、机密公文、秘密公文、内部材料和普通公文 5 种；按照收文机关收到公文后的处理方式，还可以分为阅件和办件，阅件又可称为阅知性公文，办件又可称为承办性公文；按照公文规范性和行政约束力的强弱，可以分为规范性公文和非规范性公文。

通过上述内容可以看出，公文的分类标准是比较多的。在 2012 年 4 月 16 日，中共中央办公厅、国务院办公厅以中办发〔2012〕14 号印发了《党政机关公文处理工作条例》，该条例自 2012 年 7 月 1 日起施行，条例将公文分为 15 类。包括决议、决定、命令（令）、公报、公告、通告、意见、通知、通报、报告、请示、批复、议案、函和纪要。

上述 15 种公文种类属于狭义的公文，广义的公文除上述法定文种外，还包括其他常用的应用文，如总结、计划、讲话稿以及传真等，本书所指的商务办公文书指广义的公文。

1.2 办公文书写作基本知识

■组成和布局 ■规则和要求 ■字体选用

公文的起草和行文都有特定的格式要求，只有遵循公文写作规范撰写出来的公文才能符合要求。

1.2.1 认识公文的结构组成和布局

从公文的整体结构来看，公文主要由四大部分组成，包括版头部分、主体部分、版记部分和页码部分，各部分由不同的内容构成。

版头的内容包括份号、密级和保密期限、紧急程度、发文机关标志、发文字号、签发人和版头中的分隔线。主体部分的内容包括标题、主送机关、正文、附件说明、发文机关署名、成文日期、印章、附注和附件。版记的内容包括版记中的分隔线、抄送机关、印发机关和印发日期。下面就来看看完整的公文各组成部分的布局方式。

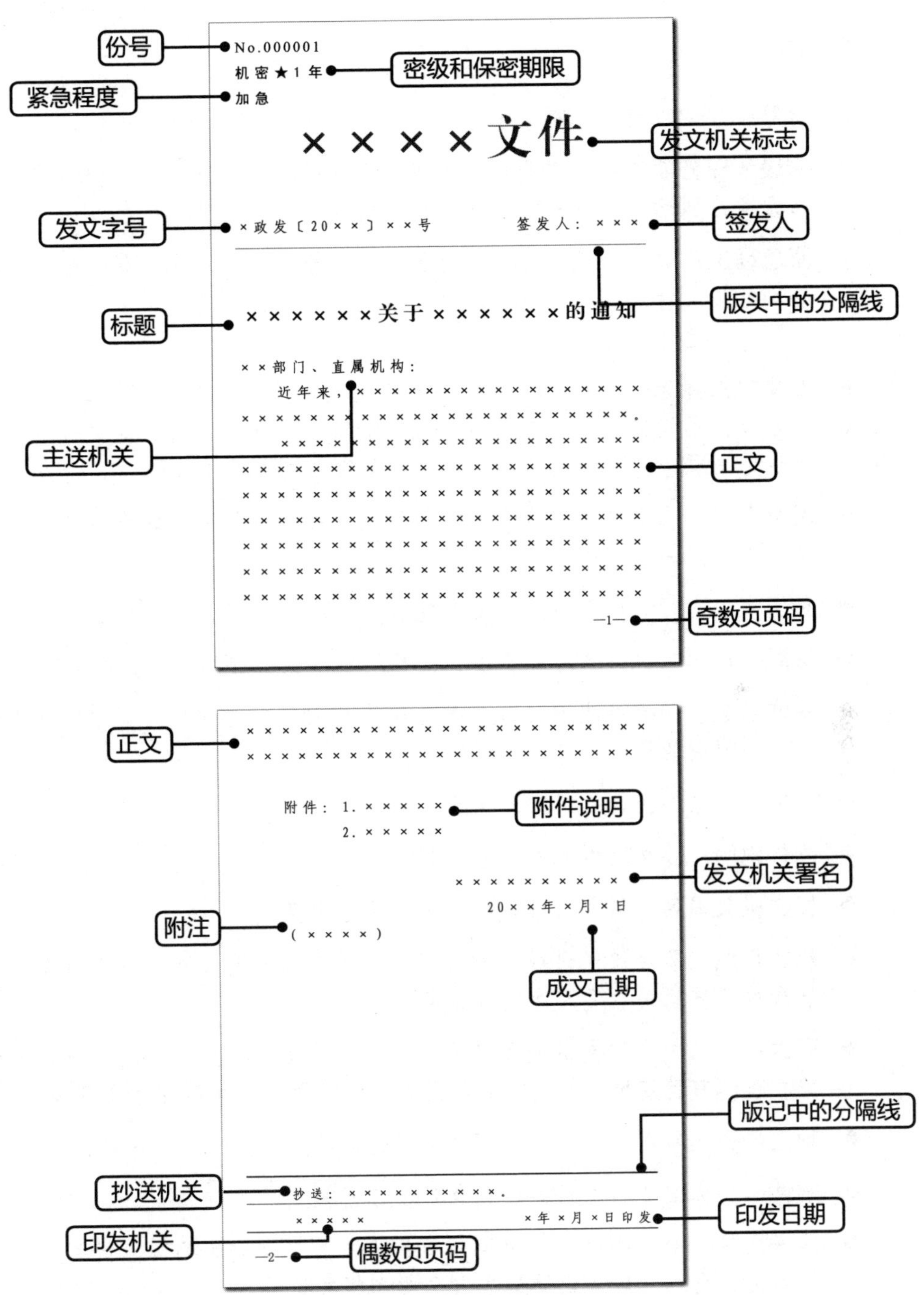

上述公文属于内容比较齐全的“红头公文”（一般只有机关文件才会有红头），并不是所有的公文都必须包含上述内容，如公文的份号、密级和保密期限、紧急程度、签发人以及附件等，部分公文并不会涉及这些内容。在了解了公文各部分组成要素的布局方式后，下面来深入认识公文的各个部分。

- **份号**：公文印制份数的顺序号，涉密公文应当标注份号。
- **密级和保密期限**：公文的秘密等级和保密的期限。涉密公文应当根据涉密程度分别标注“绝密”“机密”“秘密”和保密期限。
- **紧急程度**：公文送达和办理的时限要求。根据紧急程度，紧急公文应当分别标注“特急”“加急”，电报应当分别标注“特提”“特急”“加急”“平急”。
- **发文机关标志**：由发文机关全称或者规范化简称加“文件”二字组成，也可以使用发文机关全称或者规范化简称。联合行文时，发文机关标志可以并用联合发文机关名称，也可以单独用主办机关名称。
- **发文字号**：由发文机关代字、年份和发文顺序号组成。联合行文时，使用主办机关的发文字号。
- **签发人**：上行文应当标注签发人姓名。
- **标题**：由发文机关名称、事由和文种组成，也可省略发文机关名称。
- **主送机关**：公文的主要受理机关，应当使用机关全称、规范化简称或者同类型机关统称。
- **正文**：公文的主体，用来表述公文的内容。
- **附件说明**：公文附件的顺序号和名称。
- **发文机关署名**：署发文机关全称或者规范化简称。
- **成文日期**：署会议通过或者发文机关负责人签发的日期。联合行文时，署最后签发机关负责人签发的日期。
- **印章**：公文中有发文机关署名的，应当加盖发文机关印章，并与署名机关相符。有特定发文机关标志的普发性公文和电报可以不加盖印章。
- **附注**：公文印发传达范围等需要说明的事项。
- **附件**：公文正文的说明、补充或者参考资料。
- **抄送机关**：除主送机关外需要执行或者知晓公文内容的其他机关，应当使用机关全称、规范化简称或者同类型机关统称。

◆ **印发机关和印发日期：** 公文的印发机关和印发日期。

◆ **页码：** 公文页数顺序号。

通过上述公文布局的示意图，可以看出公文各组成要素并不是随意排布的，而是有规定要求的。根据《党政机关公文格式国家标准（2012 年版）》，具体的排版要求如表 1-1 所示。

表 1-1 公文组成要素排版要求

组成要素		排版要求
版头	份号	如需标注份号，则顶格编排在版心左上角第一行
	密级和保密期限	如需标注密级和保密期限，则要顶格编排在版心左上角第二行
	紧急程度	如需标注紧急程度，则顶格编排在版心左上角。如需同时标注份号、密级和保密期限以及紧急程度，按照份号、密级和保密期限以及紧急程度的顺序自上而下分行排列
	发文机关标志	发文机关标志居中排布，颜色为红色，以醒目、美观和庄重为原则
	发文字号	编排在发文机关标志下空二行位置，居中排布，上行文的发文字号居左空一字编排，与最后一个签发人姓名处在同一行
	签发人	居右空一字，编排在发文机关标志下空二行位置。如有多个签发人，签发人姓名按照发文机关的排列顺序从左到右、自上而下依次均匀编排，一般每行排两个姓名，回行时与上一行第一个签发人姓名对齐
	版头中的分隔线	发文字号之下，居中印一条与版心等宽的红色分隔线
主体	标题	编排于红色分隔线下空二行位置
	主送机关	编排于标题下空一行位置，居左顶格，回行时仍顶格
	正文	编排于主送机关名称下一行，每个自然段左空二字，回行顶格
	附件说明	如有附件，在正文下空一行左空二字编排“附件”二字
	附注	如有附注，居左空二字加圆括号编排在成文日期下一行
	附件	附件应另面编排，并在版记之前，与公文正文一起装订，附件格式要求同正文

续上表

组成要素		排版要求
主体	发文机关署名、成文日期和印章	1. 加盖印章的公文。成文日期一般右空四字编排，单一机关行文时，一般在成文日期之上、以成文日期为准，居中编排发文机关署名，印章端正和居中下压发文机关署名和成文日期，使发文机关署名和成文日期居印章中心偏下位置，印章顶端应当上距正文（或附件说明）一行之内；联合行文时，一般将各发文机关署名按照发文机关顺序整齐排列在相应位置，并将印章一一对应、端正和居中下压发文机关署名，最后一个印章端正和居中下压发文机关署名和成文日期，印章之间排列整齐、互不相交或相切，每排印章两端不得超出版心，首排印章顶端应当上距正文（或附件说明）一行之内
		2. 不加盖印章的公文。在正文（或附件说明）下空一行右空二字编排发文机关署名，在发文机关署名下一行编排成文日期，首字比发文机关署名首字右移二字，如成文日期长于发文机关署名，应当使成文日期右空二字编排，并相应增加发文机关署名右空字数。联合行文时，应当先编排主办机关署名，其余发文机关署名依次向下编排
		3. 加盖签发人签名章的公文。 单一机关制发的公文加盖签发人签名章时，在正文（或附件说明）下空二行右空四字加盖签发人签名章，签名章左空二字标注签发人职务，以签名章为准上下居中排布。在签发人签名章下空一行右空四字编排成文日期；联合行文时，应当先编排主办机关签发人职务和签名章，其余机关签发人职务和签名章依次向下编排，与主办机关签发人职务和签名章上下对齐；每行只编排一个机关的签发人职务和签名章；签发人职务应当标注全称
版记	版记中的分隔线	版记中的分隔线与版心等宽，首条分隔线和末条分隔线用粗线，中间分隔线用细线。首条分隔线位于版记中第一个要素之上，末条分隔线与公文最后一面的版心下边缘重合
	抄送机关	如有抄送机关，则在印发机关和印发日期之上一行及左右各空一字编排
	印发机关和印发日期	编排在末条分隔线之上，印发机关左空一字，印发日期右空一字。版记中如有其他要素，应当将其与印发机关和印发日期用一条细分隔线隔开
	页码	编排在公文版心下边缘之下，数字左右各放一条一字线。单页码居右空一字，双页码居左空一字

1.2.2 公文写作的规则和要求

公文作为一种特殊的文章，其行文有特定的规则要求。首先，公文的行文应当确有必要，讲求实效，注重针对性和可操作性。其次，行文关系根据隶属关系和职权范围确定。一般不得越级行文，特殊情况需要越级行文的，应当同时抄送被越过的机关。根据《党政机关公文处理工作条例》的要求，向上级机关行文，应当遵循以下规则。

- ◆ 原则上主送一个上级机关，根据需要可同时抄送相关上级机关和同级机关，不抄送下级机关。
- ◆ 党委或政府的部门向上级主管部门请示、报告重大事项，应当经本级党委或政府同意或者授权；属于部门职权范围内的事项应当直接报送上级主管部门。
- ◆ 下级机关的请示事项，如需以本机关名义向上级机关请示，应当提出倾向性意见后上报，不得原文转报上级机关。
- ◆ 请示应当一文一事，不得在报告等非请示性公文中夹带请示事项。
- ◆ 除上级机关负责人直接交办事项外，不得以本机关名义向上级机关负责人报送公文，不得以本机关负责人名义向上级机关报送公文。
- ◆ 受双重领导的机关向一个上级机关行文，必要时抄送另一个上级机关。

向下级机关行文，应当遵循以下规则。

- ◆ 主送受理机关，根据需要抄送相关机关。重要行文应当同时抄送发文机关的直接上级机关。
- ◆ 党委或政府的办公厅（室）根据本级党委或政府授权，可以向下级党委或政府行文，其他部门和单位不得向下级党委或政府发布指令性公文或者在公文中向下级党委或政府提出指令性要求。需经政府审批的具体事项，经政府同意后可以由政府职能部门行文，文中需注明已经政府同意。
- ◆ 党委或政府的部门在各自职权范围内可以向下级党委或政府的相关部门行文。
- ◆ 涉及多个部门职权范围内的事务，部门之间未协商一致的，不得向下行文；擅自行文的，上级机关应当责令其纠正或者撤销。
- ◆ 上级机关向受双重领导的下级机关行文，必要时抄送该下级机关的另一个上级机关。

同级党政机关以及党政机关与其他同级机关必要时可以联合行文。属于党委和政府各自职权范围内的工作，不得联合行文。党委和政府部门依据职权可以相互行文。部门内设机构除办公厅（室）外不得对外正式行文。

1.2.3 字体选用要非常严谨

公文在字体的使用上也有特殊要求，如没有特殊的说明，公文的正文内容使用3号仿宋体字，但特定情况可以做适当调整，公文字体的颜色一般均使用黑色，公文其他文字的字体要求如表1-2所示。

表1-2 公文字体要求

文字内容	要求
密级和保密期限	公文如需标注密级和保密期限，则一般用3号黑体字
紧急程度	公文如需标注紧急程度，则一般用3号黑体字
发文机关标志	发文机关标志推荐使用小标宋体字，颜色为红色，以醒目、美观、庄重为原则
签发人	公文中如有签发人，则“签发人”3个字用3号仿宋体字，签发人姓名用3号楷体字
标题	公文的标题一般使用2号小标宋体字
正文序数	公文正文中若有序数，则序数一般第一层用黑体字，第二层用楷体字，第三层和第四层用仿宋体字标注
附件	公文附件要另面编排，“附件”二字及附件顺序号用3号黑体字
抄送机关	公文中若有抄送机关，则一般用4号仿宋体字
印发机关和印发日期	公文的印发机关和印发日期一般用4号仿宋体字
页码	公文也需要插入页码，页码用4号半角宋体阿拉伯数字

从上述内容可以看出，在撰写公文时，字体的选用也非常严谨，在具体书写时可以根据需要更改字体大小，如密级和保密期限也可以使用4号黑体字，特殊情况也可以更改字体样式。

1.3 五步完成公文的写作流程

■明确出发点 ■材料的掌握 ■编写提纲 ■落笔起草 ■审核定稿

公文的写作要按一定的步骤进行。一般来说，五步就可以完成公文的写作，包括明确写作出发点、选用材料、编写提纲、落笔起草和审核定稿。

1.3.1 第一步：明确写作的出发点

在撰写公文前首先要明确写作的出发点，即确定主旨。写作出发点在公文写作中起到提纲挈领的作用。公文的出发点要正确和鲜明，且要点明行文目的，以及公文的重点内容，做到准确地将文中的观点表达出来。

在确定公文写作出发点时，不少撰写者容易陷入误区，即模糊公文对象。公文的对象是公文的阅读者，所以在确定出发点时，要考虑公文的受众，可以从以下两个方面来考虑。

据“实”：即根据实际需要和客观的实际情况来确定出发点。

据“令”：即根据方针政策或领导的意图来确定出发点。

明确公文的对象之后，还需要对公文的文种和行文方向进行确定，即确定公文是决定、命令、请示还是纪要，是采用上行文、下行文还是平行文。其中行文的方向根据发文和受文对象即可确定，但文种则需要根据使用环境来确定。例如公布重要决定或者重大事项则使用公报；用于记载会议主要情况和议定事项就使用纪要；发布和传达要求下级机关执行和有关单位周知或者执行的事项则采用通知文种。

1.3.2 第二步：选用材料

公文不是凭撰写者的想象来书写完成的，它会使用各种材料，因此公文撰写的第二步就是收集和整理材料。材料收集是否充分会影响公文写作的速度和质量。

公文的材料来源很广泛，有的属于日常积累得来的；有的属于有关部门发布的方针政策；有的属于统计数据。公文写作内容不同，对材料的要求也会不同。

将材料收集完成之后还要对材料进行加工处理才能使用，常见的处理方法有以下两种。

◆ 筛选和分类法

收集而来的材料并非全部都是有效材料，所以首先需要对其进行筛选精简。筛选时不能孤立地看待某一材料，而应从整体的角度来考虑其价值性，从而删除无效材料。

为了能够快速便捷的使用材料，需要对收集而来的材料进行分类处理。分类的方式有很多，可以按照时间、功能以及材料格式等进行划分。

◆ 整理加工法

收集而来的材料很多不能直接使用，需要对其进行加工处理，例如数据资料的汇总统计、音频资料的内容提取以及图片信息的技术处理等。另外，在加工材料的同时要求进一步对材料进行筛选，对不重要的材料进行删除。

1.3.3 第三步：编写提纲

提纲是公文的梗概结构，读者通过阅读提纲就能够对公文内容有大致地了解，而作者通过提纲便能清晰掌握公文的写作内容和方向。

在编写公文提纲时，首先要确定公文内容的结构，即公文由哪几部分构成，分为几个段落，要表示几层意思。如一篇关于开展城镇居民社会养老保险试点工作的通知公文，其提纲由以下几部分组成。

一、养老保险制度建设的主要进展

二、为什么要开展城镇居民社会养老保险试点

三、开展城镇居民社会养老保险试点的重要意义

（一）深入贯彻落实科学发展观

（二）加强和创新社会管理的重要步骤

（三）完善覆盖城乡居民社会保障体系的重要环节

四、开展城镇居民养老保险试点的目标任务和基本原则

五、城镇居民社会养老保险制度与新农保基本一致

六、城镇居民社会养老保险试点的主要政策

（一）参保范围

（二）基金筹集

（三）个人账户

（四）养老金待遇及领取条件

（五）相关制度衔接

七、中央财政对城镇居民社会养老保险补助水平和办法与新农保一致

八、大力提升经办管理服务能力

九、加强基金监督

通过上述提纲的阅读，作者可以明确该公文的主要内容和方向。读者也能了解这篇公文的写作内容。

1.3.4 第四步：落笔起草

编写完公文的提纲后，接下来就正式落笔起草公文了。在落笔起草时要注意公文布局，以及公文语言和写作的规则要求。

根据《党政机关公文处理工作条例》的要求，在起草公文时要做到以下几点。

- 符合党的理论路线方针政策和国家法律法规，完整准确体现发文机关意图，并同现行有关公文相衔接。
- 一切从实际出发，分析问题实事求是，所提政策措施和办法切实可行。
- 内容简洁，主题突出，观点鲜明，结构严谨，表述准确，文字精练。
- 文种正确，格式规范。

◆ 深入调查研究，充分进行论证，广泛听取意见。

◆ 公文涉及其他地区或者部门职权范围内的事项，起草单位必须征求相关地区或者部门意见，力求达成一致。

◆ 机关负责人应当主持和指导重要公文起草工作。

1.3.5 第五步：审核定稿

完成前面的步骤后，就到了公文完善和定稿的阶段。公文的完善包括文字内容的完善和版式的完善。公文的完善实际上就是公文的校对，公文的初校主要由拟稿人来完成，校对要求如下所示。

◆ **文字**：校对公文中的错别字、多余字或漏字，确保公文文字内容准确，表述无误。检查公文的发文和受文对象、成文时间、标题、主题词以及附件等是否正确。

◆ **版式**：校对公文的字体格式、编号、紧急程度以及成文时间的位置是否正确，确保公文的整体版式符合要求。

在进行初校后，公文一般还需要进行二校和三校等。在校对工作完成后，需要将公文交给发文机关进行审阅，审阅的重点如表 1-3 所示。

表 1-3 公文审阅重点

序号	具体说明
1	行文理由是否充分，行文依据是否准确
2	内容是否符合党的理论路线方针政策和国家法律法规；是否完整准确体现发文机关意图；是否同现行有关公文相衔接；所提政策措施和办法是否切实可行
3	涉及有关地区或者部门职权范围内的事项是否经过充分协商并达成一致意见
4	文种是否正确，格式是否规范；人名、地名、时间、数字、段落顺序、引文等是否准确；文字、数字、计量单位和标点符号等用法是否规范
5	其他内容是否符合公文起草的有关要求

审阅合格的公文就可以定稿，公文的最终定稿标志着一篇公文已符合发文要求，可以发送给受文对象了。

1.4 公文写作快速成文的技巧

■资料搜集 ■适用文种 ■结构模式 ■公文惯用语

不少公文拟稿人比较苦恼的就是公文的成文。实际上，公文的成文并没有想象中的困难，学会公文的成文技巧可以帮助我们更好地撰写公文。

1.4.1 留心搜集资料，善于参考借用

许多公文拟稿人之所以会感觉公文写作很困难，主要原因在于资料的搜集不够充分，且不会运用资料。要打好公文写作的基础，就要建立资料数据库。

公文撰稿人在日常生活中要善于搜集和积累资料，这一资料不仅包括公文撰写需要的材料，还包括自己已完成的公文或发布在报刊和网上的公文。这些资料都是撰写公文的重要素材，有的素材通过简单编辑和修改，还可以直接为己所用，能够大大缩短公文的撰稿时间。采用以下公文资料的积累方法可以提高公文搜集效率。

◆ 剪贴式

剪贴式是指将报刊或杂志等载体上所需的资料剪切下来，将其粘贴在白纸上，并做好标注，装订成册。这本剪贴册就可以成为公文资料的资料库，为便于查阅，还可以在剪贴册书页的边缘用便笺纸来标记。

◆ 笔记式

笔记式是指将需要的公文资料用摘录的方法将其摘抄或概括书写下来，概括可以加深对资料的理解和记忆，而摘抄则要求不更改原文的内容。对于互联网上的资料可以复制粘贴到文档中存储，如果是书籍或其他纸质载体上的资料，则可以采取拍照的方式来记录。当然拟稿人也可以采取手写的方式，只是比较花费时间，在时间充裕的情况下可以手写摘抄。

◆ 卡片式

卡片式的优点是可分可合，便于分类和保存，拟稿人可以自己制作卡片，也

可以在商店购买卡片。由于卡片的外形通常比较小巧，因此卡片上记载的资料不会太多，卡片中记载的资料一定是精华内容。一般一张卡片表明一个论点或摘录一段内容即可。

1.4.2　了解公文种类，选择适用文种

不少新手拟稿人都遇到过错误使用公文文种的情况，错误使用公文文种的主要原因在于没有明确行文的目的。法定的公文文种都有其适用范围，只要准确理解了其适用范围，就不太容易出现错误使用文种的问题。15 种法定文种的适用范围如表 1-4 所示。

表 1-4　15 种法定文种的适用范围

文种	适用范围
决议	适用于会议讨论通过的重大决策事项
决定	适用于对重要事项作出决策和部署、奖惩有关单位和人员以及变更或者撤销下级机关不适当的决定事项
命令(令)	适用于公布行政法规和规章、宣布施行重大强制性措施、批准授予和晋升衔级以及嘉奖有关单位和人员
公报	适用于公布重要决定或者重大事项
通告	适用于在一定范围内公布应当遵守或者周知的事项
意见	适用于对重要问题提出见解和处理办法
通知	适用于发布和传达要求下级机关执行和有关单位周知或者执行的事项，批转和转发公文
通报	适用于表彰先进、批评错误、传达重要精神和告知重要情况
报告	适用于向上级机关汇报工作、反映情况以及答复上级机关的询问
请示	适用于向上级机关请求指示和批准
批复	适用于答复下级机关请示事项
议案	适用于各级人民政府按照法律程序向同级人民代表大会或者人民代表大会常务委员会提请审议事项
函	适用于不相隶属机关之间商洽工作、询问和答复问题以及请求批准和答复审批事项
纪要	适用于记载会议主要情况和议定事项

1.4.3 掌握结构模式，迅速判断套用

每一篇完整的公文都是由各个部分构成的，观察各个部分就可以了解公文的层次，公文篇章主要有以下 3 种结构模式。

三段式：三段式是指可以将公文分为 3 个层次，即由“开头 + 主体 + 结尾”构成。

二段式：二段式是没有结尾的公文，即由“开头 + 主体”构成，主体内容讲述完毕后，公文内容自然结束。

一段式：一段式是内容较短的公文，通常全文只有一段或一层。

公文的结构模式体现了拟稿人的写作思路，在书写时都可以按照上述结构来进行安排。公文除了有篇章的结构模式外，在逻辑上也有结构可循。公文的逻辑结构也是快速写作所需要掌握的，公文一般有如表 1-5 所示的逻辑结构。

表 1-5 公文的逻辑结构

逻辑结构	具体说明
因果式	因果式是指公文的开头主要说明发文的原因或目的，随后写明发文事项。这种逻辑结构让读者清楚为什么发文以及怎么做。开头部分内容可用概述、引述以及根据的方式来书写，发文事项则直接叙述情况并分析问题即可。因果式的逻辑结构既可以使用三段式，也可以使用二段式，若是三段式，则结尾可以用总结、呼应或强调的写法来结束
递进式	递进式又称为推进式结构或纵式结构，这种逻辑结构的层次向纵深展开，将公文的内容一层一层地深入揭示。在使用递进式时，可以将公文的论点分为几个分论点，将各论点由浅入深，由表及里地连接起来，这样就可以形成一篇递进式的公文。递进式的行文方式有多种，如按照提出问题、分析问题和解决问题的思路；按照摆事项、析危害、挖原因和指措施的思路；按照是什么、为什么和怎么办的思路书写
并列式	并列式逻辑结构各层级之间具有横向联系，在采用并列式拟稿时，若内容较多可以采用小标题的形式，由于并列关系是横向联系，因此各小标题调换位置也不会影响全文的阅读。在使用并列式时也可以将公文的论点分为几个分论点，只是各论点之间的关系是并列关系，如由引论 + 论证分论点 1（由论据（事例）+ 分析论证组成）+ 论证分论点 2+ 论证分论点 3 组成

一篇公文可能会使用多个逻辑结构，因此在实际撰写时要学会灵活套用，逻辑结构与篇章结构是相互联系的，两者结合才能构成一篇完整的公文。

1.4.4 学会公文惯用语，方便快捷表述

公文在语言表达上有许多惯用语，掌握这些惯用语能够帮助拟稿人快速表达公文语句，熟悉惯用语还可以帮助拟稿人找到公文的语感，从而使公文的撰写得心应手。那么公文有哪些惯用语呢？具体如表 1-6 所示。

表 1-6 公文惯用语

惯用语		举例
开头惯用语		公文开头常用的惯用语有：根据、为 (为了)、按照 (依照、遵照)、兹因 (兹有、兹定于)、欣值、顷接、现将、鉴于、蒙、承蒙、关于、由于、随、随着、查、奉和依据等
排比惯用语	×× 性	重要性、紧迫性、自觉性、主动性、坚定性、民族性、前瞻性、战略性、积极性、时代性、复杂性、艰巨性、可讲性、实践性、针对性、全局性、创造性、长期性和鼓动性等
	×× 感	责任感、紧迫感、压力感、荣誉感和成就感等
	×× 点	出发点、切入点、突破点、根本点和支撑点等
	×× 化	法制化、规范化、制度化、标准化、品牌化、产业化、信息化和城镇化等
	新 ××	新水平、新境界、新成绩、新成效、新方法、新期待、新关系、新体制、新机制、新知识、新本领、新进展、新实践、新成果、新形势、新要求、新举措、新发展和新突破等
	×× 力	控制力、影响力、创造力、活动力、凝聚力、战斗力、感染力和亲和力等
	× 心	好心、专心、坏心、爱心、热心、耐心、诚心、决心、红心、真心、公心、柔心、铁心、用心、痛心、童心、良心、上心、关心、核心和内心等
常用动词		公文的常用动词有：推进、推动、健全、深化、强化、监督、改进、形成、实现、规范、开展、规划、整合、理顺、推行、推广、感召、说服、增进、检验、吸纳、支撑、宣传、弘扬和树立等
称谓用语		第一人称的“我”和“本”；第二人称的“贵”和“你”；第三人称的“该”

续上表

惯用语	举例
表态用语	批准、同意、照办、完全同意、基本同意、不予同意、应予否定、按此办理、按此执行和暂不执行等
常用名词	关系、力度、速度、反映、规模、标准、办法、思想、理想、活力、稳定、安全、支撑、局面、任务、合力、指导思想、结构、能力、特色、素质、权利、落脚点和环境等
常用短语	全面推进、贯穿始终、切实抓好、扎实推进、狠抓落实、从严控制、严格执行、坚决制止、明确职责、高举旗帜、加快发展、持续增收、积极稳妥、坚定不移、牢牢把握、积极争取、深入开展、注重强化、统筹兼顾、综合治理、融入其中、抓住机遇、分步实施、逐渐好转、基本建立、大幅提高、不断加强和全面分析等

公文的惯用语还有很多，公文的撰写者也可以在实际中总结和发现公文的惯用语，逐步提高公文的写作技能。

1.5 公文写作应该注意的问题

■数字运用 ■棘手问题 ■“三旧”和“三新” ■详略适宜

在公文写作的过程中，有许多细节问题都需要引起拟稿人注意，如数字运用、错别字、内容的重点等，下面就来看看公文写作究竟要注意哪些问题。

1.5.1 数字运用要规范

在实际的公文撰写中常常会涉及数字的使用，数字虽然看起来简单，但却十分重要，尤其是在严谨规范的公文中，错误地使用，往往会造成差之毫厘谬以千里的结果。

首先，保密期限中的数字要用阿拉伯数字标注；其次，有多个附件的情况下，也要使用阿拉伯数字标注附件顺序号；最后，成文日期中的数字也要用阿拉伯数字将年、月、日标全。但在说明文中结构层次序数并不全用阿拉伯数字，依次可以用“一”“（一）”“1”“（1）”来标注。

除了以上数字使用规范外，在公文中运用数字，还要注意以下标准，具体如表 1-7 所示。

表 1-7　公文数字使用标准

数字形式选用	具体说明
用于计量的数	为达到醒目、易于辨识的目的，在使用数字进行计量时，应采用阿拉伯数字。如 500mm（500 毫米）和 30℃（30 摄氏度）等
用于编号的数字	在使用数字进行编号时，同样要使用阿拉伯数字。如邮政编码：100010，电话号码：028−691854×× 等
已定型的含阿拉伯数字的词语	某些词汇中的阿拉伯数字是逐渐形成和广泛使用的，此类词汇中的数字也要使用阿拉伯数字。如 MP3、G20 峰会和维生素 B_{12} 等
非公历纪年	干支纪年、农历月日、历史朝代纪年及其他传统上采用汉字形式的非公历纪年等，应采用汉字。如丙申年十二月十五日和正月初一等
概数	数字连用表示的概数、含“几”的概数，应采用汉字数字。如四五个月、二三十个和二十几等
已定型的含汉字数字的词语	汉语中长期使用已经稳定下来的包含汉字数字形式的词语，要采用汉字数字。如七上八下、一心一意和半斤八两等
多位数	为便于阅读，四位以上的整数或小数，可采用千分撇或千分空两种分节方式。千分撇指整数部分每三位一组，以“,”分节。小数部分不分节，四位以内的整数可以不分节，如 1256 和 746,000。千分空指从小数点起，向左和向右每三位数字一组，组间空四分之一个汉字，即二分之一个阿拉伯数字的位置。如 55 235 和 367.346 23，四位以内的整数可以不加千分空
纯小数	纯小数必须写出小数点前定位的“0”，小数点是齐阿拉伯数字底线的实心点“.”

知识补充　“零”和“〇”

阿拉伯数字“0”有“零”和“〇”两种汉字书写形式。一个数字用作计量时，其中“0”的汉字书写形式为“零”，用作编号时，“0”的汉字书写形式为“〇”。如：“3025（个）”的汉字数字形式为“三千零二十五”（不写为“三千〇二十五”）。

1.5.2 公文标题中棘手的几个问题

公文标题是公文必不可少的组成部分，不少公文拟稿人在书写公文标题时，也会出现许多问题，常见的有以下几个问题。

1. 标点符号

公文标题一般不使用标点符号，但法规和规章名称等要加书名号。如“关于印发《新旧科学事业单位会计制度有关衔接问题的处理规定》的通知”“厦门市人民政府办公厅印发关于本市贯彻《国务院办公厅关于继续做好房地产市场调控工作的通知》实施意见的通知”“上海市人民政府办公厅印发关于本市贯彻《国务院办公厅关于继续做好房地产市场调控工作的通知》实施意见的通知”。

可以看出，上述3个标题中都加了书名号，但尽管标题内容很长，除书名号外，也没有加其他标点符号。另外，公文标题也可能出现顿号，如以下公文标题。

- ◆ 中共中央、国务院印发《关于调整完善生育政策的意见》。
- ◆ 财政部、国家税务总局关于规范船舶进口有关税收政策问题的通知。
- ◆ 关于国土资源举报、咨询统一使用12336特服号码的公告。

从上述标题可以看出，有两种情况公文标题中会使用顿号，一是标题中出现了多个发文机关；二是标题中出现了并列的词或短语。需要注意的是，多个发文机关的名称也可以并列用空格来表示，如“财政部、国家税务总局关于规范船舶进口有关税收政策问题的通知”，也可以写作“财政部　国家税务总局关于规范船舶进口有关税收政策问题的通知”。

除书名号和顿号外，标题中还可能出现括号。括号主要用于解释或补充说明，如“关于民口科技重大专项项目（课题）结题财务决算工作的通知”。

2. 标题的构成

公文标题由发文机关名称、事由和文种组成，如“北京住房公积金管理中心关于实行住房公积金个人贷款差别化政策的通知”，这一标题的发文机关名称为北京住房公积金管理中心，事由为实行住房公积金个人贷款差别化政策，文种为通知。

公文标题所需要的 3 个组成部分不能省略，在具体书写时容易出现事由概括不当和文种不规范的问题。事由应简明准确地概括出公文的主要内容，文种要避免错用或混用。

3. 标题的排列

公文的标题有长也有短，短的标题在文稿中能一行显示，但如果标题内容较长，就需要多行排列。多行排列时也要居中排列，回行时，要做到词意完整，排列对称，长短适宜，间距恰当。标题排列应当使用梯形或菱形，如以下排列方式。

◆ 双行式

双行式的标题分为上下两行排列，具体又包括上下等长、上短下长和上长下短 3 种情形，具体如下图所示。

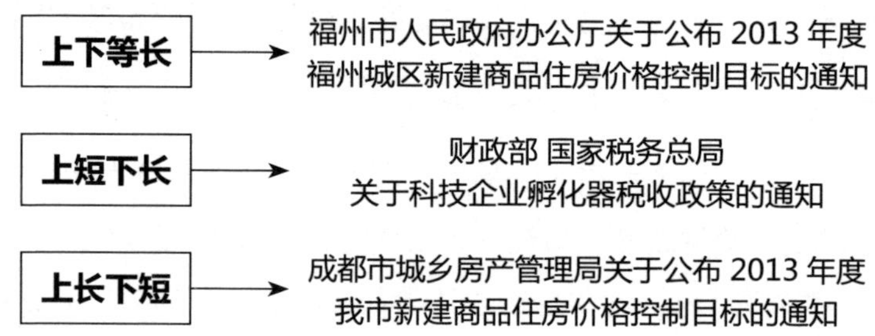

◆ 多行式

多行式的公文标题一般分为上中下 3 行，只有极少数多于 3 行，多行有正梯形、倒梯形、上下短中间长、上下长中间短、上短中下等长和下短上中等长等几种情形。下面列举几种 3 行排列方式，如下图所示。

正梯形

省人民政府办公厅关于转发
省教育厅等部门贵州省外来人员
随迁子女报考普通高等学校暂行规定的通知

上短中下等长

广州市人民政府办公厅关于贯彻
广东省人民政府办公厅转发国务院办公厅关于
继续做好房地产市场调控工作通知的实施意见

上中下等长

人力资源社会保障部办公厅关于印发
《人力资源社会保障部落实 2016 年
政务公开工作要点实施方案》的通知

上下短中间长

上海市人民政府办公厅印发关于本市
贯彻《国务院办公厅关于继续做好房地产市场
调控工作的通知》实施意见的通知

1.5.3 避免“三旧”，力求“三新”

前面我们已经知道了，公文是时效性很强的文书，因此公文的内容要避免“三旧”。“三旧”是指道理旧、办法旧和表述旧。那么如何避免“三旧”呢？具体可以从以下方面入手。

◆ 不用消失的词汇

生活中有些词汇会随时间的流逝而不再使用，特别是许多带有时代特征的词汇更是如此。如“上山下乡”和“红卫兵”等。这些词汇具有很明显的时代烙印，如今几乎已经销声匿迹了。对于这些已进入“历史长廊”的词汇，在公文中不能再使用。

◆ 一般不使用文言词汇

在公文中通常不使用文言词汇，这是因为文言词汇会让现代人难以理解，且一些生僻的文言词汇让人无法读懂其中的含义。但公文中实际上也保留了部分文言词汇，如兹、欣、悉、谨、妥否、烦请、呈请和为此等。需要注意的是，这些文言词汇是现在仍广泛使用的，是经过长期使用和选择最终定型的词汇，也很难用其他现代词汇去代替，因此仍在沿用。且这些词汇并不会使公文的阅读变得困难，反而会提高公文的质量，使表达更加得体。

◆ 避免过时的思想

公文的内容很多时候都会传递某一思想，但有些思想在过去可能是符合实际、可行的，但在现在看来就是已过时且不符合实际的思想。对于已过时的思想，也要避免出现在公文中。

公文要力求“三新”，即公文要追求观点新、材料新和角度新。在不同的时期都会有新思想、新观点、新论断和新要求的提出，在撰写公文时要使用这些新思想和新观点。在使用材料时也要使用最新的材料，如要写一篇关于党和国家机关路线和方针的公文，在使用材料时就要选用最新颁发的相关政策、规定或重要领导人的讲话。

1.5.4 详略适宜，重点突出

公文的内容要详略适宜，重点突出，避免没有重点或重点不突出。公文没有重点的表现如表 1-8 所示。

表 1-8　没有重点公文的表现

表现	具体说明
大而全	有时公文涉及的内容比较广泛，因此公文拟稿人就追求“大而全”，将所有内容都写进公文中，生怕漏掉某方面内容。这种追求面面俱到的思想，常常会让公文缺乏主旨，没有重点
冗长和流水账	部分公文拟稿人会陷入一个思想误区中，认为公文质量的好坏是用长短来衡量的，于是就将本来可以用一句话表述的意思，用两句话来表述。虽然公文的内容看起来很多、很长，但大多属于流水账或口水话，这样反而会让公文看起来没有深度和层次感，大大降低了公文的质量
不分主次	不分主次是指公文该详写的没有详写，该略写的没有略写。公文不用追求面面俱到，要有针对性。在确定公文主题时要有的放矢，忌出现多个中心

那么如何才能突出公文的重点呢？公文拟稿人可以采取以下 5 点来抓住公文重点。

- **虚实得当**：实的内容详写，虚的内容则略写。
- **新旧得当**：新的内容详写，旧的内容则略写。
- **对比烘托**：在公文中使用对比也可以起到突出重点的作用，这里的对比不是简单的对比，而要用对比烘托映衬公文实的内容。
- **议论阐述**：对公文的产生背景和自身所具有的意义进行议论，从议论中由浅入深或由点到面地引出公文的主题内容。
- **一文一事**：一个公文最好只讲述一件事实，这样可以保证公文的单一性，避免公文内容偏离主题。

1.6 掌握公文写作的7个基本功

■厚积薄发为前提　■大局思维，避免局限　■辩证性看待问题，避免极端　■透过现象看本质

公文是党政机关和公司部门在行政管理过程中形成的重要文书，也是传达信息、汇报工作的有效方式。作为拟稿人，除了会简单的撰写之外，还需要夯实

公文写作基本功，才能熟练撰写各种公文，提升自我能力。下面介绍公文写作的7个基本功。

1.6.1 厚积薄发为前提

实际上有很多文笔功底较好的人常常会抱怨，为什么自己平常写随记散文感觉还可以，但是一碰到公文就束手无策。这是因为公文有其独特的性质、特点以及功效，要求拟稿人有独特的思维方式和写作要求，如果不能准确地把握这一点，那么即便文字功底再好也难以写出让领导满意的公文。

我们发现公司领导或上级的讲话、总结以及通知等都不是单一存在的，其中往往会涉及政治、经济、历史以及文学等内容，为了更好地理解领导的思想，准确把握公文方向，拟稿人需要大量积累，才能深入、透彻地理解领导的意思，延伸领导未说明的话语。拟稿人需要重点掌握以下知识。

◆ 理论知识

理论是公文写作的基础，我们经常可以在各类公文中看到理论的身影。如果拟稿人理论知识贫乏往往会造成写作思维的苍白，严重的情况下还会出现政治观念模糊，是非观念欠缺的基础性问题。可想而知，这样的公文通常都不会得到领导的认可。

我们在撰写公文时，其内容必须基于正确的政治理论知识，指导思想要符合党的基本要求，观点和立场要与党的方针政策保持高度一致。因此我们有必要认真学习政治理论知识，其目的在于透彻理解理论知识，善于学会用理论知识客观、全面地分析实际问题，并将其贯穿于公文之中。

◆ 经济知识

经济是一个重要的核心内容，许多的工作都是围绕经济建设而成立的，所以在实际的公文写作中常常会涉及经济。这就要求拟稿人需要具备基本的经济知识，包括报表分析、经济政策以及行业变化等。除此之外，拟稿人还需要对经济问题中的相关专业名词有所了解。

◆ 历史知识

很多领导人在工作讲话、例行开会以及总结分析中常常会引用历史典故，如果拟稿人不懂相关历史知识，曲解领导意思，可能会闹出笑话，不仅透露出自己的无知，还会引起领导的反感。

中华民族历史久远，除非历史专业毕业，否则难以对历史有全面详细地了解，但是作为公文拟稿人需要对重要的历史人物以及重大历史事件有清楚地了解。这不仅能够拓展自己的知识面，也能使自己撰写的公文更具深度。

◆ 文学知识

文学知识是拟稿人的基本功，扎实的文学知识可以帮助拟稿人在实际撰写中更顺畅，用词用句更准确，也能够准确地向读者传达自己的想法，避免只能意会不能言传的尴尬。

对于文学知识的学习没有捷径，只有通过大量的阅读和长期的积累，才能有所获益，从而自由使用。

1.6.2 大局思维，避免局限

公文撰写最忌讳片面、主观地看待问题，这就要求拟稿人在撰写公文时要具备大局思维，从全面客观的角度来看待问题。领导与拟稿人不同，他需要考虑整个公司或整个单位的战略部署，所以他的任何想法和决策都不会单一片面的存在。因此拟稿人在撰写公文时，即便领导的内容没有明确点明大局，而仅仅只是局部内容，拟稿人也要从大局思维来进行撰写。

大局思维，就是善于从全局高度、用长远眼光观察形势，分析问题，善于围绕党和国家的大事认识和把握大局，自觉地在顾全大局的前提下做好本职工作。对于拟稿人而言，培养大局思维需要落实到实际的日常工作中，从一些看似细小的事物中逐渐培养自己的大局思维，具体如下图所示。

①了解单位的中心工作，并且围绕这些中心工作去撰写公文，即任何的工作都不可能单一存在，一定是从某个角度来为中心工作服务的，所以撰写时不要脱离中心。

②自身树立全局意识，提高自己的思想性，只有在自身思想上有所转变之后，才会在文字中体现出来。

③从自身的小事做起，给自己制订一个长远的工作计划，学着用大局思维来处理应对工作中的各类事项。

④我们应该加强自身学习，提高自己的综合能力，扩大自己的知识面，提高思想觉悟，只有这样才能让自己更加优秀和有大局观。

1.6.3 辩证性看待问题，避免极端

用辩证的态度看待问题是拟稿人需要注意的重点，也是公文写作的基础。辩证的态度看待问题，避免极端性的思维方式。

公文代表的是一个公司或一个单位的发言，以及代表的是领导的思想，所以不能用逻辑思维的方法来看待事物，即陷入“非此即彼”的思维误区。拟稿人要用全面的观点看待事物，既看到事物有利的一面，也要看到事物中不利的一面。

辩证的观点看待事物，要求拟稿人做到以下几点。

用相对的观点看待实际问题，避免绝对化。

用全面的观点看待实际问题，避免片面化。

用交换的观点看待实际问题，避免极端化。

用发展的观点看待实际问题，避免静止化。

用联系的观点看待实际问题，避免孤立化。

用比较的观点看待实际问题，避免一点化。

用反复的观点看待实际问题，避免简单化。

1.6.4 透过现象看本质

《庄子》中有这样一则寓言：庄子见鲁哀公。哀公曰："鲁多儒士，少为先生方者"。庄子曰："鲁少儒。"哀公曰："举鲁国而儒服，何谓少乎？"庄子曰："周闻之，儒者冠圜冠者，知天时；履句屦者，知地形；缓佩玦者，事至而断。君子有其道者，未必为其服也；为其服者，未必知其道也。公固以为不然，何不号于国中曰：'无此道而为此服者，其罪死！'"

于是哀公号之五日，而鲁国无敢儒服者，独有一丈夫儒服而立乎公门。公即召而问以国事，千转万变而不穷。庄子曰："以鲁国而儒者一人耳，可谓多乎？"

哀公的浅薄在于只看重表面现象，而忽视了本质，相对地，庄子的精妙在于透过现象看到了内在的本质。由此可以看出，如果面对事物，只能浅薄的停留在表面，那么往往不能得到准确的信息，甚至得到与事实相差甚远的结果。

撰写公文要求拟稿人看待问题要深刻，避免停留表面，要善于透过现象看到问题的本质。体现在具体的公文中就要求拟稿人撰写公文时要将话说透彻、准确，将其中本质性的内容揭示出来，要针对问题进行深入透彻的思考。当然这并不是一朝一夕就能够做到的，需要拟稿人在日常生活中注意养成这样的思维习惯，使自己的眼光更具洞察力。

简单来说，透过现象看本质就是实现由感性认识上升到理性认识的过程。拟稿人在日常的生活中要多思考、多研究，不要让自己的思想局限于所看到的或听到的表面。

1.6.5 预设性看待问题

商纣王用象牙筷子吃饭，大臣箕子见状十分担忧。他认为，用上象牙筷子，就必须用犀角与美玉的杯盘配套；而这样高级的器皿就不能盛普通饮食，必装珍禽异兽；吃上了山珍海味，就不能穿布衣短衫，必须有锦绣绸缎；接着，又得有华屋大厦。这样下去难道不是很危险吗？然而，纣王根本不听进谏，又建起了酒池肉林，设了炮烙之刑，终至灭国亡身。箕子能从纣王用象牙筷子这件小事预见到殷商的灭亡，就是用发展的眼光，进行了纵向历史分析的结果。

在实际的公文撰写中离不开预设性，例如公司发展计划、公司战略部署以及目标规划等。预设性看待问题即要求拟稿人善于找出和把握事物发展的规律和趋势，以预见性的眼光进行未雨绸缪，争取主动。这对于领导工作和文书的撰写都非常重要。

需要注意的是，任何的事物都不是孤立存在的，我们要用发展的眼光预设性地看待问题，在撰写公文时，紧扣该关联，大胆预设，进行深入的横向和纵向分析，就能开拓思路，产生新的见解，写出观点新颖，内容充实的公文。

1.6.6 悉心揣摩领导想法

拟稿人需要时刻谨记，公文并不是个人记录的随笔，不需要有过多的个人见解，而是秉承领导的想法，根据实际工作的需要写的。所以，这就要求拟稿人在撰写公文时要用心揣摩领导的意图、关注的重点以及研究的方向等，并且想方设法地将领导的思想和意图理解透彻，不能断章取义，更不能随心所欲。

首先，拟稿人要同领导看问题的立足点保持一致。观点是一些政策想法的基础，如果自己和领导就同一问题的观点相差甚远，甚至背道而驰，那么写出来的公文又怎么能够得到领导的认可呢？

然后，拟稿人要通过各种途径准确领会领导的意图。主要包括：日常言谈、领导行为以及领导办文。领导日常中的言谈往往代表其主张和观点，所以拟稿人需要密切注意领导平时参加会议时发言的观点，以及一些非正式场合的谈话，虽然比较零散，但它往往能够准确地显露出领导的观点。行为是思想的客观反映，领导的意图必然要通过一定的行为表现出来。因此，拟稿人可以从领导的行为表现中发现其思想和主张。领导亲自撰写的文稿，阅读各种文件、报刊的批示，以及对下级人员拟制公文提出的修改意见，往往都是领导对某一问题的思想和观点的反映。悉心研究领导的这些办文，就能从中把握其思想本质，洞察其意图。

1.6.7 简单准确的语言

写公文时语言要朴实简单，尽量使用通俗易懂、朴实准确以及群众喜闻乐见的语言来揭示公文的主旨，切忌像文学语言那样进行夸张和华丽的描述。简单准确的语言要求拟稿人做到以下几点。

- 公文要求用准确的语言，精练的文字来表达发文单位的意图。公文只有准确的语言才能如实的向群众反映客观事实，才能顺利贯彻执行公文的内容。
- 语言使用简明扼要，用简洁的文字表达丰富的内容。公文是推动工作，解决实际问题的工具，言简意赅的公文能够使工作更加高效、快速和便捷，更省时、省力。
- 公文写作的重点在于直截了当的将意思表达出来，所以不必刻意追求形象生动。因此，公文写作用词有3大忌讳，忌修饰、忌生词、忌过于高雅，尤其是一些庄重严肃的公文。

1.7 怎样快速提高公文的写作水平

■勤动手、勤思考和勤积累 ■反复修改

公文拟稿人要想公文的写作符合要求，书写时得心应手，还需要提高自身的公文写作能力。写作能力是拟稿人在长期的实践中不断总结、不断学习、不断积累和不断尝试的体现。

1.7.1 勤动手、勤思考和勤积累

对于新手公文撰写者来说，要想快速提高公文的写作能力，最简单也是最基本的方法就是勤动手、勤思考和勤积累。勤动手是指要多尝试书写公文，可以查找历年公文的作文题来进行练习，根据这些作文题的要求来尝试写作。下面列举一些可用于写作练习的公文作文题。

按要求写一份工作报告：

①以本班名义向系里报告本学期开学以来班里各项工作的开展情况（综合报告）。

②以本班名义向系里报告本学期本班开展某项专题工作（或活动）的报告（专题报告）。

按要求写一份情况报告：

以本班或本校当前存在的某种不良倾向为例，向系里或学校写一份情况报告。要求自己观察事物，自己收集材料。如食堂管理、宿舍管理、用电管理、环境卫生、学生课外读物及课外活动情况等。

根据下列材料拟写一份请示：

三沙市 ×× 中等职业学校因资金缺乏，新开设的机械和自动化两个专业操作场地无法建设，影响了这两个专业的学生操作技能的基本训练和教学计划的完成。为此，该校拟向三沙市教育局行文，请求市教育局拨款 20 万元。请你替该校拟写这份公文，发文日期自拟。

（写作要求：事由充分，事项具体明确，结语规范；结构完整，语言准确、简明和得体）。

根据下述材料拟写一份公函：

×× 市财政局决定分批对本市注册会计师进行业务轮训。但是由于人数较多、持续时间较长，市财政局和有关部门没有合适的场所供轮训班授课之用，因此，拟向 ×× 大学商借 5 间教室。请你为此向 ×× 大学制发一份公函，发文日期自拟。

查找到适合的公文作文题，根据这些作文题进行写作后，还可以查看该公文作文题的参考答案，思考自己写作的公文与参考答案的不同之处，并分析自身的不足，这样才能实现练习的目的。

勤积累是指要多积累对公文写作有帮助的内容，包括历史知识、理论知识、法律知识和科技知识等，具体来讲就是大政方针、重要领导人的讲话、历史大事要事以及重要科研成果等。

前面我们已经知道了积累资料的方法，在积累上述资料时就可以运用前面已讲到的积累方法来进行。

1.7.2 强迫自己对已有的文稿反复修改

一篇文章要经过反复的修改锤炼才能成为优秀的文章，公文写作也一样。反复修改不仅让公文更“完美”，还能提高公文的写作能力。比如，北宋诗人王安石创作了一首七言绝句——《泊船瓜洲》，这首诗的内容如下所示。

京口瓜洲一水间，钟山只隔数重山。

春风又绿江南岸，明月何时照我还。

最开始王安石在创作这首诗的时候，“春风又绿江南岸”本为“春风又到江南岸”，但王安石觉得这个“到”字并不能表达春风到江南的景象。细想一番后，王安石将其改为“过”字，但又觉得“过”字只表现了稍纵即逝的春风，于是王安石将其改为了“入”和“满”等字。

经过这样多次反复地修改后，王安石仍没有找到满意的字。此时，王安石觉得有点儿头疼，于是他走到船上眺望江南风光，一片绿意盎然的青草呈现在了王安石的眼前。这一片青草给了王安石灵感，于是他找到了自己想要的那个字，那便是“绿”字。一个“绿”字让春风瞬间生动起来，也成了这首诗的点睛之笔。

通过上述故事，我们可以看到反复修改对于文稿的重要性。同时，在反复修改的过程中也能启发思考，开拓思维，提高写作能力。另外，公文的修改还有另一个重要作用，就是能检查文稿中是否有文字表述的错误、文种是否正确以及内容是否符合要求。

在修改公文时，可以使用文章修改符号来进行修改，这样才能清楚具体修改了哪些内容。对于经常出现的错误还要善于总结，并将其整理归纳到个人“错题本”中，时时翻阅，久而久之自然就会提高公文的写作能力。

第2章

知照类文书写作要点与范例精析

2.1 通知的写作

■基础概述 ■写作格式 ■写作重点 ■范例详讲

知照类文书是指党政机关或单位为通知或通报某一事项而使用的文书。其中，通知是知照类文书中较常见的一种。

2.1.1 通知基础概述

通知是向特定受文对象告知或转达有关事项或文件，让对象知晓或执行的公文。通知在单位、学校或公共场所都会经常看见，这也体现了通知的广泛适用性。通知具有多功能的特点，具体表现如下所示。

1. 发文机关广泛不受限制

通知的发文机关很广泛，不受机关性质和级别的限制。国家级行政机关或基层事业单位都可以发布通知，如以下通知的发文机关。

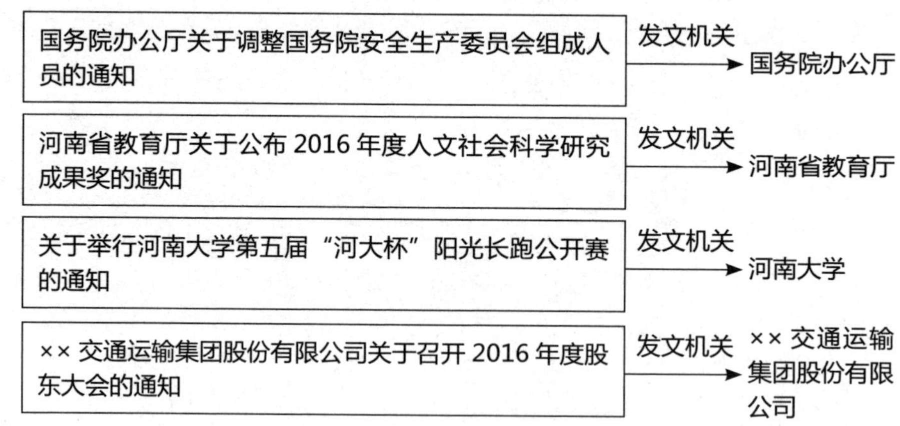

2. 功能的多样性

通知的功能具有多样性，可以用于传达指示，也可以用于批转和转发文件。按照通知的适用范围，可将其分为以下6大类。

◆ **发布性通知：**用于发布行政规章制度及党内规章制度。

- **指示性通知：** 用于上级机关指示下级机关如何开展工作。
- **转发性通知：** 用于转发上级机关或不相隶属机关的公文给所属人员，让其周知或执行。
- **任免性通知：** 用于任免和聘用干部。
- **事务性通知：** 用于处理日常工作中具有事务性的事。
- **批转性通知：** 用于上级机关批转下级机关的公文。

3. 具有一定的指示性

不管是传达指示、转发文件还是发布规章制度的通知，都具有一定程度的指示性。受文单位要按照通知的要求执行，并在规定时间内完成通知中所布置的任务。

2.1.2 通知的写作格式与注意事项

通知一般由标题、正文、主送对象和落款构成。这4个部分的写作也有要求，下面就来分别讲解一下。

1. 通知标题的写作

通知的标题与一般公文的标题构成一样，主要由“发文机关+发文事由+文种”构成。由于通知的适用范围很广，因此部分单位发布的通知并不会写明发文机关，写成“关于×××的通知”，甚至有的单位只写“通知”二字。如以下是某公司发给员工的通知，其标题就只有“通知”二字。

通知

××同志：

2018年11月10日，你因生病请假治疗六个月，于2019年4月10日请假到期。经×××有限责任公司研究决定，现通知你于2019年4月20日前到公司上班，若逾期不到公司报到上班，将按照自动离职处理，公司将解除与你的劳动合同，并停止你在我公司社保户头之下的缴纳社保费用资格。

×××有限责任公司

2019年4月10日

但需要注意，党政机关发布的通知的标题一般都包括发文机关、发文事由和通知这 3 个部分。不写发文机关的标题的情形较少，只写“通知”二字的情形几乎没有。而一般单位或个体工商户发布的通知的标题很多时候只有“通知”二字。

2. 通知的主送对象

通知的主送对象涉及的范围很广，可以是某一个人，也可以是某一行政机关或某一部门。如事务性通知的主送对象可能是执行所述事项的机关，也可能是所有参加所述事项的人员。但指示性和批转性的通知，其主送对象则比较明显，一般为下级机关，如下图所示通知的主送对象就是下级机关。

××人民政府办公室关于印发《××乡村教师支持计划实施办法（2015—2020 年）》的通知

各乡镇人民政府，县级各部门：

《××乡村教师支持计划实施办法（2015—2020 年）》经县政府第十七届一次常务会研究同意，现印发给你们，请结合实际认真贯彻执行。

××人民政府办公室

2017 年 3 月 15 日

在书写通知的主送对象时，主送对象可用全称，也可以用规范的简称。但要注意不管是使用全称还是简称，都要保证意思明确，不可产生歧义。

3. 通知的正文

通知的正文是通知的主体，正文因内容而异，一般由通知缘由、通知事项和执行要求构成。如布置工作的通知，其通知缘由主要会说明通知的目的、意义或根据，通知事项则说明主要安排的工作是什么，执行要求则说明工作的要求或具体做法。

通知的篇幅有长也有短，批转性通知和转发性通知的篇幅一般较短。因为批转性通知和转发性通知本身只是媒介，被批转或转发的公文的内容才是重点。在撰写通知的正文时，要做到言简意赅，使通知的阅读者能够理解通知所要表述的内容，便于遵照执行。

4. 通知的落款

通知的落款由两部分构成，即署名和成文日期。署名要写在成文日期前面，除党政机关的公文外，如果通知的标题中已写明了发文机关或主送对象对发文机关很清楚，那么在落款处也可以不写署名，如下图所示的是没有署名的公司通知。

××公司五一节通知

公司全体员工：

根据国务院办公厅五一节放假通知精神，并结合××公司实际情况，经研究决定，2019年五一放假安排如下：

放假时间：2019年5月1日（星期三）至2019年5月4日（星期六），共4天，4月28日（星期天）和5月5日（星期天）照常上班。

2019年4月24日

2.1.3 通知写作的重点

通知多是下行文，但有的通知也可用平行文，如召开会议的通知既可用于下行文，也可用于平行文。在进行通知写作时要把握以下几点。

1. 主送机关的排序

通知的主送机关有可能只有一个，有可能有多个，在对多个主送机关进行排序时，一定要注意排列的规范性。一个通知中的主送机关可能有多个级别，也可能是同级，但包含多个名称。一般来说，多个主送机关的排序可以按照以下方式进行排列。

- **系统之间**：系统之间按照党、政、军、群的顺序进行排列。
- **不同级别**：级别高的排列在前，级别低的排列在后。
- **紧密程度**：根据主送机关与文件内容的紧密程度来排列，联系紧密的排列在前。
- **先外后内**：将同是下一级的各地机关放在前面，而本机关的职能部门放在后。
- **写作习惯**：公文经过不断的发展已形成了自身的书写惯例，如省、自治区和直辖市属于同一级别，根据长期以来形成的习惯，常常按照省在前，自治区在中，直辖市在后的顺序进行排列，即“省、自治区、直辖市”，而不会写作“直辖市、省、自治区”。

在具体进行公文写作时，还会遇到更为复杂的情形，若拟稿人不清楚如何排列主送机关，可以借鉴其他公文的排列方式来进行排序。需要明确一点，最终的主送机关序列都是经过深思熟虑的结果，而不是随意排序的。下面列举几个主送机关较为复杂的排序案例，帮助我们理解如何进行排序。

案例一：各省、自治区、直辖市人民政府，国务院各部委、各直属机构。

案例二：各区人民政府，市政府各委、办、局，各市属机构。

案例三：各区人力资源和社会保障局、交通委（局）、市属各委、办、局、总公司、高等院校人事（干部）处，各人民团体人事（干部）处，各有关单位。

案例四：各区人力资源和社会保障局、北京经济技术开发区人事劳动和社会保障局，各高校，各区工会、工商联。

2. 通知的正文

通知的正文是通知要表达的主要内容，而通知的事项则是通知正文的主体。在说明通知事项时要有条理地表达。如果通知事项比较复杂，就要分条进行排列，分条排列时要注意文章的结构。

另外，不同类型的通知其正文的表述方式也会有所不同，在具体写作时要注意不同类型通知的特点。

2.1.4 常见通知文书范例详讲

通知是使用频率最高的公文，不同类型的公文其写法也会有所区别，下面就分别来看看不同类型的通知如何撰写。

No.1 紧急通知

面对突发或紧急事件，一般就会发布紧急通知，以让通知的对象明确通知内容的紧急程度，并及时做好应对措施。

范本内容展示

资源下载\第 2 章\紧急通知 .doc

××市园林绿化局关于全面开展重点道路沿线两侧绿化环境专项整治活动的紧急通知

各区园林绿化局、市有林单位：

当前，正值全国两会期间，也是春季加强林地绿地和树木养护管理的最佳、重要时期。近期巡查发现，我市部分主要道路两侧，特别是四环路、五环路和主要高速公路两侧存在枯枝死树、树挂垃圾、水面漂浮污染物等问题，根据市领导指示，要求各有关区园林绿化局和市相关部门从即日起至 3 月底，要全面组织开展主要干线公路铁路两侧绿化景观环境的专项整治活动。现就有关工作要求通知如下：

一、高度重视，迅速行动。各区园林绿化局、市有林单位要站在“四个意识”的高度，迅速行动起来，将本次专项整治活动作为今春园林绿化养护管理工作的一项重要任务来抓，加强组织领导，广泛动员部署，按照属地管理责任范围，统筹协作，狠抓落实，全面推进专项整治活动按质按量如期完成。

二、综合整治，确保林地绿地环境整洁。一是全面清理树木枝干上各种悬挂飘浮物、攀缘物；二是清除枯枝、枯死树、倒伏树和影响人工栽植树木健康生长与林地整洁的火炬、榆树、刺槐等林下滋生杂灌木；三是剪除高大乔木主干三分之一以下杂乱侧枝；四是清除林地内的各种生活垃圾、建筑垃圾、堆砌物、私搭乱建物；五是对缺株少树斑秃地块按合理密度、选择适生树种及时安排补植计划；六是对绿化带范围内水面上的漂浮物进行清理。

三、严格督察检查，确保本次专项整治活动取得实效。市园林绿化局将组织有关人员及时进行督导和检查验收，并将结果纳入各区年终绩效考核中。对组织不得力、整治不及时、成效不显著的地块将进行全市通报批评。各有关区、有林单位要按时间节点，抓进度、抓落实、抓成效，强化督导检查，并从 3 月 8 日起开始，每日下午 5 点前上报专项整治进度情况。

××市园林绿化局

2017 年 3 月 6 日

范本内容精讲

紧急通知的标题一般由“发文机关 + 通知事由 + 紧急通知”构成。如上述紧急通知范本的发文机关为 ×× 市园林绿化局，通知事由为全面开展重点道路沿线两侧绿化环境专项整治活动。

在通知前加上“紧急”二字可以引起阅读者的注意和重视。紧急通知多用于通知突发的天气变化、原定计划临时改变或紧急事件来临之际。在通知中要体现通知的紧急性，除了要在标题中加上“紧急”二字，还要在正文中用摆事实或引用数据的方式来论证通知的紧急性。

范本的开头部分说明了“当前，正值全国两会期间，也是春季加强林地绿地和树木养护管理的最佳、重要时期”，由此就论证了为什么该通知是紧急通知。在论证紧急通知的紧急程度时不要夸大其词，只需以事实来说明即可。

对于紧急通知的措施和要求部分，要具体明确，切实可行。范本中，通知要求由3个部分构成，包括“高度重视，迅速行动”“综合整治，确保林地绿地环境整洁”“严格督察检查，确保本次专项整治活动取得实效”。该通知要求使用了序数“一、二、三”来分点阐述，明确了开展主要干线公路铁路两侧绿化景观环境专项整治活动的具体步骤。

再查看通知要求的具体内容，可以看出这些措施都是切实可行的，且受文机关是可以具体操作的。如“全面清理树木枝干上各种悬挂飘浮物、攀缘物”“清除枯枝、枯死树、倒伏树和影响人工栽植树木健康生长与林地整洁的火炬、榆树、刺槐等林下滋生杂灌木”等。另外，通知公文中也可以通过标注紧急程度来体现通知的紧急性。此时，紧急程度要顶格编排在版心左上角。

在实践中，撰写党政机关公文的发文机关署名和成文日期时要特别注意。范本中发文机关的署名和成文日期的编排方式如下图所示。

单位要按时间节点，抓进度、抓落实、抓成效，强化督导检查，并从3月8日起开始，每日下午5点前上报专项整治进度情况。

右空两字编排 —— ××市园林绿化局

2017年3月6日 —— 首字右移二字

不少人可能会认为上图的发文机关署名和成文日期的编排方式看起来有些“奇怪”。实际上这种编排方式才是正确的。根据规定，不加盖印章的公文，在单一机关行文时，要在正文下空一行右空二字编排发文机关署名，在发文机关署名下一行编排成文日期，首字比发文机关署名首字右移二字。

由此可见，上图发文机关署名和成文日期的编排位置是正确的，如果将其编排为以下格式，反而是错误的。

单位要按时间节点，抓进度、抓落实、抓成效，强化督导检查，并从3月8日起开始，每日下午5点前上报专项整治进度情况。

××市园林绿化局

错误的编排方式 —— 2017年3月6日

之所以说上图发文机关署名和成文日期编排是错误的，是因为发文机关署名并没有右空二字编排，且成文日期也没有遵循首字比发文机关署名首字右移二字的原则。

党政机关公文，发文机关署名和成文日期的编排还有一种特殊情况。即成文日期长于发文机关署名时，在这种情况下，应当使成文日期右空二字编排，而发文机关署名要相应增加右空字数，如下图所示。

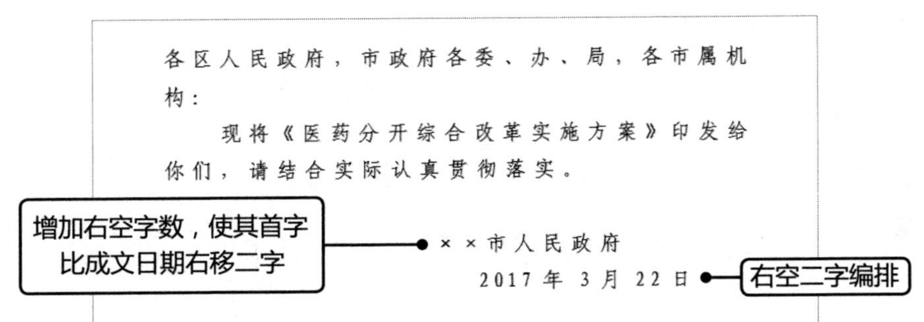

在公文实践中，之所以不少拟稿人会错误编排发文机关署名和成文日期，是因为容易将其与加盖印章的公文弄混淆。这一点需要拟稿人格外注意，加盖印章的公文和不加盖印章的公文的署名和成文日期的编排方式是不同的（在第1章时已讲过发文机关署名、成文日期和印章的编排要求）。拟稿人只要明确了不加盖印章的公文署名和成文日期的编排原则，那么就不容易犯署名和成文日期编排的错误了。

一般来说，在实际制作公文的过程中，公文在制作完成以后，要加盖单位公章，我们这里展示的是没有加盖印章的紧急通知公文。对于需要加盖印章的公文，其署名和成文日期的编排就要按照加盖印章的公文的编排规则来编排。那么哪些类型的公文需要加盖印章呢？

通常情况下，除命令、议案、会议纪要和决议可以不加盖印章外，其他公文都要加盖印章。部分党委机关特定的红头文件可以不加盖印章，如通报和通知等。由领导人签署的公文不加盖机关印章，但要加盖领导人签名章。

另外，只有党政机关的公文才需要遵循上述编排规则，其他企业单位在撰写公文时可以不用严格遵循标准规定的编排要求，但可以参考标准规定的格式要求来进行编排。

知识补充 **“字”的距离**

在党政机关的公文中，字是指公文中横向距离的长度单位。根据国家规定的标准，一字指一个汉字宽度的距离。

No.2 任免性通知

任免性通知主要用于告知人事任免的变动情况，一般的人事任免大多使用通知文种，也有部分人事任免使用命令或决定。

范本内容展示

资源下载 \ 第 2 章 \ 任免性通知 .doc

××市人民政府文件

×政发〔2013〕33 号

××市人民政府关于
××× ××同志职务任免的通知

各区、县人民政府，市政府各委、办、局，各市属机构：

经 2013 年 9 月 27 日××市第十四届人民代表大会常务委员会第六次会议决定：

任命×××为北京市旅游发展委员会主任。

免去××的北京市旅游发展委员会主任职务。

××市人民政府（印章）
2013 年 10 月 15 日

范本内容精讲

上述任免性通知是添加了红头的公文范本，公文“套红”是为了表明公文的权威性和严肃性。在第 1 章时我们已经清楚了公文红头的组成部分，这里不再赘述。对于后面展示的公文范本也不再一一展示红头部分，只展示主体内容。通过阅读上述任免性通知范本可以看出，任免性通知的内容并不复杂。

任免性通知的标题通常都含有任免、任职和聘任等词汇，如范本的标题为“×× 市人民政府关于 ××× ×× 同志职务任免的通知”就含有任免两字。任免性通知中涉及任免的人可能只有一人，也可能有多人。当涉及任免的只有一人时，只需在标题中写明该任免人的姓名即可；若涉及任免的有多人，则只需写明其中一两个人的姓名，其他则用等代替。如以下任免性通知的标题。

涉及任免的只有一人：

××× 人民政府关于聘任 ××× 为 ×× 省人民政府参事的通知

××× 人民政府关于 ××× 免职的通知

×× 市人民政府关于 ×× 同志任职的通知

涉及任免的有多人：

××× 人民政府关于免去 ××× 等职务的通知

××× 人民政府关于任免 ××× ×× 等职务的通知

×× 市人民政府关于 ××× 等 5 名同志职务任免的通知

×× 市人民政府关于 ×× 等 3 名同志职务任免的通知

当标题中涉及的姓名有多个时，两个姓名间需用空格隔开，从范本的标题也可以看出这一点。人事的任命和免去都不是随意决定的，因此在任免性通知的正文中要说明任免依据。一般来说，任免依据主要有会议决定、领导提名或组织决定等。如范本的任免依据就为“×× 市第十四届人民代表大会常务委员会第六次会议”。

说明了任免依据后，接下来只需写明“任命 ×× 为 ×× 职务，免去 ×× 的 ×× 职务”即可。当任免的人有多人时，可以采用以下方式来进行表述。

任命：

××× 为 ×× 省人民政府副秘书长（挂职时间 2 年）

××为××省林业厅副厅长

××为××省扶贫和移民工作局副局长

免去：

×××的××省人民政府副秘书长职务

××的××省林业厅副厅长职务

××的××省扶贫和移民工作局副局长职务

××的××省老龄工作委员会办公室常务副主任职务

在进行任免职务的排序时，一般以职务的高低或职位的重要性来进行排序，即职务高的排在职务低的前面，职位相对重要的排在职位次要的前面。

部分任免性通知还有结束语，任免通知的结束语与普通通知的结束语一样，直接在正文下一行写明“特此通知”即可，如以下范例。

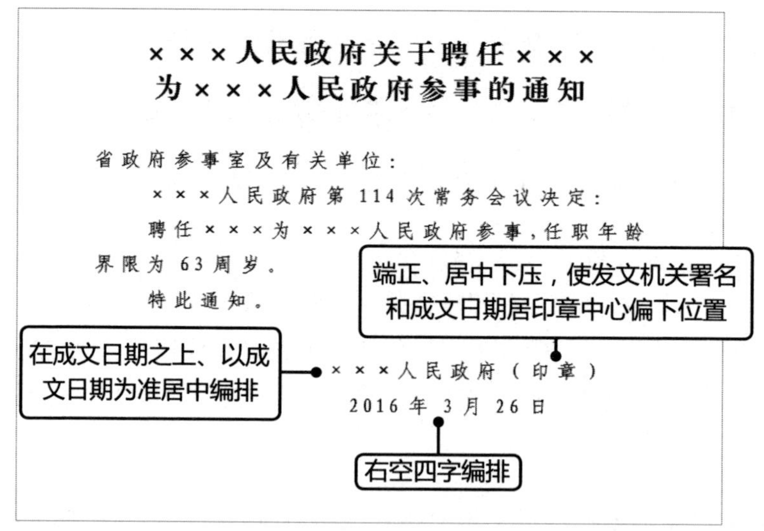

×××人民政府关于聘任×××为×××人民政府参事的通知

省政府参事室及有关单位：

×××人民政府第114次常务会议决定：

聘任×××为×××人民政府参事，任职年龄界限为63周岁。

特此通知。

×××人民政府（印章）

2016年3月26日

上述范例是加盖了印章的公文，虽然在第1章时我们已讲过加盖印章的公文的署名和成文日期的编排规则，但为了便于后面范本的阅读，我们这里也在上图进行标注解释，以后的范本便不再解释。对于需要加盖印章的公文，我们在展示时以“（印章）”代表加盖印章。

No.3 转发性通知

转发性通知主要用于转发上级机关、同级机关以及不相隶属机关的文件。所转发的文件包括通知、纪要、决定以及规定等。

范本内容展示

◎资源下载\第 2 章\转发性通知 .doc

××市人民政府办公厅转发
市民政局等部门关于加强见义勇为
人员权益保护工作意见的通知

各区、县人民政府，市政府各委、办、局，各市属机构：

经市政府同意，现将市民政局等部门《关于加强见义勇为人员权益保护工作的意见》转发给你们，请结合实际认真贯彻执行。

××市人民政府办公厅（印章）
2013 年 10 月 13 日

范本内容精讲

通过上述转发性通知范本可以看出，转发性通知的内容并不复杂。范本的标题为“×× 市人民政府办公厅转发市民政局等部门关于加强见义勇为人员权益保护工作意见的通知”，由此可以知晓转发性通知的标题一般由“发文机关 + 转发 + 文件的发文机关 + 转发的文件 + 通知”构成。

了解了转发性通知标题的构成后，在具体书写转发性通知的标题时就可以直接套用。如为以下文件撰写转发性通知标题。

范例一：

通知发文机关：×× 市人民政府办公厅

文件：《关于开展第八次全市园林绿化资源普查工作的意见》

文件发文机关：市园林绿化局

转发性通知标题：××市人民政府办公厅转发市园林绿化局关于开展第八次全市园林绿化资源普查工作意见的通知

范例二：

通知发文机关：××市财政局 ××市住房和城乡建设委员会

文件：《中央农村危房改造补助资金管理暂行办法》

文件发文机关：财政部 住房城乡建设部

转发性通知标题：××市财政局 ××市住房和城乡建设委员会转发财政部 住房城乡建设部关于印发《中央财政农村危房改造补助资金管理办法》的通知

通过上述范例可以看出，转发性通知的标题的写作并不难。需要注意一点，如果转发的文件也是通知，那么在转发性通知标题中要省略文件中的“通知”二字。如某转发的文件为《财政部　国家税务总局关于调整中外合作海上油（气）田开采企业名单的通知》，此时该文件的转发性通知标题应为：××市财政局 ××市国家税务局转发财政部　国家税务总局关于调整中外合作海上油（气）田开采企业名单的通知。

转发性通知的正文内容有多有少，范本中的正文内容就比较简单。全文由转发前提、转发的文件和转发要求构成。更为简单的转发性通知正文由转发的文件+转发要求构成，如以下转发性通知正文范例。

现将《财政部 国家税务总局关于调整中外合作海上油（气）田开采企业名单的通知》（财税〔2017〕10号）转发给你们，请遵照执行。

转发性通知正文的简单写法还有很多种，下面来看看常见的几种范例，帮助我们在进行写作时借鉴参考。

范例一：

市卫生计生委、市民政局、市发展改革委、市教委、市经济信息化委、市财政局、市人力社保局、市规划和国土资源管理委员会、市住房城乡建设委、市金融局、市中医局、市老龄办、市残联《关于推进医疗卫生与养老服务相结合的实施意见》已经市政府同意，现转发给你们，请结合实际认真贯彻执行。

范例二：

现将中关村知识产权促进局《关于举办2017年第一期中关村知识产权大讲堂的通知》转发给您，请根据实际情况，按要求申报。

并不是所有的转发性通知都如范本所示的内容一样简单，部分转发性通知还会提出具体的贯彻落实意见或要求，而不是以“请结合实际认真贯彻执行”或“请遵照执行”来要求。如以下转发性通知正文的部分内容。

为进一步加强中央财政农村危房改造补助资金管理，提高资金使用的规范性、安全性和有效性，现将财政部、住房城乡建设部印发的《中央财政农村危房改造补助资金使用管理办法》（财社〔2016〕216号）转发给你们。结合我市工作实际，现就有关专项资金分配及执行等要求通知如下，请一并遵照执行。

一、中央财政下达我市的中央财政农村危房改造补助资金，根据具体项目要求，在执行时向各涉及区下达中央财政农村危房改造补助专项转移支付预算。

二、市住房城乡建设委和市财政根据我市农村危房改造工作实际需求等情况，共同制定我市危房改造项目支付标准并提出分配意见，下达中央补助资金预算。

三、根据《××市农村危房改造实施办法》（试行）（×建法〔2017〕5号）文件要求，区住房城乡建设委应严格测算危房改造补助资金，区财政应确保危房改造资金、及时拨付资金，并配合区住房城乡建设委对支出和使用进行监督。

……

对于转发性通知中转发的文件，要另起页随文下发。也可以在正文中标明该文件所属的“附件”，如下图所示。

内部管理。

特此通知

附件：财政部、教育部《关于〈出国留学经费管理办法〉的补充通知》（财科教〔2016〕52号）

××市财政局（印章） ××市教育委员会（印章）

2017年3月16日

No.4 会议性通知

会议性通知是上级对下级、组织对成员或平级单位之间传达会议召开事项而使用的公文。在党政机关、企事业单位以及群众团体中，会议通知的使用十分广泛。

范本内容展示

资源下载＼第2章＼会议性通知.doc

关于召开技术创新政策宣贯及工业设计中心培训会议的通知

各县、市、区经信委，市经开区、××产业园运行局：

经研究决定，5月11日（周四）召开技术创新政策宣贯及工业设计中心培训会议。现将有关事项通知如下：

一、会议内容

1、介绍工业强省和××市推进科技创新等政策。

2、企业介绍2016年工业设计中心开展工作情况、亮点、取得的成绩及2017年工作安排（发言时间10分钟）。

二、会议时间

5月11日（周四）上午8:30-12:00

三、会议地点

市政务中心北一楼103会议室

四、参会人员

1、各县、市、区经信委，市经开区、××产业园运行局业务科长。

2、企业负责工业设计负责人，其他人不得代会，参会企业名单见附件1。企业参会人员由各地经信委（运行局）通知。

请各地经信委（运行局）将参会人员名单和企业发言材料收集汇总后（电子版）于5月9日（周二）下午5:00前报送市经信委技装科。

联系人：×××

联系电话：×××××××

电子邮箱：××××××@163.com

附件：1.参会企业名单

2.参会人员表

××市经济和信息化委员会

2017年5月8日

范本内容精讲

会议通知既可用于下行文也可用于平行文，其标题的写作比较简单，一般为《关于召开××会议的通知》《关于××会议召开的通知》或《××关于召开××会的通知》。如范本采用的就是第一种标题写作手法，下面来看看会议通知标题的其他范例。

××有限公司关于召开2019年度股东周年大会的通知

关于召开2019年6月安全例会的通知

在会议通知的开头一般要说明在什么时间召开什么会议，如范本中就说明了会议召开的时间为5月11日，召开的是技术创新政策宣贯及工业设计中心培训会议。

如果在通知的正文部分明确告知会议时间，那么在开头部分也可不说明会议时间，但通常要说明会议召开的原因，如以下会议通知的开头部分。

2017 年，是国家大力推进国资国企改革和政府投融资平台公司市场化转型的关键之年。为加强 ××× 各政府投融资平台公司之间的交流和合作，助推区内各平台公司的发展转型，由 ××× 投资经营有限责任公司与 ××× 集团有限公司联合主办、××× 市投资开发有限公司承办的“××× 自治区政府投融资平台公司发展专题会议”于近日举办，共谋区内平台公司发展转型大计。现将会议有关事项通知如下：

在书写完成会议通知的开头部分后，接下来就要分条概述会议的具体事项，一般来说主要包括以下内容。

- 会议时间和地点。
- 会议的主题或内容。
- 会议的主要程序或安排。
- 会议参会人员以及会议联络人和联系方式。
- 其他需要说明的事项。

范本中，分条交代了会议的内容、时间、地点、参会人员和会议联络人。前面我们已经知道了，公文中的结构层次序数可依次用“一”“（一）”“1”“（1）”标注。但要注意，不同层级的序数字体应有所区别。一般来说，第一层用黑体字，第二层用楷体字，第三层和第四层用仿宋体字标注。

从范本可以看出，该会议通知还有附件说明。附件说明的具体内容需另起页编排。其中，“附件”二字需顶格编排在版心左上角第一行，使用 3 号黑体字。附件标题居中编排在版心第 3 行，如下图所示。

附件 1

参会企业名单

1、××精密工业（××）有限公司

2、××××股份有限公司

No.5 批转性通知

批转性通知一般用于将下级机关上报的文件转发给有关的下级机关，下面来看看批转性通知的范本内容。

范本内容展示

资源下载 \ 第 2 章 \ 批转性通知 .doc

××市人民政府批转市发展改革委关于加快推进××区国家服务业综合改革试点区发展意见的通知

各区、县人民政府，市政府各委、办、局，各市属机构：

市政府同意市发展改革委《关于加快推进××区国家服务业综合改革试点区发展的意见》，现转发给你们，请认真贯彻执行。

××市人民政府（印章）

2016 年 3 月 25 日

范本内容精讲

从上述批转性通知范本可以看出，批转性通知的内容与转发性通知相似。在标题的写法上，两者也类似，只是批转性通知要标明“批转”二字。这一点从范本的标题就可以看出。

通过范本还可以看出，批转性通知在正文内容的写作上，要先写批语“同意”，再“转发”给下级机关。与转发性通知一样，所转发的文件要另起页随文下发。除范本所示的正文写法外，批转性通知还可以有以下写法。

范例一：

市工商局《关于贯彻修订后的公司法进一步完善市场准入制度的意见》已经在第 46 次市政府常务会议上审议通过，现转发给你们，请认真贯彻执行。

范例二：

现将市民政局《关于建立本市农村居民最低生活保障标准调整机制的意见》

批转给你们，请认真贯彻并组织实施。

2.2 公告的写作

■公告和通知的不同 ■公告写作要点 ■发布机关和单位 ■注意事项 ■范本详讲

公告是指政府或团体对重大事件予以正式公布或者公开宣告或宣布。在现实生活中，公告并不仅限于向国内外宣布重要事项或者法定事项，它目前逐渐演变为广而告之的工具。

2.2.1 公告与通知的异同

公告与通知的相似之处在于它们同属于知照类文书，且都属于公开性文件。同时，在写法上两者也有相似之处，都要求语言简单精练，通俗易懂。在公文实践中，通知和公告错用的情形较多。那么要如何区别两者呢？通知和公告具有如表 2-1 所示的不同之处。

表 2-1 通知和公告的不同之处

区别	内容
适用范围不同	通知适用于发布和传达要求下级机关执行和有关单位周知或者执行的事项，批转和转发公文；而公告适用于向国内外宣布重要事项或者法定事项
重要程度不同	公告反映的事项通常比通知重要
运用范围	通知的运用范围比公告广泛
发文机关级别	公告的发文机关级别一般较高，某些地方行政机关没有发布公告的权限，而通知的发文机关广泛且不受限制
发布范围	公告的发布范围通常比通知广泛，其传达的信息有时是面向全国，有时则是面向全世界，而通知一般只面向特定的受文机关或群体

2.2.2 公告的使用条件和写作要点

公告的内容都是公开的，一般采用张贴、报纸刊登和电视转播等形式进行发布。公告主要可分为两类，包括行政公告和法规性公告，这两种类型公告的使用条件是不同的。

- **行政公告**：在国家机关对外宣布重大事项时使用，有时也用于企业单位对外公告某一决定或活动。如《全国人民代表大会常务委员会公告》《第四届董事会第十三次会议决议公告》。
- **法规性公告**：在政府部门根据法令和法律法规，发布有关规定时使用。如《关于清理规章和规范性文件的公告》《关于进口药材登记备案等有关事宜的公告》。

公告除用于宣布重大事件或法规外，在人民法院的工作中也广泛使用，如以下刊登在人民法院报中的公告。

人民法院報

PEOPLE´S COURT DAILY

中华人民共和国最高人民法院主办　RMFYGG.COURT.GOV.CN

公告

[illegible]：本院已受理原告[illegible]诉被告[illegible]民间借贷纠纷一案，现依法向你公告送达起诉状副本、应诉通知书、举证通知书、权利义务告知书、诉讼风险提示书、合议庭组成人员通知书、民事裁定书及开庭传票、保全裁定、保全清单等。自公告之日起经过60日，即视为送达。提出答辩和质证的期限为公告期满后的30日内。并定于举证（答辩）期满后第3日09时30分(遇法定节假日顺延)在本院第九法庭开庭审理，逾期将依法缺席裁判。

[[illegible]] [illegible]工业园区人民法院

在现实生活中，公告的使用比较混乱，我们在进行公告写作时，要注意以下写作要点。

公告的题材应是能对国际或国内产生影响的事项，或需依法公布的法定事项。

公告的用语应严肃不做作，要保证读者容易读懂公告的内容。

公告一般不编号，但当某次会议或事项需要连续发布多个公告时，则要在标题下单独编号。

公告强调“一文一事”，在一篇公告中不能同时罗列多件事项。

公告具有新闻性的特点，它所传播的内容多是近期发生的，或社会公众普遍关注的。且多发布在报刊等新闻媒体上，这也体现了公告的新闻特征。

2.2.3 公告的发布机关或单位

公告的发布机关具有限制性，并不是所有的组织都可以发布公告。一般来说，只有高层权力机关、行政机关以及法定的有关职能部门才能发布公告。具体如下所示。

- 全国人民代表大会和地方各级人大及其常委会。
- 国务院及国务院各部委。
- 各省、自治区和直辖市行政领导机关。
- 税务机关、海关总署、中国人民银行、公证机关、法院和检察院等。
- 企事业单位只有其行政机关和权力机关可以发布公告。

虽然公告对发文机关有限制，但对行文对象却没有过多限制。公告的行文对象可能是全国人民，也可能是全世界人民。国家权力机关或行政机关对外发布公告代表了国家或政府形象，而企业单位对外发布公告则代表了企业的形象。

2.2.4 公告的写作格式与注意事项

公告一般由标题、正文、落款和发布日期四部分组成。

- 标题

公告的标题有多种形式，常见的为“发文机关＋公告”组成。部分采用“事

由 + 公告”或“发文机关 + 事由 + 公告”的形式，还有一种就是只有公告二字。如以下公告标题。

× × 管理有限公司公告

× × × 医院公开招聘工作人员公告

不动产权属证书作废公告

中国人民银行公告

◆ 正文

公告的正文一般采用开门见山的写作手法，即开头部分写明发布公告的缘由，接下来表明公告的内容或事项，最后以“特此公告”或“现予公告”作为结语，有时则以公告内容作为自然结尾。

◆ 署名和日期

公告中署名和日期的写法与其他公文相同，如公告的标题中已有发文单位，那么也可不署名。

2.2.5 常见公告文书范例详讲

不同类型的公告具有不同的作用，在写作时必须严肃对待，因为公告代表了发文机关的形象。

No.1 事项性公告

事项性公告是用于宣告重要事项的，如宣布国家政治、军事、经济、教育以及外交等方面的重要事项或企事业单位向公众宣布重大事件。另外，依照相关法律、法规的规定，在发布某些重要事项时也要使用公告。如《中华人民共和国专利法》第三十九条规定：发明专利申请经实质审查没有发现驳回理由的，由国务院专利行政部门作出授予发明专利权的决定，发给发明专利证书，同时予以登记和公告。

范本内容展示

资源下载 \ 第 2 章 \ 事项性公告 .doc

国家林业局公告

2017 年第 10 号

根据《中华人民共和国行政许可法》、《普及型国外引种试种苗圃资格认定管理办法》和《引进林木种子、苗木检疫审批与监管规定》规定，我局决定对 ××× 花卉有限公司等 86 家公司的普及型国外引种试种苗圃资格予以注销（详见附件）。从即日起，我局发给被注销资格的普及型国外引种试种苗圃的许可文书和证书停止使用，许可文书和证书由所在地省级林业有害生物防治检疫机构予以收回。

特此公告。

附件：普及型国外引种试种苗圃资格注销名

国家林业局（印章）

2017 年 3 月 21 日

范本内容精讲

从上述事项性公告范本可以看出，该公告并没有主送机关。事实上，所有的公告都没有主送机关，这是因为公告的行文对象并没有太多限制。范本开头部分阐述了公告的依据，随后说明了公告的主体事项。即对 ××× 花卉有限公司等 86 家公司的普及型国外引种试种苗圃资格予以注销。

在遣词造句上体现了严肃和庄重的特点。明确表明了注销普及型国外引种试种苗圃资格的公司有 86 家，而没有使用“约 ××”以及“大概 ××”等词汇。因此，拟稿人在撰写公告时要注意用语，公告的用语要准确和严谨，数据的使用要精确，不能使用模糊词汇。另外，要多使用公文的通用语，如范本中的“根据”。

综上所述，事项性公告用于宣告重大事件，只会说明事项的本身，没有需要遵循的规定和要求，写法较为单一，正文由依据和内容组成，直接陈述事项，已达到周知的目的。语言上庄重，严谨，言辞精准简练，不加议论。

No.2 强制性公告

强制性公告是指根据公告的内容，要求有关单位执行的公告。如法院公告送达的诉讼文书，自发布公告之日起，经过 60 日，即视为送达。这种公告就属于强制性公告，因此不管受送达人是否看到了公告内容，只要送达期满就视为送达。

范本内容展示

◎资源下载 \ 第 2 章 \ 强制性公告 .doc

××市人民政府强制拆除公告

（2016）×政拆告字第 1 号

当事人：×××有限公司

××市城市管理行政执法局于 2015 年 10 月 23 日向当事人送达了行政处罚决定书（编号：（2015）×行风二决字第 39 号），规定当事人在收到决定书之日起 3 日内自行拆除位于××市××街道城东路与站南路十字路口西南角设置的高炮广告设施（大型户外广告固定设施）一只。现当事人未在规定期限内予以拆除，且在法定限期内未申请行政复议又未提起行政诉讼。

现依照《中华人民共和国行政强制法》第 44 条和《中华人民共和国城乡规划法》第 68 条的规定，本机关发布公告，要求当事人自本公告发布之日起 2 日内自行拆除。逾期未拆除的，本机关将依法作出强制拆除决定，责成有关部门实施强制拆除。

当事人届时对强制拆除决定不服的，可以申请行政复议或者提起行政诉讼。复议、诉讼期间，本机关将不停止强制拆除的实施。

特此公告。

××人民政府（印章）

2016 年 5 月 27 日

范本内容精讲

上述强制性公告是关于强制性拆除的公告，由于该公告有特定的接收对象，因此在范本中说明了当事人是谁。从范本的内容可以看出，该公告要求当事人在公告发布之日起 2 日内自行拆除高炮广告设施，这体现了该公告的强制性。

强制性公告主要在于“强制”二字，是比较强势的一种公告类型。即在采用代执行、执行罚等间接手段不能达到执行目的，或无法采用间接手段时，执行主体可以依法对义务人身或财产直接实施强制行为，迫使其履行义务或实现与履行义务相同状态的强制执行方法公告说明。因此在撰写这类公告时要注意措辞，强调出事态的严肃性、严重性以及后果性。

另外，强制性公告中最为重要的一点是时间，在撰写时不要模糊时间，要将其中所涉及的时间都写清楚，例如范本中的“收到决定书 3 日内”“公告发布之日起 2 日内”。准确的时间描述强调了强制公告的时间性和有效性。

最后在撰写强制性公告时要向当事人明确说明发布公告的依据，以及违反公告的具体后果，这是公告的主要内容。

No.3 会议决议公告

会议决议公告是指根据某次会议作出的决议而发布的公告，如股东大会决议和董事会决议等。

范本内容展示

资源下载 \ 第 2 章 \ 会议决议公告 .doc

股票代码：600×××　　股票简称：××××　　编号：临 2017-10

××××股份有限公司

第六届董事会第二十四次会议决议公告

本公司董事会及全体董事保证本公告内容不存在任何虚假记载、误导性陈述或者重大遗漏，并对其内容的真实性、准确性和完整性承担个别及连带责任。

××××股份有限公司（以下简称“公司”）第六届董事会第二十四次会议通知于 2017 年 5 月 9 日以电子邮件方式发出，会议于 2017 年 5 月 10 日以通讯表决方式召开。本次会议应参加表决董事 11 名，实际参加表决董事 11 名。根据《公司法》和《公司章程》等有关规定，本次会议合法、有效。

会议形成如下决议：

以 11 票赞成、0 票反对、0 票弃权，审议通过了《××××股份有限公司关于调整经营班子的议案》。公司董事会同意×××同志辞去公司总经理职务，同意×××同志辞去公司副总经理职务，聘任××同志任公司副总经理（主持工作）。内容详见《××××股份有限公司关于调整公司经营班子的公告》（临 2017-11）。

特此公告。

××××股份有限公司董事会

2017 年 5 月 12 日

范本内容精讲

上述公告是某股份有限公司发布的董事会会议决议公告。从范本内容可以看出，标题上方是股票代码、股票简称和编号。所有股份有限公司在发布董事会公告时都要在标题上方写明股票代码和股票简称，且要保证准确无误。标题上方的编号即是公告编号，公告编号要保持连续。会议决议公告属于公司临时公告，因此可以看到编号为“临 ××××-××”。

股份有限公司会议决议公告的编排与行政公文不同，其标题字体一般选择黑体、加粗，字体大小建议为小二号或二号。公告正文字体一般选择宋体，大小可为小四号或四号。

会议决议公告的内容一般由两部分构成，即会议召开情况和会议审议情况。从范本可以看出，说明了会议的时间、出席的董事人数、审议通过的议案以及获得的同意、反对和弃权的票数。符合会议决议公告对内容的要求。有时会出现议案未通过审议的情况，这时可用“本次董事会第 × 项议案未获通过”来表述。

No.4 法定事项公告

依照相关法律规定，一些重要的事项和主要的环节必须以公告的形式向公民公布，此时就会涉及法定事项类公告的撰写。

范本内容展示

资源下载 \ 第 2 章 \ 法定事项公告 .doc

关于征求《关于明确×××河与×××河航道通行费标准的通知（征求意见稿）》的公告

×××河与×××河两条航道的通行费政策将于 2019 年 6 月 14 日到期。为做好相关收费政策的规范完善工作，我委起草了《关于明确×××河与×××河航道通行费标准的通知》（征求意见稿），现公开向社会征集意见和建议。如有意见或建议，请于 4 月 25 日前通过电话、传真、电子邮件等形式反馈××省发展改革委（成本调查监审处）。公示期：2019 年 4 月 19 日至 4 月 25 日；电话：0531-×××××××；传真：×××××××；电子邮箱：××××.cn。

特此公告。

××省发展和改革委员会

2019 年 4 月 19 日

从范本公告的标题“关于征求……的公告”可以看出，法定事项公告的标题撰写格式由“事由＋文种”的格式组成，其中“关于征求……的公告”为是由，而事由中又涉及《关于明确××……》文件，因此法定事项的标题中要将该文件的名称包含其中。简而言之，就是该公告是关于征求对××通知的公告。

正文一开始就介绍该公告发布的原因，即“××河与××河两条航道通行费政策将于2019年6月14日到期。”接着，说明目的，引起公告的具体事项内容。最后在落款位置写明发文机关和成文时间。

No.5 专业事项公告

公告中还有一类具有针对性的，对特定人群发布的公告，它属于专业性公告，例如经济类招标公告，按照专利法规公布申请专利的公告，以及按国家民事诉讼法规定，法院递交诉讼文书无法送达本人或代人收时，可以发布公告间接送达等，是向特定对象发布的。需要注意的是，这些公告都不是行政机关公文。

范本内容展示

资源下载\第2章\专业事项公告.doc

招 标 公 告

招标编号：011531201×××××

1、××工程，已经批准建设。现决定对该项目的工程施工进行公开招标，择优选定承包人。

2．本次招标工程项目概况：

（1）本次××工程，资金来源为国有投资100%；招标范围为××××××××××。

（2）工程建设地点为××××××××××××××××。

（3）计划开工期为2020年6月20日，竣工期为2023年6月20日。

（4）工程质量要求达到合格。

3.投标人资格要求：

（1）凡参加本次投标的投标申请人必须具备企业营业执照经营范围包含园林绿化和具有足够资产及能力来有效地履行合同的施工企业。

（2）本次招标不接受联合体招标。

（3）本次招标设立报名环节，采用资格后审。

4.获取招标文件：

投标人可从××市建设工程交易中心网站获取招标文件及施工图，可在××市建设工程交易中心窗口获取招标文件电子光盘。

5.投标文件的递交：

（1）投标文件递交的截止时间：2019年9月20日，地点为：×××××××××××××××××。

（2）逾期送达或未送达投标文件至指定地点的，招标人不予受理。

6．有关本项目投标的其他事宜，请与招标人或招标代理机构联系。

7．联系方式

招标人：	招商代理机构：
地址：	地址：
邮编：	邮编：
电话：	电话：
传真：	传真：
电子邮件：	电子邮件：
开户行及账号：	开户行及账号：

××市人民政府

2019年3月11日

范本内容精讲

因为专业性事项公告并不是行政机关文件，所以其公告格式并不会特别严格，只要准确说明发布公告的原因，以及事项内容和要求即可，具体的写作方式可以按照实际情况来进行灵活的变动。

如范本所示，作为施工招标公告，其标题特别简单直观，即“招标公告”，然后在标题下方写明招标编号。一进入正文首先就开始介绍项目相关情况，然后再说明招标要求，最后说明招标方式和联系方式，正文就完成了。

其中较为重要的是时间问题，这类招标公告对时间要求比较严格，在实际的公告撰写中需要明确时间概念，包括开始时间和截止时间。

2.3 通报的写作

■适用情况和特点 ■一般结构 ■注意事项 ■范例详讲

通报是用于表彰先进，批评错误，传达重要指示精神或情况时使用的公务文书。它注重陈述事实，以事明理。

2.3.1 通报的适用情况和特点

党政机关和单位都可以使用通报，其一般适用于以下 3 种情形。

- **表彰**：通报可以用于表彰先进集体或个人事迹，起着树立榜样，号召他人学习的作用。
- **批评**：通报也可以用于批评，以反面的典型来提醒他人吸取教训，起着纠正不良作风的作用。
- **传达**：当需要传达某一重要情况、重要精神或信息时，可以使用通报来引起他人注意。

通报具有真实性、公开性、典型性和导向性的特点，具体内容如表 2-2 所示。

表 2-2　通报的特点

特点	内容
真实性	真实性是指通报的内容必须真实，不能胡编乱造。通报的内容不管是正面的还是反面的，都要据实阐述
公开性	通报的目的是为了表扬先进、批评错误和传达情况，因此通报要及时公开让他人阅读
典型性	通报所表扬或批评的人或事都具有典型意义
导向性	通报对工作的推进具有指导作用，这体现了其导向性

2.3.2　通报的一般结构是什么

通报一般由标题、主送机关、正文、署名和日期构成。

◆ 标题

通报的标题有多种构成方式，包括“发文机关+事由+文种”“事由+文种”“发文机关+通报”或只有通报二字，如以下通报标题。

中共××省审计厅党组关于巡视整改情况的通报

助人为乐表彰通报

××有限公司通报

◆ 主送机关

并不是所有的通报都需要主送机关，一般来说，单位内部公开张贴的或普发性的通报可以没有主送机关，而其他类型的通报则要注明主送机关。

◆ 正文

通报正文的写法并不是固定不变的，它比较灵活。通报的正文主要说明通报的人或事的具体情况。通过叙述事实的方法将通报的原因、事件以及结果等表述清楚。

根据通报类型的不同，通报的写作手法也会不同，不同通报的写作手法将在后面的范例详讲中进行讲解。

◆ 署名和日期

若通报的标题中已写明了发文机关，那么通报中也可以不署名。通报成文日期的写法与其他公文一样。

2.3.3 通报写作的注意事项

虽说不同通报的写作手法是不同的，但其写作要求却是相同的，在进行通报写作时，拟稿人要注意以下事项。

◆ 事例应具有典型性

通报中表彰或批评的人与事应该是具有代表性，且具有新颖性的。选择通报的情况应是与推进工作密切相关的，这样才能使通报发挥其真正的作用。

◆ 内容应具有真实性

通报的内容要真实可靠。在准备通报的材料时，要仔细审核，确保材料是可信的且内容是准确的。如果通报所表彰的人或事件是不真实的，就不会使他人信服；若通报所批评的人或事是不切实际的，或批评的事实不准确，反而会带来不良效果；若通报所传达的情况或精神是不符合实际或虚拟的，会使通报失去其权威性。

◆ 分析应中肯

通报在写作时要注意分析中肯，如在表彰他人的贡献时，要明确其是重大贡献还是突出贡献；在批评他人的行为时，要明确是一般过失还是严重违纪。另外，通报的决定也要恰如其分，要做到是非清楚，褒贬得当。

◆ 发布应及时

通报的发布应及时，否则就会失去通报的意义。如一些坏的苗头如果没有及时通报，可能会导致这种苗头继续滋长。

2.3.4 常见通报文书范例详讲

根据通报的用途可以把通报分为三大类，包括表彰性通报、批评性通报和情况传达性通报。

No.1 表彰性通报

表彰性通报是表扬并嘉奖时所用的通报。在内容上，表彰性通报要重点阐述个人或单位的先进事迹，并号召他人学习。

范本内容展示

资源下载 \ 第 2 章 \ 表彰性通报 .doc

关于表彰 2016－2017 学年度
中等职业学校省级三好学生、优秀学生干部
优秀实习生和先进班集体的通报

各市州教育（体）局：

为全面贯彻党的教育方针，落实立德树人根本任务，充分展示当代中职学生积极进取、奋发有为的精神风貌，弘扬劳动光荣、技能宝贵、创造伟大的时代风尚，促进学生德智体全面发展，经研究决定，对××等 334 名省级“三好学生”、×××等 123 名省级“优秀学生干部”、×××等 93 名省级“优秀实习生”和××市××职业技术学校××××班等 60 个省级“先进班集体”予以表彰。

希望受表彰的集体和个人珍惜荣誉，戒骄戒躁，再接再厉，在今后的学习工作中不断取得更优异的成绩。希望全省广大中职学生以先进为榜样，努力提升自身综合素养，提高专业技能本领，立志成才。同时，各地各校要建立“用中职学生身边的先进典型感染教育中职学生”的工作机制，在广大师生中开展学先进、赶先进活动，促进学生素质的全面提高和良好校风的形成；要采取多种形式广泛宣传省级“三好学生”、“优秀学生干部”和“先进班集体”的先进事迹，在校园内唱响时代主旋律，大力推进素质教育，不断提高教育质量，努力培养一大批满足社会需要全面发展的高素质人才。

附件：2016－2017 学年度中等职业学校省级三好学生、省级优秀学生干部、省级优秀实习生、省级先进班集体名单

××省教育厅（印章）
2017 年 5 月 10 日

范本内容精讲

通过上述表彰性通报范本可以看出该范本的表彰对象是中等职业学校省级三好学生、优秀学生干部优秀实习生和先进班集体。从范本内容可以看出表彰性通报应包含的内容。

- **发布通报的原因或意义：**如范本中表明了通报的意义是为了全面贯彻党的教育方针，创造伟大的时代风尚，促进学生德智体全面发展。
- **明确作出的表彰决定是什么：**在内容上要介绍所表彰的对象是谁，若有需要还要说明被表扬对象的主要事迹。在介绍主要事迹时，要写清事迹发生的时间、地点及其基本过程。
- **提出希望和号召：**一般通报的结尾要提出希望和号召。在上述范本的结尾也可以看出提出了哪些希望和号召。

表彰性通报的特别之处在于结尾处的“特此表彰”。通常表彰的结尾处都为添加“特此表彰”四个字，以强调表彰的事项，鼓励受奖者。

另外，在实际的表彰性通报撰写中需要注意表彰的对象，表彰的对象不同，其内容也会有所区别。如果是团体类的表彰，要注重整体性，强调团体的力量，在具体的叙述方式上要尽量概括性表述，这样更能体现出团体的凝聚力，而非个人主义。但如果表彰的对象是个人，那么叙述方式就需要尽量详细，具体到某个现象，某个事项，再予以评价分析，强调事件的意义，深入激发鼓励。

No.2 批评性通报

批评性通报会通过披露他人或事件的错误来提出告诫性的要求，在内容上要简明扼要地写明主要问题以及错误的事实或现象。

范本内容展示

资源下载 \ 第 2 章 \ 批评性通报 .doc

中国保监会关于损害保险消费者合法权益典型案例的通报

各保监局、中国保险行业协会、各保险公司、各保险中介机构：

2016 年中国保监会继续组织开展旨在打击损害保险消费者合法权益行为的“亮剑行动”。现将查处的 5 起典型案例予以通报。

案例 1：××××××保险股份有限公司部分地区互联网保险业务不单独承保交强险

2016 年 6 月，中国保监会在“亮剑行动”专项检查中发现，××××××保险股份有限公司（以下简称××××）部分分支机构通过官方网站销售车险时，不向消费者提供单独投保机动车交通事故责任强制保险（以下简称交强险）的销售页面，在销售页面中通过弹出窗提示单独投保交强险需通过其他渠道办理。这导致消费者在官方网站上无法为车辆单独投保交强险，但是在官方网站上为车辆投保商业车险后，就可以一并投保交强险。经查，自 2009 年起，××××上海、江苏、安徽、江西、湖北、湖南、广东、宁夏、宁波、杭州等 10 家分公司陆续向总公司报送的网销车险承保政策中，均明确提出辖内不单独承保交强险，而总公司长期以来一直默许上述做法，致使××××上述 10 家分公司均在不同程度上存在拒绝单独承保交强险的情形。

针对上述情形，中国保监会对××××合计罚款 70 万元，其中对总公司罚款 20 万元，对涉事的 10 家分公司分别罚款 5 万元。

……

案例 5：××××××银行股份有限公司××县××乡支行损害消费者合法权益

2016 年 1 月，××保监局接到消费者投诉，反映其在××××××银行股份有限公司××县××乡支行（以下简称××××××乡支行）办理储蓄业务时，遭遇“存单变保单”。经查，××××××乡支行销售人员杜某在销售过程中，将保险产品介绍为两年期定期存款，保险是存款额外赠送的，未按照保险条款内容告知消费者保险产品的保险责任、责任免除、保障期限、退保费用、保单现金价值、犹豫期等信息，并代替消费者填写投保单和签名，致使消费者 9 万元存款变成了保险。

针对上述问题，××保监局对××××××乡支行罚款 12 万元，并向其上级机构××集团××县分公司下发监管函，责令整改，要求严肃追究相关人员责任。

中国保监会（印章）

2017 年 3 月 29 日

范本内容精讲

上述批评性通报共有 5 个案例，我们这里只展示了其中的两个案例。从范本内容可以看出，该批评性通报的标题并没有批评二字。这是因为批评性通报的标题不一定必须有“批评”二字。通过阅读范本可以总结出批评性通报应包含的内容。

事实或现象

在批评性通报中应写明犯错误对象的基本情况。随后需要叙述错误事实的具体情况，如范本中清晰地介绍了 ×××××× 保险股份有限公司部分地区互联网保险业务不单独承保交强险的这种错误行为。

导致的后果

在批评性通报中还要对错误事实或现象的危害性或后果进行分析，这一部分的内容篇幅不会太长，只要阐述清楚即可，如范本中“致使消费者 9 万元存款变成了保险”就是对错误行为所造成的危害进行的阐述。

处理意见

在范本中可以看到，针对不同的案例都作出了具体的惩罚决定，如罚款和责令整改。如果惩罚决定或治理措施的内容较多，那么可以分条进行概述。在部分批评性通报中还可以写明是根据什么规定或什么会议作出的处罚决定。

No.3 传达性通报

传达性通报在写作时要明确交代所通报的情况或精神，以引起他人学习、警觉或注意。

范本内容展示

⊙资源下载 \ 第 2 章 \ 传达性通报 .doc

科技部关于 2017 年第一季度
政府网站抽查情况的通报

根据《国务院办公厅秘书局关于做好政府网站季度抽查工作的通知》（国办秘函〔2016〕48 号）要求，2017 年第一季度，我部对“国家科学技术奖励工作办公室”网站进行了抽查，重点检查网站可用性、信息更新情况、互动回应情况。抽查结果合格。

科技部办公厅（印章）

2017 年 3 月 30 日

范本内容精讲

通过上述传达性通报可以看出，该通报并没有主送机关。这是因为国家科学技术奖励工作办公室直属国家科技部。在正文内容上，范本说明了通报的依据和被通报的具体情况。在具体撰写传达性通报时，可以从以下方面来进行考虑。

- 对通报的基本情况进行客观阐述。
- 对通报的事实进行分析或评价。
- 表明发文机关的要求和意见。
- 提出希望或要求。

批评性通报与传达性通报在一定程度上都是描述现象以便让人引起注意或警示，那么该怎么来区别二者呢？可以从以下两个方面入手。

- 两者对事实的介绍详略不同

批评性通报主要是针对事实做出处理的决定，所以在介绍事实较为具体。但传达性通报是以事实为切入点，引导人们对某一现象或者事实引起重视，因此在介绍事实相对更简要一些。

- 两者对于处理决定的表述有所不同

批评性通报中会明确对该类问题做出的处理决定，这是所有关注问题处理结果的人员在第一时间获取的第一手的书面信息。而传达性通报包含的处理决定只是对原始处理决定及实际处理情况或具体或概括的转述。

2.4 通告的写作

■通报和通告 ■规范格式 ■范例详讲

通告的使用者具有广泛性，其内容的涉及面也很广，如交通、金融、食品、医药、税务和海关等。

2.4.1 通告的规范格式

通告具有规范性和广泛性的特点，其一般由标题、事由、通告事项和结语 4 部分构成。

◆ 标题

通告的标题有多种写法，包括“发文机关＋事由＋通告”“事由＋通告、发文机关＋通告”或只写“通告”二字。如以下通告标题。

关于旅游季节滨海路机动车单双号限行的通告

××市人民政府通告

◆ 事由

主要需要说明通告的发布背景、目的、根据或意义等。常使用“根据……”“为……”等惯用语作为开头。

◆ 通告事项

主要阐述通告的具体事项，部分通告还会涉及执行要求和措施等。通告事项是面向大众的，在撰写时要做到条理清晰，简洁明了。若内容较多可以采用分条方式。叙述时应通俗易懂，使之便于理解和执行。

◆ 结语

通告的结语一般为“特此通告”或“本通告自发布之日起实施”，有时也可以不写。

知识补充 通告的类型

根据通告的目的性不同可分为周知性公告和遵守性公告。周知性公告主要用于发布重要情况和消息，遵守性公告主要用于发布需要遵守的规则、政策和措施等。

2.4.2 常见通告文书范例详讲

通告的适用范围很广泛，政府机关、社会团体和企事业单位均可使用。如安全通告、交通通告和换发执照通告等。

No.1 交通通告

当交通道路遇到工程改造、路线变更或发布交通规范时，都会使用通告来告知大众这一重要情况。

范本内容展示

资源下载＼第 2 章＼交通通告 .doc

关于 2017 年“劳动节”期间调整本市机动车和非本市进×载客汽车交通管理措施的通告

根据国务院办公厅关于 2017 年部分节假日的安排，2017 年 4 月 29 日至 5 月 1 日期间，对本市机动车和非本市进×载客汽车交通管理措施进行以下调整：

一、本市机动车不受工作日高峰时段区域限行交通管理措施的限制。

二、非本市进×载客汽车不受 7 时至 9 时、17 时至 20 时禁止在×环路（含）以内道路行驶和 9 时至 17 时按车牌尾号区域限行交通管理措施的限制。

特此通告。

××市公安局公安交通管理局（印章）

2017 年 4 月 25 日

范本内容精讲

上述交通通告范本标题采用的是“事由＋通告标题”的写作方式。正文开头部分使用的是公文惯用语“根据……”，在阐述通告具体事项时，采用的是分条列项的方法，使读者能够了解本市机动车和非本市机动车交通管理措施的不同要求。最后，以“特此通告”作为结尾。

No.2 规定性通告

规定性通告的内容主要是政策、法规或需要大众遵守的事项，具有强制性的特点。为确保通告的内容能够得到有效执行，规定性通告常常会提出具体的规范、要求或标准。

部分规范性通告的规定有具体的施行日期，而部分规范性通告的执行日期就是成文日期。

范本内容展示

资源下载 \ 第 2 章 \ 规定性通告 .doc

××市人民政府
关于清明节安全文明祭扫的通告

清明节是缅怀先人、追思先烈、纪念先贤、寄托哀思的传统节日。为大力宣传殡葬改革，推进节地生态安葬和绿色殡葬，确保清明祭扫活动有序、安全、文明、和谐，现就清明节安全文明祭扫有关事项通告如下：

一、祭扫活动要严格火源管理，防止发生火灾。

二、公墓、骨灰寄存场所内禁止焚烧祭品、燃放鞭炮。

三、严禁在街道、广场、社区等公共场所搭设灵棚，抛撒纸钱，焚烧祭品。

四、殡葬用品经营业主必须销售文明、环保祭祀用品，未经许可严禁在墓区周边公共场所经营祭祀用品。

五、殡葬服务单位要及时发布祭扫人流、车流信息，提醒公众合理选择祭扫日期、时段、路线，错峰祭扫，保证祭扫场所道路畅通。

六、倡导鲜花祭扫、植树祭扫、网络祭扫、家庭追思会和社区公祭等文明绿色祭扫方式。

七、党员干部要严格按照中共××市委办公室、××市人民政府办公室《关于全面深化殡葬改革的实施办法》（×办发[2014]16号）的规定，带头文明低碳祭扫，带头简化祭祀活动，严禁公车扫墓。对未按规定执行殡葬政策，干扰殡葬改革的，一律依纪依规严肃处理。

八、各地、各部门、各单位、各人民团体在清明节期间，要有计划地组织干部职工、学生到烈士陵园开展形式多样的祭扫活动，进一步弘扬烈士精神，继承发扬革命优良传统。

特此通告

（印章）
2017 年 3月 25 日

范本内容精讲

从上述规定性通告范本的内容可以看出，这是一篇关于清明节安全文明祭扫的通告。其标题采用的是“发文机关 + 事由 + 通告”的写法，由于通告的标题已写明了发文机关，因此结尾没有署名，只写了成文日期。

在范本的正文内容中，说明了通告的事由和通告事项的具体要求。在事由和通告事项之间，用“通告如下”转承连接。我们在进行通告写作时，也可以采用“通告如下”“特通告如下”以及“现通告如下”等用语来连接过渡。

No.3 紧急通告

针对紧急事件或情况可以发布紧急通告，与通知一样，紧急通告可以在标题中写明“紧急”二字，以提醒他人注意。

范本内容展示

资源下载 \ 第 2 章 \ 紧急通告 .doc

交易编码系统修复紧急通告

致：各尊贵的客户及代理

兹因本公司于 4 月初进行后台报表系统升级，及后发现交易编码未能自动发送致客户电邮，现进行修复，在修复完成前，如已付费之客户，需收到交易编码，请联络客服中心再次确认邮箱资料。

系统升级后如果贵客户及代理在业务办理过程中遇到疑问，请与本公司 24 小时客服中心联络。

查询电话：××××××××××

特此通告，敬请垂注。

××贵金属有限公司

2019 年 4 月 21 日

范本内容精讲

上述紧急通告范本是 ×× 贵金属有限公司发布的关于交易编码系统修复的通告。由于公司进行后台报表系统升级导致了交易编码未能自动发送给客户，这对客户来说会影响其交易。因为这是突发事件，所以该公司需要通过紧急通告的形式来告知客户和代理。可以看出该通告的标题是由“事由＋紧急通告”构成的，体现了通告的紧急性。

正文内容中，用简洁明了的语言阐述了修复完成前和修复完成后客户进行业务办理的有关事项，最后在通告的结尾用“特此通告，敬请垂注”作为敬辞。

第3章

指挥指示类文书写作要点与范例精析

3.1 命令的写作

■特点及分类 ■写作格式 ■范例详讲

命令属于下行公文，是具有指挥性和强制性的公文，在使用命令时必须严肃审慎，不能滥用、乱用或错用命令。

3.1.1 命令的特点及分类

与其他公文相比，命令具有四大特点，包括内容重要、权威性、指挥性和强制性。

1. 内容重要

命令所涉及的内容多为行政法规、规章或重大强制性行政措施。命令若用来奖惩有关人员，一般是在全国或一定范围内有很大影响。若只是一般的表彰或批评，使用前面已经讲述过的通报或其他文种即可。

2. 权威性

并不是所有的党政机关都可以发布命令，根据《中华人民共和国宪法》的规定，以下党政机关可以依照法律规定发布命令。

- 中华人民共和国主席。
- 国务院总理。
- 国务院各部部长。
- 各委员会主任以及县以上各级地方人民政府。

一般来说，只有国家主要领导人或高级领导机关才使用命令，各级地方人民政府很少使用命令这一文种。

3. 指挥性

命令的指挥性主要表现在命令的内容具有指挥下级机关或有关人员行动的作

用。命令在发布后，有关机关或单位就要按照命令的指示进行工作，任何单位或者个人都不能修改或歪曲命令。

4. 强制性

命令的强制性表现在命令一经发布，受令者必须无条件地绝对服从和执行。如果违反命令或拒不执行命令，那么就要受到相应的处罚。

根据命令内容和发文机关的不同，命令主要可以分为公布令、行政令、通缉令、惩处令、撤销令和嘉奖令等。

3.1.2 命令的写作格式

命令的写作格式与我们前面讲到的公文有所不同，它有特定的格式。命令的发文机关由发文机关全称加“命令”或“令”字组成，且要居中排布，推荐使用红色小标宋体字。在发文机关标志下空两行居中编排令号，令号下空二行编排正文。命令的署名一般为重要领导人，因此须加盖签发人签名章。如下图所示为命令公文的格式。

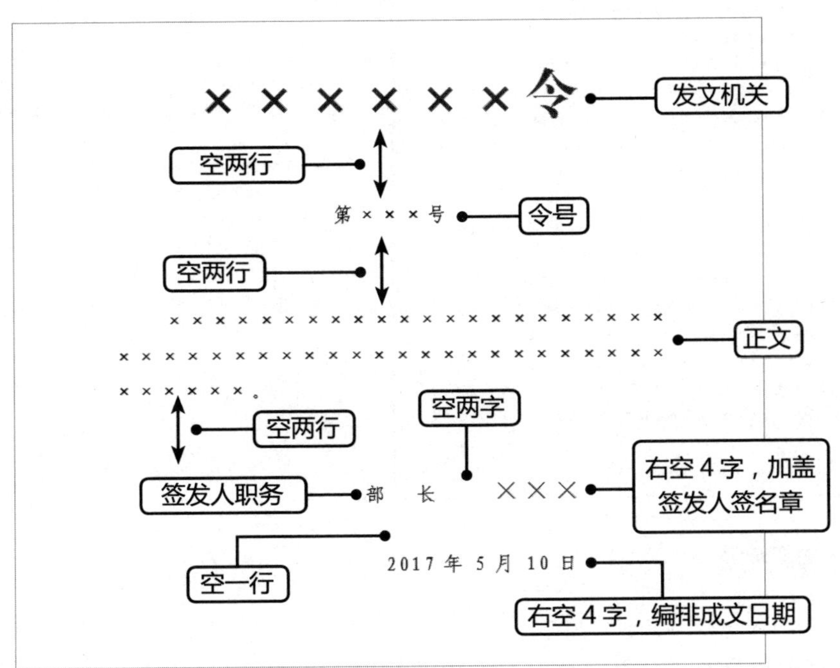

3.1.3 常见命令文书范例详讲

命令的种类有很多，不同的命令的适用范围是不同的，下面来看看常见命令的范例。

No.1 行政令

行政令又被称为行政法令，属于国家领导机关或领导人发布重大的强制性行政措施的一种公文。根据命令的内容进行划分，行政令分为颁布性命令和事项性命令。

范本内容展示

资源下载 \ 第 3 章 \ 行政令 .doc

××人民政府森林防火戒严令

为预防森林火灾的发生，保障国家、集体和人民生命财产安全，依据《中华人民共和国森林法》、国务院《森林防火条例》和《湖北省森林防火条例》有关规定，在干燥、大风等高火险天气防止发生森林火灾，特发布森林防火戒严令。

一、全市所有的国有林场、集体林区、西山风景区和乡村封山育林区、项目林区为森林防火戒严区。

二、全市森林防火戒严期为每年 11 月 1 日至次年 4 月 30 日。

三、国有、集体林场和其他重点防火区域以及森林火灾多发区应当组织力量，开辟森林防火隔离带，栽种生物隔离带，避免火灾造成损失。

四、森林防火期内，各级人民政府森林防火指挥机构和森林、林木、林地的经营单位或者个人，应当根据森林火险预报，采取相应的预防和应急准备措施。

未履行森林防火责任的，由区级以上人民政府林业主管部门责令限期改正，对个人处 500 元以上 5000 元以下罚款，对单位处 1 万元以上 5 万元以下罚款。单位未履行森林防火安全职责，拒不按照整改通知书及时进行整改的，由区级以上林业主管部门或者森林公安机关责令其停止违法行为，并处 500 元以上 5000 元以下罚款；造成损失的，依法承担赔偿责任。

五、森林防火戒严期内，戒严区实行封山，禁止一切野外用火，包括禁止烧荒、烧灰积肥、烧田埂地边的杂草，禁止乱丢烟头、火柴梗及其他引火物品，禁止烧火取暖或野炊，禁止打火把、燃放鞭炮，禁止在墓地进行点灯、烧纸、点蜡烛等祭祀活动以及其他野外用火行为。

未经批准擅自在森林防火区内野外用火的，由区级以上地方人民政府林业主管部门责令停止违法行为，给予警告，对个人并处 200 元以上 3000 元以下罚款，对单位并处 1 万元以上 5 万元以下罚款。在森林防火戒严期内，在戒严区野外用火的，由区级以上林业主管部门或者森林公安机关责令其停止违法行为，并处 500 元以上 5000 元以下罚款；造成损失的，依法承担赔偿责任。

六、发生森林火灾时，当地政府和森林防火指挥机构有权优先使用交通、通讯工具和其他扑火物资组织扑救。必要时，可依法征用。公民应当服从当地政府和森林防火指挥机构的指挥和调遣，依法履行扑救森林火灾的义务。

七、森林防火工作中负有责任的领导和人员，违反相关法律法规和本戒严令的，根据其职责和情节轻重，由主管机关或者监察机关分别给予批评教育、行政处分；构成犯罪的，依法追究刑事责任。

八、违反本防火戒严令造成森林火灾的，依照《中华人民共和国治安管理处罚法》和《中华人民共和国刑法》追究法律责任。

九、此令有效期自 2017 年 3 月 30 日至 2022 年 3 月 30 日。

××市人民政府（印章）

2017 年 3 月 30 日

范本内容精讲

从上述行政令范本内容可以看出，这是一份关于森林防火的戒严令。从该范本的标题可以看出，行政令的标题由“发文机关 + 事由 + 文种”构成。需要注意，有些行政令的标题并没有发文机关，而是由“事由＋文种”构成。

行政令的正文一般由3个部分构成，包括发令事由、命令事项和实施要求。如范本在开头部分说明了发布森林防火戒严令是为了预防森林火灾的发生，保障国家、集体和人民生命财产安全。随后具体阐述了森林防火戒严的区域和期限，最后提出了防火要求以及说明了违反该命令的处罚。

在公文实践中撰写行政令时，要注意行政令应做到结构完整，条理清晰，在阐述具体的实施要求时要具体，以便于执行。

No.2 发布令

发布令是依照有关法律规定，发布行政法规和规章时所使用的命令，是命令的重要类别。

范本内容展示

资源下载 \ 第 3 章 \ 发布令 .doc

中华人民共和国国务院令

第 650 号

《医疗器械监督管理条例》已经 2014 年 2 月 12 日国务院第 39 次常务会议修订通过，现将修订后的《医疗器械监督管理条例》公布，自 2014 年 6 月 1 日起施行。

总理　　李克强

2014 年 3 月 7 日

范本内容精讲

发布令由令文和附件构成的，附件随文下发，我们这里没有展示附件内容。附件即为公布的法规和制度等。

发布令的标题主要有两种，一种是由“发令机关领导人职务 + 文种”组成；另一种是由“发令机关 + 文种”组成。从范本的标题可以看出，范本的标题组成方式为后者。如“中华人民共和国主席令”的标题就为“发令机关领导人职务 + 文种”的组成形式。

正文一般由发布对象、发布依据和执行要求 3 个部分组成。各个部分的含义如下所示。

- **发布对象**：是指发布的是哪个行政法规，如范本的发布对象是《医疗器械监督管理条例》。
- **发布依据**：是指由哪个组织或在哪次会议上通过的，如范本的发布依据为国务院第 39 次常务会议。
- **执行要求**：是指从什么时候开始实施该行政法规，如范本的执行要求为自 2014 年 6 月 1 日起施行。

No.3 嘉奖令

嘉奖令主要用于对个人或单位的重大贡献或功绩进行公开嘉奖，一般也被称为通令。

范本内容展示

资源下载 \ 第 3 章 \ 嘉奖令 .doc

嘉　奖　令

各村民委员会、镇直（驻镇）各单位，各骨干企业：

2019 年，××地税分局等单位充分发挥自身职能，奋力拼搏，开拓进取，为我镇经济建设和社会事业发展做出了积极贡献。为此，镇人民政府决定：对××地税分局、××市场监管所、××中学、××银行××支行等四个单位予以通令嘉奖。

××镇人民政府（印章）

2019 年 3 月 6 日

范本内容精讲

上述嘉奖令范本的标题为“嘉奖令”3个字，除范本所示的标题写作方式外，嘉奖令的标题还有以下写作方式。

发文机关+嘉奖令

最高人民法院嘉奖令

发文机关+嘉奖对象+嘉奖令

国务院关于对中国民航乘务员×××的嘉奖令

嘉奖令的正文与行政令的写法相似，包括嘉奖事由、嘉奖事项（决定）和号召希望3个部分。从范本内容可以看出，嘉奖事由为××地税分局等单位为××镇经济建设和社会事业发展作出了积极贡献。嘉奖决定为对作出积极贡献的4个单位进行通令嘉奖。

需要注意的是，嘉奖令是上级对下级的嘉奖，属于下行文，所以在撰写时要注意措辞，体现出嘉奖令的强制性、领导性以及指挥性。

3.2 决定的写作

■决定特点 ■格式和要点 ■范例详讲

决定是下行公文，主要用于对重大事项或行动作出安排、对有关人员进行奖惩或变更以及撤销下级机关不适当的决定。

3.2.1 决定的特点

决定的使用范围很广泛，党政机关、社会团体和企事业单位都可以使用决定，其具有以下特点。

◆ **严肃性**：决定在发布后，下级机关就要认真执行，因此决定的用语要严肃谨慎。

- **指导性**：决定对下级机关的工作具有指导作用。
- **制约性**：下级机关要无条件执行决定，这体现了决定的制约性。决定的制约性没有命令强硬，但比其他公文强一些。
- **稳定性**：决定的内容体现了其稳定性，它要求下级机关在相当长的时期内贯彻执行。
- **针对性**：对重要事项或重大行动作出的部署和处置，都是根据现实问题来安排的。

3.2.2 决定的写作格式与写作要点

决定主要由标题、正文和落款组成。决定的主送机关可有可无，大多数情况下会包含主送机关。

- 标题

决定的标题有“发文机关 + 事由 + 决定”或“事由 + 决定”两种写作方式，如以下范例。

××省人民政府关于追授×××同志“××省人民满意的公务员”荣誉称号的决定

国务院关于修改部分行政法规的决定

关于进一步加强民生工作的决定

优秀党务工作者表彰决定

- 正文

决定的正文一般由开头、主体和结尾 3 部分组成。开头部分主要说明发布决定的目的、缘由或根据。主体部分需说明决定的内容，或决定的要求和措施等。结尾部分用于提出希望和执行要求。

- 落款

决定的落款与一般公文的落款相同，由署名和成文日期组成。

在进行决定写作时，要注意把握决定的现实背景，结合实际来书写。另外，不同类型的决定要采用恰当的结构形式，如多段组合式和分条列项式等。

3.2.3 常见决定文书范例详讲

决定的类型有多种，按照决定发布的内容，可分为决策性决定、表彰奖励性决定和部署性决定等。

No.1 决策性决定

当党政机关、社会团体或企事业单位作出了重要决策时，就需要使用决定这一公文进行发布。

范本内容展示

资源下载\第3章\决策性决定.doc

××省人民政府关于取消
非行政许可审批事项的决定

×府发〔2015〕51号

各市（州）、县（市、区）人民政府，省政府各部门、各直属机构，有关单位：

根据《国务院关于取消非行政许可审批事项的决定》（国发〔2015〕27号），我省对应取消21项非行政许可审批事项，将20项非行政许可审批事项调整为政府内部审批事项。去年底，我省已取消省本级设定的非行政许可审批事项，今后不再保留“非行政许可审批”这一审批类别。

各地、各有关部门（单位）要认真做好取消事项的落实和衔接工作，不得以任何形式实施变相审批。调整为政府内部审批的事项，不得面向公民、法人和其他社会组织实施审批；要严格规范审批行为，严格限制自由裁量权，优化审批流程，提高办事效率。其余行政权力事项应严格按国家安排做好相应调整。

附件：1. 省政府决定取消的非行政许可审批事项目录
2. 省政府决定调整为政府内部审批的事项目录

××省人民政府（印章）
2015年10月19日

范本内容精讲

从上述决策性决定范本可以看出，其标题采用的是“发文机关 + 事由 + 决定”的写作方式。正文内容也与前面讲到的决定正文的写法相同，首先说明了该决定是根据《国务院关于取消非行政许可审批事项的决定》（国发〔2015〕27 号）作出的。接下来说明了决定的内容，如对应取消 21 项非行政许可审批事项。最后提出了执行要求，如不得以任何形式实施变相审批。

通常这类的决定文书事关重大事项，对受众具有重大的指导性和政策性。所以在撰写时不能直接写出决定，需要将正文分为两个部分：第一部分阐明发布决定的背景、原因、目的以及意义等；第二部分再撰写决定的事项。这样的结构可以使决定更具说服力。

No.2 表彰奖励性决定

决定文种也可以用于对先进个人或单位进行表彰奖励，下面就来看看以下表彰奖励性决定的范本。

范本内容展示

资源下载 \ 第 3 章 \ 表彰奖励性决定 .doc

××市人民政府关于 2012 年度
××市科学技术奖励的决定

各区、县人民政府，市政府各委、办、局，各市属机构：

为深入贯彻落实党的十八大和全国科技创新大会精神，发挥科技创新在提高社会生产力和综合国力方面的战略支撑作用，加快推进×××国家自主创新示范区建设和××科技创新体系建设，推动率先形成创新驱动的发展格局，市政府决定，对在发展××科技事业、促进××经济社会发展中取得突出成绩的科技人员和组织予以奖励。

根据《××市科学技术奖励办法》（市政府令第 222 号）的规定，决定授予由××国际集成电路制造（××）有限公司等单位共同完成的“超大规模集成电路 65-40 纳米成套产品工艺研发与产业化”等 27 项科技成果为××市科学技术奖一等奖；决定授予由中国科学院计算技术研究所等单位共同完成的“面向国家骨干互联网的安全监测技术及其应用”等 53 项科技成果为××市科学技术奖二等奖；决定授予由××××××股份有限公司等单位共同完成的“燃煤电厂氮氧化物控制综合技术与低品位余热综合利用技术研究示范”等 104 项科技成果为××市科学技术奖三等奖。

全市科技工作者要以获奖者为榜样，弘扬精益求精、勇攀高峰的钻研精神，大力推进自主创新，为深入实施“人文××、科技××、绿色××”战略，全力推动××科学发展和建设中国特色世界城市做出更大的贡献。

××市人民政府（印章）

2012 年 12 月 29 日

范本内容精讲

表彰奖励性决定与表彰性通报的作用相似，但其层次高于通报。上述表彰奖励性决定范本是关于科学技术奖励的决定，通过阅读正文内容可以看出其主要由以下 4 个部分组成，即表彰奖励的缘由、表彰奖励的对象、表彰奖励的决定以及提出希望和号召。

在公文实践中进行表彰奖励性公文写作时，也可以参考上述几部分内容来进行书写。

No.3 部署性决定

部署性决定的指挥性很强，要求坚决贯彻执行，当对重要事项或重大行动作出部署时就会使用部署性决定。

范本内容展示

资源下载 \ 第 3 章 \ 部署性决定 .doc

国务院关于优化建设工程防雷许可的决定

国发〔2016〕39号

各省、自治区、直辖市人民政府，国务院各部委、各直属机构：

根据简政放权、放管结合、优化服务协同推进的改革要求，为减少建设工程防雷重复许可、重复监管，切实减轻企业负担，进一步明确和落实政府相关部门责任，加强事中事后监管，保障建设工程防雷安全，现作出如下决定：

一、整合部分建设工程防雷许可

（一）将气象部门承担的房屋建筑工程和市政基础设施工程防雷装置设计审核、竣工验收许可，整合纳入建筑工程施工图审查、竣工验收备案，统一由住房城乡建设部门监管，切实优化流程、缩短时限、提高效率。

……

本决定自印发之日起施行，已有规定与本决定不一致的，按照本决定执行。

国务院（印章）

2016年6月24日

范本内容精讲

上述部署性决定的范本内容较多，因此这里只展示了部分内容。从范本的内容可以看出，开头部分说明了作出优化建设工程防雷许可决定的根据，用“现作出以下决定”引出了决定的事项。由于决定事项的内容较多，因此采取了分条列项的方式来进行阐述。

从展示的决定事项内容可以看出，明确地说明了优化建设工程防雷许可的具体做法，即第一条为整合部分建设工程防雷许可，并指出了整合部分建设工程防雷许可的具体办法。

部署性决定往往采取分条列项式的写法，因此在实践中进行部署性公文的写作时，也大多采用这种写法，且一般要略写缘由，详写事项。

3.3 批复的写作

■类型和特点 ■写作要求 ■注意的问题 ■范例详讲

当上级答复下级请示的事项时就会使用批复这一文种，答复同级或不相隶属机关时不能使用批复。

3.3.1 批复的类型和特点

根据请示内容的不同，批复主要可以分为以下两类。

- **指示性批复**：是指对下级提出的请示事项或问题，作出指示答复或处理意见。具有指导下级工作的作用。
- **答复性批复**：是指对下级提出的请求批准事项作出答复，答复一般分为同意和不同意两种。

根据批复的内容又可分为阐述政策的批复、审批事项批复和审批法规批复 3 种。批复的特点主要包括以下几点。

◆ 针对性

批复要根据下级机关作出的请示来行文，批复的内容也要针对请示的内容来确定。对非请示机关不产生影响，也不涉及请示内容以外的事项，这体现了批复的针对性。

◆ 指导性

下级机关要根据上级机关作出的批复来执行，这表明了批复的指示性。另外，批复的目的也是为了指导下级的工作。

◆ 回复性

批复的内容属于回复性的内容，不管上级机关是否同意下级机关的请示，都要作出明确的答复。

◆ 权威性

批复还具有权威性的特点，其作出的指示答复或处理意见，对下级机关具有约束力，下级机关须严格执行。

3.3.2 批复的写作要求

批复一般由标题、主送机关、正文和落款 4 个部分组成，这 4 个部分有不同的写作要求。

◆ 标题

最为常见的批复标题写法为“发文机关＋事由＋批复”，还有一种标题的写法为“发文机关＋表态词＋请示事项＋批复”，如以下批复标题。

国务院关于河北省张家口赛区冬奥会建设项目投资审批改革试点的批复

国务院关于同意设立“中国品牌日”的批复

北京市文物局关于举办“丝路相连 心路相通——璀璨的中亚”系列文化展的批复

◆ 主送机关

批复的主送机关与其他公文有所不同。一般来说，批复的主送机关一般只有一个，即请求批复的下级机关。若批复的内容同时涉及了多个机关或单位，那么要采取抄送的形式送达。

◆ 正文

批复的正文一般由批复引语、批复意见和批复要求 3 个部分构成。批复引语须说明批复的对象是谁；批复意见即指所作出的答复和指示；批复要求一般为希望和号召、具体的处理意见或提供的解决办法。

◆ 落款

批复的落款与一般公文一样，由署名和成文日期构成，通常都要加盖公章。

3.3.3 撰写批复应注意的问题

在撰写批复时有许多注意事项需要拟稿人注意，具体内容主要包括以下几点。

◆ 先回应后批复

在撰写批复的正文内容时，应做到先回应后批复。即首先应告诉下级机关已经收到了请求，其次再作出具体的答复，如以下批复范例。

国务院关于同意设立“中国品牌日”的批复

国函〔2017〕51 号

国家发展改革委：

你委《关于设立“中国品牌日”的请示》（发改产业〔2016〕2484 号）收悉。同意自 2017 年起，将每年 5 月 10 日设立为“中国品牌日”。具体工作由你委商有关部门组织实施。

国务院（印章）

2017 年 4 月 24 日

◆ 慎重及时

上级机关在收到并知晓了下级机关发来的请示后，就要及时作出批复，若迟迟不给予答复就会影响下级机关的工作。在作出批复时应一文一批复，且要在经过详细调查，了解具体情况后慎重作出答复。

◆ 态度明确

上级机关在作出批复时应态度明确，不可模棱两可，要明确告知下级机关是同意请示还是不同意请示，以免下级机关无所适从。

3.3.4 常见批复文书范例详讲

在对批复的写作要求和写作注意事项有了一定的了解后，下面通过范例来看看不同批复的特点和写作手法。

No.1 指示性批复

指示性批复要求上级机关既要作出答复，又要提出指示性的意见。

范本内容展示

资源下载\第3章\指示性批复.doc

××省人民政府关于同意调整××下拥省级自然保护区功能区划的批复

×府函〔2017〕78号

林业厅：

你厅《关于调整××下拥省级自然保护区功能区划的请示》（×林〔2017〕44号）收悉，现批复如下：

一、同意按你厅上报方案对××下拥省级自然保护区功能区划进行调整。调整后，××下拥省级自然保护区范围和面积保持23693公顷不变，其中核心区面积由11599.8公顷调整为11670.8公顷，缓冲区面积由7362.3公顷调整为7387.2公顷，实验区面积由4730.9公顷调整为4635公顷。

二、请你厅按照调整后的功能区划组织相关地方完成××下拥省级自然保护区功能区划的标桩定界工作，完善自然保护区管理机构，配齐人员，保障经费，切实加强对××下拥省级自然保护区的科学管理，有效保护区内野生动植物资源和自然生态系统，充分发挥自然保护区的生态、社会和经济效益。

××省人民政府（印章）

2017年5月5日

范本内容精讲

从上述授权指示性批复可以看出，该批复的主送机关是林业厅，因此引语中使用了“你厅”来表示该林业厅。在实践中进行批复写作时会遇到不同的主送机关，主送机关不同，批复引语开头的称呼也不同，常见的有以下几种情况。

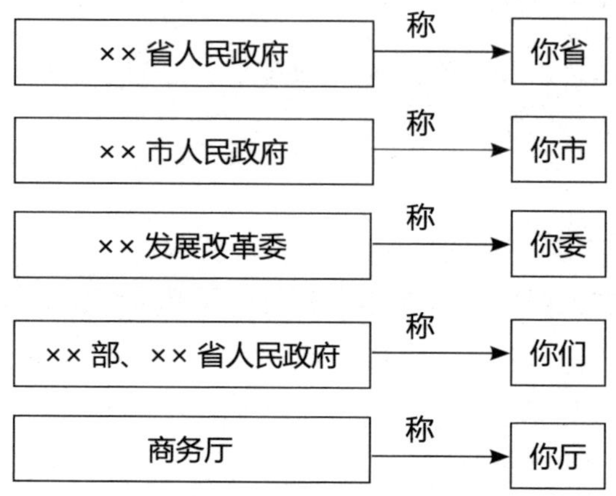

正文中，“收悉”和“现批复如下”都是批复的惯用语，有时会在“现批复如下”前加上“经研究”3个字作为作出批复的根据。如以下批复引语的表述方式。

范例一：

你市《关于审批〈××市城市总体规划（2014—2030）〉的请示》（×府〔2015〕68号）收悉，经研究，现批复如下。

范例二：

你们报送的《××市人民政府关于调整三台县二水厂饮用水水源保护区划定的请示》（×府〔2016〕15号）、《××市人民政府关于调整××市城南水厂供水站、××县二水厂饮用水水源保护区划定的请示》（×府〔2015〕104号）、《××市人民政府关于划定××县××江亭子口饮用水水源保护区的请示》（×府〔2016〕30号）、《××市人民政府关于取消×××水库饮用水源地保护区的请示》（×府〔2016〕25号）、《××市人民政府关于撤销××供水站饮用水源地保护区的请示》（×府〔2016〕51号）收悉。根据《中华人民共和国环境保护法》《中华人民共和国水污染防治法》《××省饮用水水源保护管理条例》等有关规定，经研究，现批复如下。

在撰写批复引语时要注意，引述下级机关传达的公文时，要引述公文的标题和发文字号，不能只引述标题，如范本的“《关于调整××下拥省级自然保护区功能区划的请示》（×林〔2017〕44号）”就是标题+发文字号。

No.2 审批性批复

审批性批复要求上级机关在进行审核后再作出批复，其审核机关往往是发文机关的上级机关。

范本内容展示

资源下载\第3章\审批性批复.doc

××省人民政府关于同意撤销×县设立××市××区的批复

×府函〔2019〕238号

××市人民政府：

你市《关于×县撤县设区的请示》（×府〔2019〕19号）收悉。经国务院批准，同意撤销×县，设立××市××区，以原×县的行政区域为××市××区的行政区域，××区人民政府驻××街道×××××××号。

上述行政区划调整涉及的各类机构要按照“精简、统一、效能”的原则设置，涉及的行政区域界线要按规定及时勘定，所需人员编制和经费由你市自行解决。要牢固树立创新、协调、绿色、开放、共享的发展理念，坚持走以人为本、四化同步、优化布局、生态文明、文化传承的中国特色新型城镇化道路，创新体制机制，进一步提高城市规划、建设、管理水平，提高城市综合承载能力。要严格按照国务院“约法三章”的要求，不新建政府性楼堂馆所，不增加财政供养人员，不增加“三公”经费。要严格执行中央关于厉行节约的规定和国家土地管理法规政策，加大区域资源整合力度，促进区域经济社会协调健康发展。要强化组织领导，明确工作责任，加强行政区划调整的社会稳定风险评估，落实各项工作措施，确保行政区划调整有序稳妥实施。

××省人民政府（印章）

2019年 5月12日

范本内容精讲

从上述审批性批复范本可以看出，该批复的发文机关是 ×× 省人民政府，受文机关是 ×× 市人民政府，作出批准的机关是国务院。与指示性批复的引语不同，审批性批复会直接在引语中表明批复决定，如范本的“同意撤销 × 县，设立 ×× 市 ×× 区……”，而不是以“现批复如下”来引出批复决定。

在表明批复决定后，范本还提出了批复要求，包括不新建政府性楼堂馆所，不增加财政供养人员等。在批复要求阐述完后，便自然结尾。

3.4 指示的写作

■基础概述 ■写作格式 ■范例详讲

指示有上对下指导的含义，因此指示公文也具有较强的指导性。既然是上对下的指导，那么指示当然属于下行公文。

3.4.1 指示基础概述

指示具有很强的约束性和指导性，需要注意，对一般工作的指导往往使用通知，只有在上级机关对下级机关布置工作，阐明工作活动的指导原则时才会使用。其具有以下特点。

- **原则性**：从指示的适用范围可以看出指示的原则性，其内容只是行动指南，而不像通知一样详尽和具体。
- **指导性**：从指示这一词汇就可以看出指示所具有的指导性，受文机关要按照指示的内容结合实际贯彻落实。
- **权威性**：一般来说，只有市以上的机关才常常使用指示，企事业单位一般不用指示这一文种，而是用通知。
- **严肃性**：指示的内容和适用范围决定了指示的严肃性，指示的用语一般为指令性语言。

3.4.2 指示的写作格式

与其他公文不同，指示一般由标题和正文两部分构成，其发文机关和成文日期通常不需要在正文后另外注明，有时会用括号在标题正下方注明成文日期和发文字号。标题和正文的一般写法如下所示。

◆ 标题

指示的标题一般为“发文机关＋事由＋指示”，其发文机关为高级领导机关，如以下指示标题。

国务院关于重视和加强有机肥料工作的指示

中共中央、国务院关于防御特大洪水的紧急指示

国务院关于推广普通话的指示

◆ 正文

指示的正文一般由开头、主体和结尾组成。开头部分主要阐述指示的原因、目的或依据。主体部分一般采用分条列项的表述方式来阐述具体的指示内容，如方法措施、指导原则和执行要求等。结尾部分一般提出希望号召或强调指示的重要性。

3.4.3 常见指示文书范例详讲

指示根据性质和时效性可分为紧急指示和一般指示。紧急指示是针对某项具体的紧急工作或紧急问题而发出的；一般指示是针对普遍的、全局性或部分局部性的问题而发出的。下面分别来看看两种指示的范本。

No.1 紧急指示

紧急指示比较少见，当需要多个部门共同处理某一紧急事项时才会发出紧急指示，如突发的特大灾害。在撰写紧急指示的标题时，须在标题上加“紧急”二字。

要注意，紧急指示和紧急通知是不同的，紧急指示高于紧急通知，其更具有权威性和严肃性。

范本内容展示

资源下载＼第 3 章＼紧急指示 .doc

中共中央、国务院
关于防御特大洪水的紧急指示

今年我国气候异常。进入 7 月以来，长江中下游地区接连发生大水，一些地方已超过 1954 年特大洪水的最高水位。沿江广大军民，在当地党委、政府和军区领导下，积极投入抗洪抢险，全力以赴，日夜奋战，目前已取得很大胜利。中共中央、国务院特向参加这一斗争的广大干部和群众，向解放军指战员，表示亲切的慰问，希望再接再厉，夺取全胜。

一、当前长江洪水险情未过，黄河、淮河、海河和松花江、辽河都进入大汛时期，珠江流域仍有发生洪水和台风灾害的可能。据气象部门分析，对此必须有高度警惕，中共中央、国务院要求各省、市、自治区都要做好防御特大洪水的充分准备，认真检查落实各项防汛措施，做到有备无患，力争在发生不可抗御的特大洪水时，尽可能减少损失。

二、根据我国目前大江大河防洪工程的能力，如遇特大洪水，为了保全大局，减少损失，需要在一些地方有计划地采取分洪、蓄洪措施。各有关地区要及时做好组织群众安全转移的各项准备，同时向分洪区、蓄洪区的广大干部和群众做好宣传教育工作，说明小局服从大局的道理。要求在洪水面前，每个人能以大局为重，一切行动听指挥，不允许违抗上级命令。特别是各级领导干部，必须以身作则，加强组织性纪律性；对不服从指挥调度而造成恶果的，要严加惩处。

三、各地在防汛抗洪斗争中，必须大力加强治安工作。对制造谣言、聚众哄抢的为首分子，对乘机抢劫、盗窃国家、集体和个人财物，破坏防洪抢险设施，以及其他破坏防洪救灾工作的犯罪分子，可采取特别措施和必要手段坚决镇压，严厉打击，依法从重从快惩处，以确保防汛工作的顺利进行。

范本内容精讲

上述紧急指示范本是关于防御特大洪水的指示，从范本的结构可以看出，其由标题和正文两部分构成。

内容上，首先说明了发布指示的原因，即“今年我国气候异常。进入 7 月以来，长江中下游地区接连发生大水，一些地方已超过 1954 年特大洪水的最高水位……”。然后分条提出了 3 点抗洪要求。

这种写法类似于总分结构的写作手法，使指示内容一目了然。从语言的使用上可以看出，使用的都是严肃，庄重，具有权威性和强劲性的词汇。如再接再厉、夺取全胜、必须、有备无患、力争、不允许、严加惩处和坚决镇压等，使文章显得坚定有力。

No.2 一般指示

一般指示相较于紧急指示使用得较多，也是最为普遍的指示，其受文面很广，一般为所有的下级机关。

范本内容展示

资源下载 \ 第 3 章 \ 一般指示 .doc

中共中央国务院关于认真做好第×次全国人口普查工作的指示

人口普查，是查清我国国情、国力的一项重要工作。准确地掌握我国人口的分布及构成情况，对于从我国实际情况出发，更好地进行社会主义现代化建设，安排人民的物质和文化生活，制定人口政策和规划，具有重大意义。为此，中共中央、国务院××××年×月决定，××××年×月×日进行第×次全国人口普查。一年多来，全省、市、自治区和各部门共同努力，做了大量准备工作，是有效的。国务院已批准颁发了《第×次全国人口普查办法》。为了高质量地完成这次普查任务，特作如下指示：

一、各级党委和人民政府要切实加强领导。人口普查工作必须在各级党委人民政府的统一领导下进行。现在，离正式普查登记只有四个月的时间了。各级党委和人民政府要全面调查一下各项准备工作的落实情况，切实解决实际工作中的问题，特别要注意选调得力干部，建立和建全各级人口普查机构。各级人民政府要根据全国人口普查工作总的部署和要求，做好周密的安排。围绕提高人口普查资料的准确程度这个中心，做好各个环节的工作。从6月起，在半个月左右的时间内，要把人口普查作为一项中心任务，做到人口普查和工农业生产两不误。普查登记以后，还要做好一系列汇总工作。各项工作必须保证质量，如果某项工作达不到规定的质量标准，必须返工重做。

……

四、节约办普查。人口普查经费要在保证完成普查任务的前提下，厉行节约。普查经费，除财政部拨一部分外，不足的由地方财政解决。普查所需要的物质条件，计划、商业、物质、交通、电力等部门要予以保证。我国是世界上人口最多的国家。在10亿人口这样一个大国进行人口普查，从我国的历史来说，规模之大是空前的。我们的工作不仅为全国人民所关心，而且为世界人士所瞩目。各级党委和人民政府一定要高度重视，加强领导，有计划、有步骤、高标准、严要求地做好每个环节的工作，胜利完成第×次全国人口普查任务。

范本内容精讲

上述一般指示范本是关于人口普查的指示公文，由于内容较多，我们这里只展示了部分内容，正文部分内容使用“……”来代替。

一般指示的结构和写法与紧急指示基本相同，其结构仍由标题和正文两部分构成。在写作手法上，与紧急指示不同的是，范本使用了“特作如下指示”来连接下文。

阐述指示内容时，使用的仍是分条列项的写作手法，将指示内容分为了4点进行说明。结尾部分，范本再次强调了工作的重要性，并提出了希望和号召，如以下内容。

各级党委和人民政府一定要高度重视，加强领导，有计划、有步骤、高标准、严要求地做好每个环节的工作，胜利完成第×次全国人口普查任务。

3.5 决议的写作

■决议和决定的区别 ■决议类型 ■格式和注意事项 ■范例详讲

决议包括“决”和“议”两方面，“决”是指决策，而“议”是指会议。因此，决议即指经会议讨论通过的，要求贯彻执行的决策。

3.5.1 决议和决定有什么区别

决议和决定只有一字之差，但也正是因为这一字之差使得两者具有很大的区别，具体如表 3-1 所示。

表 3-1 决议和决定的区别

区别	内容
使用范围	与决议相比，决定的使用范围更广泛。决定不限于会议通过，也可以是由机关或单位直接确定并制作的。从制作程序上来看，决定可以省略会议讨论这一环节，而决议则不能省略
执行要求	决议要求下级机关贯彻执行，而决定则不一定要求下级机关贯彻执行，如表彰性决定主要起激励的作用、发布性决定主要起宣告的作用，一般不要求下级机关遵照执行
行文内容	在内容上，决议多涉及全局性和原则性的问题；决定多涉及具体的、明确的和具有针对性的问题。由此可见，决议注重的是统一思想认识，而决定注重的是统一行动
写作手法	由于决议和决定行文内容的不同，因此其写作手法也有所不同。决议在阐述时往往使用比较概括性的语言，原则和理论上的内容较多；而决定要求内容明确具体，因此内容多为具有操作性的措施、要求和步骤等

决议和决定有不同之处，但也有相同之处。相同之处在于决议和决定都是下行文，且都是对重要事项或重大问题作出的处理意见或安排。另外，在性质上两者都具有决策的性质。

3.5.2 决议有哪些类型

根据决议内容的不同，决议可以分为批准性决议、工作安排决议、公布性决议和涉及原则问题的决议。

◆ 批准性决议

当某次会议批准通过某项议案或决议后，这一会议的内容往往需要公之于众。如第十二届全国人民代表大会第五次会议关于最高人民检察院工作报告的决议、全国人民代表大会常务委员会关于批准 2014 年中央决算的决议。

◆ 工作安排决议

对于一些重要的工作也可以采取决议的方法进行安排，如全国人民代表大会常务委员会关于开展第七个五年法治宣传教育的决议。

◆ 公布性决议

重要会议通过的决议常常需要告知公众，这类以公布决议内容为主的决议就是公布性决议，如 ××× 有限公司第四届董事会第七次会议决议。

◆ 涉及原则问题的决议

此类决议涉及的问题都是影响较大和原则性的问题，如第十二个五年规划建议的决议、关于加快发展服务业的意见的决议以及第十二届全国人民代表大会第四次会议关于国民经济和社会发展第十三个五年规划纲要的决议。

3.5.3 决议的写作格式与注意事项

决议具有权威性和决策性的特点，一般由首部和正文两部分构成。首部包括标题和成文日期两部分，成文日期居中编排于标题正下方，且要用括号括起来，如下图所示。

第十二届全国人民代表大会第五次会议
关于全国人民代表大会常务委员会
工作报告的决议

（2017 年 3 月 15 日第十二届全国人民代表大会第五次会议通过）

决议正文的写作比较灵活，若是批准性决议，其内容会相对简单，主要为提出号召和要求；若是安排工作的决议，其内容会相对复杂，一般由决议根据、决议事项和会议要求组成；若是涉及原则问题的决议，其内容多涉及规划纲要和思想精神的传达。

虽然不同类型的决议其写法会有所不同，但归纳起来，其组成部分主要包括决议的原因、根据或背景，会议通过了哪些决议，作出的决定，工作要求以及部署安排等。

在进行决议写作时，要把握会议的中心，因为决议是会议中心思想的体现。因此，要写好决议首先要了解会议的背景和目的，明确会议的主旨。另外，决议也是时效性较强的公文，因此要注意成文的日期。

3.5.4 常见决议文书范例详讲

前面我们已经了解了决议的类型和写作格式的要求，下面针对常见的决议范本来看看不同决议的具体内容。

No.1 批准性决议

最为常见的批准性决议为批准某一工作报告或批准某一文件的决议，下面来看看以下范例。

范本内容展示

资源下载＼第 3 章＼批准性决议 .doc

全国人民代表大会常务委员会关于
批准 2016 年中央预算调整方案的决议

（2016 年 11 月 7 日第十二届全国人民代表大会常务委员会第二十四次会议通过）

第十二届全国人民代表大会常务委员会第二十四次会议听取了财政部副部长××受国务院委托作的关于提请审议 2016 年中央预算调整方案（草案）的议案的说明，审查了《国务院关于提请审议 2016 年中央预算调整方案（草案）的议案》，同意全国人民代表大会财政经济委员会提出的审查结果报告。会议决定，批准 2016 年中央预算调整方案。

范本内容精讲

上述批准性决议范本是关于批准2016年中央预算调整方案的决议，从范本内容可以看出，该决议是于2016年11月7日在第十二届全国人民代表大会常务委员会第二十四次会议上通过的。

范本的正文内容比较简单，主要说明了会议听取了2016年中央预算调整方案（草案）的议案并进行了议案的审查。最后表明了会议的结果，即会议决定批准2016年中央预算调整方案。

若批准的是某一工作报告，其写作方式也与范本相似。首先说明听取和审议了××所作的报告，其次表明会议的决定，如以下表述方式。

××会议听取和审议了××所作的工作报告。会议充分肯定××过去一年的工作，同意报告提出的20××年工作安排，决定批准这个报告。

与范本不同的是，工作报告类批准性决议在最后一般会提出号召和要求，如以下范例。

会议要求，××要全面贯彻党的十八大和十八届三中、四中、五中、六中全会精神，以邓小平理论、“三个代表”重要思想、科学发展观为指导，深入学习贯彻×××总书记系列重要讲话精神和治国理政新理念、新思想、新战略，紧紧围绕统筹推进“五位一体”总体布局和协调推进“四个全面”战略布局，忠实履行宪法法律赋予的职责，坚定维护社会公平正义，锲而不舍推进司法体制改革，坚持不懈加强×××队伍建设，进一步提高××工作质量、效率和公信力，充分发挥××机关职能作用，为维护国家安全和社会大局稳定、服务经济社会发展、保障人民安居乐业作出更大贡献，以优异成绩迎接党的××大胜利召开。

No.2 公布性决议

公布性决议主要需要说明会议通过了哪些决议，下面就以某公司发布的决议为例。

范本内容展示

资源下载\第3章\公布性决议.doc

××股份有限公司 2019 年第一次临时股东大会决议

××有限公司（以下简称“公司”）2019 年第一次临时股东大会于 2019 年 4 月 28 日在公司会议室召开。公司股东共 14 人，实际出席的股东代表为 14 人，分别为××投资管理有限公司、××投资管理有限公司、××投资咨询有限公司……，代表认缴公司股份总数 4,500 万股，占公司总股本的 100%，符合《中华人民共和国公司法》的规定。

本次会议由董事长×××主持，经出席 2019 年第一次临时股东大会的股东及股东代表审议，以记名投票方式进行表决并一致通过了如下决议：

一、审议《关于提请股东大会延长公司首次公开发行 A 股并上市相关决议有效期限的议案》。

表决结果：同意票 4,500 万股，反对票 0 股，弃权票 0 股，同意票占有表决权股份总数的 100%。

二、审议《关于提请股东大会授权董事会全权办理有关发行上市相关事项的议案》。

表决结果：同意票 4,500 万股，反对票 0 股，弃权票 0 股，同意票占有表决权股份总数的 100%。

（以下无正文，为签署页）

范本内容精讲

通过阅读上述公布性决议范本可以看出，这是一篇关于 2016 年第一次临时股东大会的决议。正文内容中，首先介绍了此次股东大会的召开时间、地点和参会股东。在范本中，没有一一展示所有的参会股东，使用了“……”进行代替。随后介绍了会议的主持人和会议的表决方式。从范本中可以看到，会议的主持人为董事长。通常情况下，股东大会会议都要由董事长主持，只有当董事长不能履行职务或者不履行职务时，才能由副董事长主持。

对于会议通过的内容，范本采用的是分条列项的阐述方式。一般来说，一次重要会议都会通过多项决定，因此在阐述会议通过了哪些决定时，通常都会使用分条列项的写作方式。股份有限公司的股东大会作出的决议，必须经出席会议的股东所持表决权过半数同意才能通过，因此我们可以在范本中看到“表决结果”的内容。

3.6 意见的写作

■四大特征 ■意见类型 ■结构组成 ■范例详讲

意见的字面意思是人们对事物所产生的看法或想法。在公文中，意见是一种重要文种。

3.6.1 意见的四大特征

意见的适用范围很广泛，不仅是党政机关，企事业单位也可以使用。它既可以用作下行文，还可以用作平行文和上行文，其具有以下四大特征。

◆ 指导性

从意见的字面意思来看，意见并不像指示一样具有很浓烈的指导色彩。但当意见的行文方向为下行文时，其也具有指导作用。只是意见的指导作用相较于指示更加委婉。前面我们也说过，指示的发文机关一般为高级领导机关。因此对于不宜采用指示文种的机关来说，要指导下级的工作，就要使用意见这一文种。

◆ 针对性

意见具有很强的针对性，它都是根据现实生活的需要而制发的。意见所提出的见解和办法等，对于解决当前存在的问题都具有重要意义。

◆ 原则性

意见提出的见解或办法通常不是对具体的工作安排，而是从宏观上提出具有原则性的意见。而受文机关则可以根据这一原则性的意见，结合自身实际来办理，使受文机关在处理工作时具有很强的灵活性。

◆ 重要性

意见所涉及的问题都是现实工作中遇到的重要问题，如关于深化人才发展体制机制改革的意见，国务院关于加强农村留守儿童关爱保护工作的意见。可以看出，都是具有现实意义的重要问题。

3.6.2 详细认识意见的类型

意见主要有指导性意见、建议性意见、规定性意见和评估性意见 4 种。这 4 种意见的特点和使用范围如表 3-2 所示。

表 3-2 意见的类型

类型	内容
指导性意见	主要用于上级机关对下级机关作出工作指导，因此指导性意见一般为下行文。其内容主要针对的是工作中出现的难点或问题
建议性意见	主要用于下级机关向上级机关提出建议或设想，因此建设性意见一般为上行文。建设性意见又可分为呈报类意见和呈转类意见，呈报类意见的内容主要是下级机关向上级机关提出的建议或计策；呈转类意见的内容主要是职能部门为开展工作而提出的设想或打算
规定性意见	主要用于对机关、组织或人员提出规范性的要求或措施，其内容多为行为准则或执行方法和标准等
评估性意见	主要用于对某项工作作出评估结果。评估性意见可分为鉴定性意见和批评性意见。如对某一工作成果通过调查和鉴定后，提出意见，即为鉴定性意见；对某一工作成果作出评价或指出不足，即为批评性意见

意见除可以有以上的分类之外，还可以分为规划性意见、实施意见和具体工作意见。规划性意见是对某一工作提出的构想；实施意见是为落实某一决定或工作而作出的实施方案；具体工作意见是为做好某一工作提出的办法或措施，其内容较为具体。

3.6.3 意见的基本结构组成

意见一般由 3 个部分构成，包括首部、正文和落款。

◆ 首部

意见的首部包括标题、发文字号和主送机关，发文字号并不是必有项，可以有也可以没有。标题的写法主要有两种，一种是完全式，即“发文机关 + 事由 + 意见”，如以下标题。

× × 市食品药品监管局关于餐饮服务经营者从事食品销售许可管理的指导意见

× × 市人民政府办公厅关于促进农民持续增收的实施意见

另一种为“事由 + 意见”，如以下标题。

关于加快 × × 政务服务网建设的实施意见

2016 年度股东大会的法律意见

◆ 正文

意见的正文是意见写作的主体，正文一般可分为 4 个部分，包括缘由、基本看法、处理办法和落实要求。这 4 个部分的内容如下图所示。

缘由

缘由即发文的原因、根据、目的或意义，发文缘由是撰写意见的基础和前提。

基本看法

基本看法是指对意见中提出的问题的认识和看法，基本要求会影响处理办法。

处理办法

处理办法指具体的建议或解决办法，如思想方法、工作原则、具体要求和措施等。

落实要求

意见通常以提出落实要求为结尾，部分意见在阐述落实要求后，还会说明实施时间以及解释权归属等问题。

◆ 落款

意见的落款与一般公文一样，由“署名 + 成文日期”组成。成文日期也可以编排于标题正下方。

3.6.4 常见意见文书范例详讲

意见的行文方式不同，其写作要求也有所不同。下面通过两个典型范本来看看意见的写法。

No.1 指导性意见

指导性意见一般为下行文。因此，其提出的具体方针和措施要符合客观实际，以便能指导下级机关贯彻执行。

范本内容展示

资源下载 \ 第 3 章 \ 指导性意见 .doc

× ×市人民政府办公厅
关于推进智慧城管建设的指导意见

×府办发〔2016〕119 号

各区县（自治县）人民政府，市政府有关部门，有关单位：

为贯彻落实《中共中央国务院关于深入推进城市执法体制改革改进城市管理工作的指导意见》（中发〔2015〕37 号）以及《国家新型城镇化规划（2014?2020 年）》提出的“推进智慧城市建设”等精神，根据市委、市政府对城市管理的具体定位以及《× ×市深入推进智慧城市建设的总体方案（2016?2020）》（×府办发〔2015〕135 号）有关要求，经市政府同意，现就推进我市智慧城管建设提出以下指导意见。

一、建设时限及总体目标

建设时限：2016-2020 年。

总体目标：充分运用现代信息技术，促使行业物联感知技术应用显著提升，实现重大桥梁、隧道、行业作业车辆、大型户外广告设施监控率达到 100%，照明设施、重要环卫设施、重要区域下水道危险源监控覆盖率达 90%；加大行业数据库建设，城市管理地下管网、数字城管普查达到 100%；加强互联网与行业管理结合应用，构建扁平化工作机制；信息化助力行业管理改革创新的效应不断凸显，建立城市管理用数据说话、数据决策、数据管理和数据创新的工作机制，提升城市管理精细化、规范化、科学化水平，实现城市管理要素、过程、决策等全方位的信息化、智慧化。

二、建设原则及整体构架

（一）统筹规划。坚持顶层设计，科学编制建设规划，确保我市智慧城管建设工作科学、有序、高效，推动行业信息化一体发展。

……

五、保障措施

（一）加强组织保障，健全工作机制。

建立全市智慧城管建设工作协调机制，研究解决全市智慧城管建设工作中存在的问题。全市智慧城管建设的具体工作由市政委牵头，市政府有关部门和各区县（自治县）人民政府按照工作职责全力做好保障，根据工作需要及时研究智慧城管建设过程的信息整合和资源共享等工作；各区县（自治县）人民政府和两江新区管委会是区县级智慧城管建设工作的责任主体，要建立相应的组织机构，综合协调智慧城管建设。

（二）制定推进计划，强化工作督查。

将智慧城管建设作为一项全局性的重要工作，严格遵循智慧城管总体建设框架，按照适度超前的原则，制订工作推进计划、分解任务目标，优化并论证建设方案，确保系统建设有序推进；定期交流并跟踪智慧城管建设工作的推进情况，量化工作任务，加强检查和指导，确保工作扎实推进。

（三）加强经费保障，加大工作投入。

通过整合现有资源、优化财政支出结构、统筹盘活存量资金等方式筹措资金保障智慧城管建设，充分发挥市场作用，鼓励利用 PPP 模式和集约化建设，加快智慧城管建设步伐。

× ×市人民政府办公厅（印章）

2016 年 6 月 27 日

范本内容精讲

上述指导性意见的范本内容较多，因此这里只展示了其中的部分内容。从内容上可以看出，标题采用的是完全式的写法。在“意见”前加入了“指导”二字，体现了指导性意见的特点。

正文的开头部分概述了发文缘由，用“现就……提出以下指导意见”引出了总体目标、建设原则和保障措施等。由于主体内容较多，因此范本采用了分条列项的写作手法，实际上大多数意见的主体部分都会分条进行阐述。

该范本没有提出落实要求，以主体内容阐述完毕自然结尾。落实要求一般会使用惯用语，如“请结合实际贯彻执行”“参照本意见履行”等，主要表明意见的参考作用和指导作用，下面来看两个以落实要求为结尾的范例。

范例一：

高等学校应当结合自身实际，参照本意见，健全安全风险防控体系，完善工作机制和建设方案，所在地的地方人民政府及有关部门应当予以指导、支持，切实履行相关职责。

范例二：

建立农户档案要本着因地制宜、实事求是、收集齐全、重在利用的原则，当前主要对前一阶段试点工作进行巩固和完善，有条件的区县可在总结经验的基础上逐步扩大建档覆盖面。

No.2 评估性意见

评估性意见所提出的意见要中肯，使对方能够接受。在阐述时应一文一事，不要将无关内容也写进意见中。

范本内容展示

◎资源下载\第 3 章\评估性意见 .doc

××事务所关于××股份有限公司
2018 年年度股东大会的法律意见书

致：××股份有限公司：

根据《中华人民共和国公司法》(下称“《公司法》”)、《中华人民共和国证券法》(下称“《证券法》”)、《上市公司股东大会规则》(下称“《股东大会规则》”)、《上海证券交易所上市公司股东大会网络投票实施细则》(简称“《网络投票实施细则》”)及《××股份有限公司章程》(下称“《公司章程》”)的规定，国浩律师(南京)事务所(下称“本所”)接受××股份有限公司(下称“公司”)的委托，指派本所律师出席公司 2016 年年度股东大会(下称“本次股东大会”或“本次会议”)，对本次股东大会的召集和召开程序、出席会议人员的资格、召集人资格以及会议表决程序和表决结果进行见证并出具法律意见书。

在本法律意见书中，本所律师仅对本次股东大会的召集和召开程序、出席会议人员的资格、召集人资格、会议表决程序和表决结果是否符合《公司法》、《证券法》、《股东大会规则》、《网络投票实施细则》以及《公司章程》的规定发表意见，并不对本次股东大会所审议的议案内容以及这些议案所表述的事实或数据的真实性、准确性和完整性发表意见。公司已向本所律师确认及承诺，公司提交给本所律师的资料(包括但不限于有关人员的身份证明、股票账户卡、授权委托书、营业执照等)是真实、完整的，该等资料上的签字和/或印章均为真实，授权书均获得合法及适当的授权，资料的副本或复印件均与正本或原件一致。

在本法律意见书中，本所律师仅根据本法律意见书出具日以前发生的事实并基于本所律师对该事实的了解及对有关法律的理解发表法律意见。

本所同意将本法律意见书作为公司本次股东大会的必备文件公告，并依法对本所出具的法律意见承担责任。本法律意见书仅供公司为本次股东大会之目的而使用，未经本所书面同意，本法律意见书不得用于任何其他目的。

基于上述，本所律师按照律师行业公认的业务标准、道德规范和勤勉尽责的精神，对与出具本法律意见书有关的资料和事实进行了核查，现发表法律意见如下：

一、关于本次股东大会的召集和召开程序

经本所律师核查，本次股东大会系由公司第八届董事会第四次会议决定召集。2019 年 4 月 26 日，公司第八届董事会第四次会议通过决议，提议召开本次股东大会。2019 年 4 月 28 日，公司发出了召开本次股东大会的通知。前述董事会决议及股东大会会议通知已在《中国证券报》、《上海证券报》及上海证券交易所网站(www.×××.com.cn)上进行了公告。公告载明了本次股东大会的会议时间、现场会议召开地点、会议表决方式、会议审议事项、股东大会投票注意事项、会议出席对象、会议登记方法等事项。会议通知内容符合《公司法》、《股东大会规则》、《网络投票实施细则》等法律、法规和《公司章程》的规定。

……

本所律师认为，公司本次股东大会由公司董事会决定召集，其召集、召开程序符合《公司法》、《证券法》、《股东大会规则》、《网络投票实施细则》及《公司章程》的规定，合法有效。

二、关于本次股东大会召集人、出席会议人员的资格

……

三、关于本次股东大会的表决程序及表决结果

……

四、结论意见

综上所述，本所律师认为，公司本次股东大会的召集和召开程序、出席会议人员的资格、召集人资格、会议的表决程序和表决结果均符合《公司法》、《证券法》、《股东大会规则》、《网络投票实施细则》及《公司章程》的规定，合法有效。

(以下无正文，下页为签署页)

范本内容精讲

通过阅读上述评估性意见范本可以看出，其与指导性意见范本的写作方式有很大的不同。在正文内容上，范本首先说明了法律意见书的法律依据，包括《公司法》《股东大会规则》和《网络投票实施细则》等。法律意见书一般都以该内容作为开头。

在概括阐述了法律意见书要对哪些问题予以答复以及法律意见书的用途后，范本对所提出的问题给出了具体的法律意见。从范本内容可以看出，在对“关于本次股东大会的召集和召开程序”的法律意见进行论述时，首先对股东大会的召集和召开程序进行了简单阐述，最后给出了最终的法律意见，即股东大会的召集和召开程序合法有效。

一般来说，在法律意见书的主体内容讲述完成后，会用几句话对所述问题进行总结，从范本的“结论意见”中可以看出概括总结的具体内容，这一自然段起着归纳全文的作用。

在论述具体问题的法律意见时，需要通过严密的论证和科学的分析来得出最终结论，因此最终给出的意见或看法一定要有理有据。

需要注意，法律意见书给出的意见都是评估性意见。在撰文前需要做好充分调查，保证法律依据是真实可靠的，以及得出的结论是合理、合法的。另外，出具评估性意见的一方应做到公正、公平，保证所给出的意见是据实而论的。如范本中说明了“在本法律意见书中，本所律师仅根据本法律意见书出具日以前发生的事实并基于本所律师对该事实的了解及对有关法律的理解发表法律意见”。这表明了律师事务所是根据客观实际来作出评估意见的。

第4章

规约类文书写作要点与范例精析

4.1 制度的写作

■基础概述 ■写作格式 ■范例详讲

制度有广义和狭义之分，广义的制度是指在一定条件下形成的政治、经济和文化等方面的体制；狭义的制度是指一个单位制定的要求大家共同遵守的办事规程或行动准则，我们这里的制度指的是狭义的制度。

4.1.1 制度基础概述

制度对企业事业单位来说都具有重要意义，俗话说“没有规矩，不成方圆”。这里的规矩实际上指的就是规章制度，制度的作用概括起来主要有以下几个方面。

- **协调和整合作用**：制度的协调和整合作用能够实现企事业单位管理的有序和高效运作。
- **指导作用**：制度对个人的认知和组织行为都具有指导作用。这种指导作用体现在制度体系内的人员能够根据制度明确自己应该做什么、不应该做什么，以及违背制度会受到哪些惩罚。
- **激励作用**：制度的激励作用体现在社会成员根据制度所作出的行为对其利益分配会产生影响，如公司制定的薪酬激励制度就会影响员工的薪酬水平。
- **创造经济效益**：制度能够帮助员工更好地了解单位，使员工能够明确自己的位置，高效地工作，从而为单位创造经济效益。

制度的种类有很多，不同的企事业单位制定的制度会有所不同，而同一单位的不同部门由于工作性质的不同，其制度也会不同，常见的制度如下图所示。

公司管理制度　企业会计制度　公司财务制度　公司考勤制度

固定资产管理制度　学校安全管理制度　档案管理制度　仓库管理制度

车辆管理制度　人民代表大会制度　消防安全管理制度　招聘管理制度

4.1.2 制度的写作格式

制度一般按照条文式的写作手法来书写，其主要由标题、正文和结尾3部分构成，下面来看看这3个部分的具体写法。

◆ 标题

制度的标题写法主要有两种，一种是由“适用对象＋文种”构成；另一种由“单位名称＋适用对象＋文种”构成，如以下范例。

适用对象＋文种

销售管理制度、岗位人事管理制度、保密制度、住房公积金制度

单位名称＋适用对象＋文种

××电子学校宿舍管理制度、××公司募集资金管理制度

◆ 正文

制度的正文有多种写法，最常见的是通篇条文式。除条文式外，还有“引言＋条文＋结语”的方式和多层条文式。

通篇条文式是指正文全部都使用条文列出。这种格式从开头到结尾的种种规定都逐条表达，具有方便和灵活的特点，可以使正文的形式整齐清晰，如以下通篇条文式的《销售部门管理制度》正文部分内容。

一、制定目的：为了更好地配合公司营销战略，顺利开展营销部工作，明确营销部员工的岗位职责，充分调动员工的工作参与积极性和提高工作效率，帮助员工尽快提高自身营销素质，特制定以下规章制度。

二、使用范围：本制度适合公司的一切营销活动和营销人员。

三、制度总述：本营销制度具体分为，（1）管理制度细则；（2）营销人员岗位职责；（3）营销人员绩效考核制度。

“引言＋条文＋结语”是指开头先用一段引言阐述制度制定的目的、根据和意义等。对于制度的具体规定则用条文进行罗列，最后再使用结语进行总结或说明制度的生效日期、解释权归属等，如以下《培训管理制度》正文部分内容。

为加强企业管理，建立健全培训机制，使培训工作制度化、规范化、经常化、创新化、强化其考核力度，特制定本员工培训考核方法。

一、培训领导机构

各单位上报培训计划，由人力资源部审定后实施，人力资源部是员工培训工作的综合管理部门，并全面负责对各单位的考核工作。

……

本制度生效时间为20××年×月×日。

多层条文式适合于内容复杂，篇幅较长的制度。如按照“一”“1.”“（1）”来进行分条概述，如以下《绩效工资考核制度》正文部分内容。

五、考核用表内容和方式:

1. 按照逐级层层分解原则履行，其中:

（1）年度门店（采购部门）目标依据公司的年度经营目标计划结合不同门店（部门）工作职责，逐项进行分解，并以相对量化的方式制订不同考评表（见附件），传递到相关责任人。

（2）其他部门的月度绩效考核目标由部门提出月度工作计划，经总经理核定；以及公司例会决定事项的分解；公司领导特定交办工作等，共同作为部门的绩效考核目标。月度考核目标要围绕年度部门目标、公司目标为主线进行。

4.1.3 常见制度文书范例详讲

制度文书的发布形式比较多样化，既可以张贴在某一场所提醒人们遵守，也可以作为文件存在。在制度文书制作的过程中，还有许多注意事项需要拟稿人注意，下面就根据范例来看看制作制度文书的具体要求。

No.1 公司招聘管理制度

员工招聘是每个公司都会开展的一项重要工作，为更好地进行人员招聘，公司需要制定一份招聘管理制度。

范本内容展示

资源下载\第 4 章\公司招聘管理制度 .doc

公司招聘管理制度

为规范公司招聘工作，提高招聘有效性，制定本制度。

1.0 招聘原则

1.1 依法办事：严格按照劳动法要求，规定招聘条件和程序。

1.2 精简编制：根据工作量核定人员编制，严格控制招聘人数。

1.3 任人唯贤：以任职资格作为选人标准，杜绝任人唯亲。

1.4 内外招聘结合：鼓励员工自荐和推荐合适人选。

2.0 招聘组织

2.1 总经理：审批招聘计划、招聘广告，面试部门经理候选人。

2.2 部门经理：填写本部门《招聘计划表》，报送人事行政部；面试本部门员工候选人。

2.3 人事行政部经理：拟订公司招聘计划，报总经理审批；组织招聘工作；参加面试。

2.4 人事专员：从事招聘的事务性工作。

3.0 招聘步骤

3.1 招聘计划：用人部门在期望到岗日前 30 天填写《招聘申请表》，报送人事行政部汇总形成《招聘计划表》，经总经理审批后，开展招聘工作。

3.2 招聘广告：将公司简介、应聘者条件、应聘资料要求、应聘方法、截止日期等内容形成广告文字，根据计划的招聘渠道，交送人才市场、报纸杂志、招聘网站、公司网站等媒体发布。

3.3 人才筛选：人事行政部将符合条件的应聘资料、面试问题清单、面试评价表交送面试考官提前熟悉，并通知候选人在指定时间和地点参加面试。考官在面试后将面试评价表交人事行政部整理、汇总，报送总经理处审批。

3.4 人才录用：经总经理审批录用的人员，由人事行政部及时通知其报到时间，并发给入职手续清单。

4.0 新员工入职

4.1 办理入职手续：新员工按入职手续清单所列项目顺序到相关部门办理手续，将填好的表格交送人事行政部。

4.2 岗前培训：为期 1 周，包括××历史、××文化、××制度、产品知识、业务知识等，考试通过后，方可上岗。

4.3 试用期。试用期 1 个月，经试用期考核合格后，办理转正手续。

5.0 属于下列情况之一的候选人，不得聘用：

5.1 与其他单位存在劳动关系(兼职人员除外)；

5.2 隐瞒简历信息；

5.3 有肝炎、肺结核等影响正常工作的严重疾病；

5.4 与公司员工有亲戚关系(特需人才由总经理审定)；

6.0 本制度经总经理审批生效，自 20××年×月×日起开始试行。

7.0 本制度最终解释权归人事行政部所有，由人事行政部经理组织修改和完善。

附件：

1.《招聘流程图》（略）

2.《招聘申请表》（略）

3.《招聘计划表》（略）

4.《通用面试问题清单》（略）

5.《员工应聘登记表》（略）

6.《通用面试评价表》（略）

7.《新员工入职手续清单》（略）

范本内容精讲

公司招聘管理制度是公司招聘工作政策和方法的总和，合理的招聘制度能够指导公司招聘工作正常开展和完成。从范本可以看出，公司招聘制度的内容包括招聘原则、招聘组织、招聘步骤、新员工入职、不得聘用的候选人、生效时间和解释权归属。

其中，在撰写不得聘用候选人的情况时要注意，不能出现歧视性的内容。如不对民族、种族、性别和宗教信仰等进行限制。另外，除特定的岗位外，也不要对候选人的身高、性别和年龄等进行限制。可以看出，范本中并没有出现这些歧视性的限制条件。

不同公司因自身情况不同，制定的招聘制度的具体内容也会有所不同。公司在具体制定适合自己的招聘制度时，可以借鉴范本的内容进行制定，但也可以增加招聘渠道和面试流程等内容，或删除和修改不适合本公司的内容。

No.2 公司考勤管理制度

制定考勤管理制度的目的是为了维护公司的正常工作秩序，提高办事效率，使员工自觉遵守工作时间和劳动纪律。

范本内容展示

◎资源下载\第4章\公司考勤管理制度.doc

公司考勤管理制度

一、为加强考勤管理，维护工作秩序，提高工作效率，特制定本制度。

二、公司员工必须自觉遵守劳动纪律，按时上下班，不迟到，不早退，工作时间不得擅自离开工作岗位，外出办理业务前，须经本部门负责人同意。

三、周一至周六为工作日，周日为休息日。公司机关周日和夜间值班由办公室统一安排，市场营销部、项目技术部、投资发展部、会议中心周日值班由各部门自行安排，报分管领导批准后执行。因工作需要周日或夜间加班的，由各部门负责人填写加班审批表，报分管领导批准后执行。节日值班由公司统一安排。

四、严格请、销假制度。员工因私事请假1天以内的（含1天），由部门负责人批准；3天以内的（含3天），由副总经理批准；3天以上的，报总经理批准。副总经理和部门负责人请假，一律由总经理批准。请假员工事毕向批准人销假。未经批准而擅离工作岗位的按旷工处理。

五、上班时间开始后5分钟至30分钟内到班者，按迟到论处；超过30分钟以上者，按旷工半天论处。提前30分钟以内下班者，按早退论处；超过30分钟者，按旷工半天论处。

六、1个月内迟到、早退累计达3次者，扣发5天的基本工资；累计达3次以上5次以下者，扣发10天的基本工资；累计达5次以上10次以下者，扣发当月15天的基本工资；累计达10次以上者，扣发当月的基本工资。

七、旷工半天者，扣发当天的基本工资、效益工资和奖金；每月累计旷工1天者，扣发5天的基本工资、效益工资和奖金，并给予一次警告处分；每月累计旷工2天者，扣发10天的基本工资、效益工资和奖金，并给予记过1次处分；每月累计旷工3天者，扣发当月基本工资、效益工资和奖金，并给予记大过1次处分；每月累计旷工3天以上，6天以下者，扣发当月基本工资、效益工资和奖金，第二个月起留用察看，发放基本工资；每月累计旷工6天以上者（含6天），予以辞退。

八、工作时间禁止打牌、下棋、串岗聊天等与工作无关的事情。如有违反者当天按旷工1天处理；当月累计2次的，按旷工2天处理；当月累计3次的，按旷工3天处理。

九、参加公司组织的会议、培训、学习、考试或其他团队活动，如有事请假的，必须提前向组织者或带队者请假。在规定时间内未到或早退的，按照本制度第五条、第六条、第七条规定处理；未经批准擅自不参加的，视为旷工，按照本制度第七条规定处理。

十、员工按规定享受探亲假、婚假、产育假、结育手术假时，必须凭有关证明资料报总经理批准；未经批准者按旷工处理。员工病假期间只发给基本工资。

十一、经总经理或分管领导批准，决定假日加班工作或值班的每天补助20元；夜间加班或值班的，每个补助10元；节日值班每天补助40元。未经批准，值班人员不得空岗或迟到，如有空岗者，视为旷工，按照本制度第七条规定处理；如有迟到者，按本制度第五条、第六条规定处理。

十二、员工的考勤情况，由各部门负责人进行监督、检查，部门负责人对本部门的考勤要秉公办事，认真负责。如有弄虚作假、包庇袒护迟到、早退、旷工员工的，一经查实，按处罚员工的双倍予以处罚。凡是受到本制度第五条、第六条、第七条规定处理的员工，取消本年度先进个人的评比资格。公司员工上班期间严格执行考勤制度，

范本内容精讲

上述公司考勤管理制度的范本内容较多，因此这里只展示了前半部分内容。从展示的内容可以看出，全文采用的是条目式的写作方式。在内容上，考勤制度一般应包括的内容有迟到早退制度、旷工制度、加班制度、考勤核审、休假制度、作息制度和出差制度等。从范本所展示的内容中也可以看到相关内容，如迟到制度、旷工制度等。

在制定考勤管理制度时要注意，有些规定需根据国家的要求来制定。如针对工作时间，《劳动法》有以下规定。

第三十六条 国家实行劳动者每日工作时间不超过八小时、平均每周工作时间不超过四十四小时的工时制度。

针对休息时间，《劳动法》有以下规定。

第三十八条 用人单位应当保证劳动者每周至少休息一日。

如范本第三条规定：周一至周六为工作日，周日为休息日，这一规定是符合上述《劳动法》的规定的。

4.2 章程的写作

■认识章程 ■组成结构 ■注意事项 ■范例详讲

章程是一种根本性的规章制度，它是一个组织或团队必须遵守的准则，章程在社会生活中使用也很广泛。

4.2.1 什么是章程

章程是党政机关、公司或社会团体制定的，规定组织性质、宗旨和活动基本规则等的规范性文书。章程具有以下几个特点。

◆ 约束性

一个组织或团体在成立时都需要按照国家的规定制定章程，并将该章程草案上报给主管部门。当该组织或团体获准成立后，该章程就对全体成员具有约束力，如《公司法》第十一条规定：设立公司必须依法制定公司章程。公司章程对公司、股东、董事、监事、高级管理人员具有约束力。

◆ 程序性

章程的起草和制定要按照一定的程序来进行。首先，需成立章程起草小组，起草小组一般由小组组长和小组成员组成。接下来便由起草小组草拟章程草案，章程初稿撰写完成后，还需要在不同范围内征求意见，在征求意见的基础上进行修改，由此形成《章程（草案）》第二稿。

随后通过会议进行《章程（草案）》第二稿的审议，根据审议的建议和意见再次对章程进行修改，由此形成《章程（草案）》第三稿、第四稿等。经过多次的讨论修改后，最终形成章程核准稿。

◆ 准则性

章程规定的是组织或团体的规程和办事规则，起着纲领的作用。它是最高准则，组织或团体成员的活动都必须遵循章程。如对公司来说，其经营范围是由公司章程来规定的，且要依法登记。公司股东、股东大会或董事会的会议决议内容若违反了公司章程，那么股东可以自决议作出之日起60日内，请求人民法院撤销。

4.2.2 章程的组成结构

章程主要由标题和正文两部分构成，这两个部分分别包括以下内容。

◆ 标题

章程的标题由制作章程的单位加上“章程”二字构成。如××有限公司章程、××学院2017年招生章程。部分章程还会在标题下写明章程是在哪次会议，由哪个机关在哪个时间通过的，并用括号括上。

◆ 正文

章程的正文有两种写作方式，一种由总则、分则和附则3部分构成；另一种由总纲和分章构成。如《中国共产党章程》《全国政协章程》以及许多大学的招生章程采用的就是“总纲（总则）+分章”的写作手法，如以下“××大学2019年招生章程”。

××大学2019年招生章程

第一章 总 则

为了保证××大学2019年招生工作的顺利进行，维护学校和考生合法权益，根据《中华人民共和国教育法》《中华人民共和国高等教育法》和教育部、××省教育厅等有关文件精神，结合××大学招生工作的具体情况，制定本章程。

……

第二章 学校概况

第四条 学校全称：×× 大学，院校代码：×××××。

……

第八章 其 他

第二十九条 学校不委托任何机构和个人办理招生相关事宜。对以 ×× 大学名义进行非法招生宣传等活动的机构或个人，学校保留依法追究其责任的权利。

……

4.2.3 章程写作应该注意哪些问题

章程一旦核准定稿后，其内容是不能轻易修改的。因此在进行章程写作时要特别注意以下事项。

1. 写作内容要求

不同组织的章程都有内容上的要求，其中的条款内容是经过反复讨论，充分协商后才确定的。如股份有限公司的章程应按照《公司法》的规定，载明以下内容。

- 公司名称和住所。
- 公司经营范围。
- 公司设立方式。
- 公司股份总数、每股金额和注册资本。
- 发起人的姓名或者名称、认购的股份数、出资方式和出资时间。
- 董事会的组成、职权和议事规则。
- 公司法定代表人。
- 监事会的组成、职权和议事规则。
- 公司利润分配办法。

- 公司的解散事由与清算办法。
- 公司的通知和公告办法。
- 股东大会会议认为需要规定的其他事项。

2. 不可滥用章程

虽然章程使用广泛，但其仍有使用范围的要求。不少单位将规定、办法或规则等文种也当作章程来使用，这明显是不正确的。章程主要是用来制定组织准则的，如果是用于制定内容较为单一，时效性较短的组织规范时，则应该使用其他文种，如规则、细则或条例。

3. 章程和简章是不同的

章程和简章是有区别的，简章是指简明扼要的章程。在内容上它只针对某一工作或事项的办事程序，它的内容不会如章程一样详细具体。如招生章程和招生简章相比，在法律上，招生章程具有法律规范作用，而招生简章则没有这一作用。

在写法和使用范围上，章程和简章也有不同。如招生简章实际上类似于招生广告，只是在内容上比招生广告更丰富。

4.2.4 常见章程文书范例详讲

章程是基本的办事准则，因此，其内容要求全面，但同时也要突出企事业单位的自身特点。

No.1 公司章程

每一个依法设立的公司都需要制定公司章程，公司章程对公司、股东、董事、监事和高级管理人员具有约束力。公司的经营范围也是由公司章程来规定的，并要依法登记。公司章程并不是不可以修改的，若公司要修改公司章程，改变经营范围，那么需要办理变更登记。

范本内容展示

资源下载＼第 4 章＼公司章程 .doc

××××有限（责任）公司章程

第一章 总 则

第一条 依据《中华人民共和国公司法》（以下简称《公司法》）及有关法律、法规的规定，由　　等　　方共同出资，设立　　有限（责任）公司，（以下简称公司）特制定本章程。

第二条 本章程中的各项条款与法律、法规、规章不符的，以法律、法规、规章的规定为准。

第二章 公司名称和住所

第三条 公司名称：　　。

第四条 住所：__________。

第三章 公司经营范围

第五条 公司经营范围：__________。

第四章 公司注册资本及股东的姓名（名称）、出资额、出资时间、出资方式

第六条 公司注册资本：_____万元人民币。

第七条 股东的姓名（名称）、认缴的出资额、出资时间、出资方式如下：

股东姓名或名称	认缴情况		
	认缴出资额	出资时间	出资方式
合计			

第五章 公司的机构及其产生办法、职权、议事规则

第八条 股东会由全体股东组成，是公司的权力机构，行使下列职权：

（一）决定公司的经营方针和投资计划；

（二）选举和更换非由职工代表担任的董事、监事，决定有关董事、监事的报酬事项；

（三）审议批准董事会（或执行董事）的报告；

（四）审议批准监事会（或监事）的报告；

（五）审议批准公司的年度财务预算方案、决算方案；

（六）审议批准公司的利润分配方案和弥补亏损的方案；

（七）对公司增加或者减少注册资本作出决议；

（八）对发行公司债券作出决议；

（九）对公司合并、分立、解散、清算或者变更公司形式作出决议；

（十）修改公司章程；

（十一）其他职权。（注：由股东自行确定，如股东不作具体规定应将此条删除）

第九条 股东会的首次会议由出资最多的股东召集和主持。

第十条 股东会会议由股东按照出资比例行使表决权。

第十一条 股东会会议分为定期会议和临时会议。

召开股东会会议，应当于会议召开十五日以前通知全体股东。

定期会议按_____定时召开。代表十分之一以上表决权的股东，三分之一以上的董事，监事会或者监事（不设监事会时）提议召开临时会议的，应当召开临时会议。

第十二条 股东会会议由董事会召集，董事长主持；董事长不能履行职务或者不履行职务的，由副董事长主持；副董事长不能履行职务或者不履行职务的，由半数以上董事共同推举一名董事主持。

董事会或者执行董事不能履行或者不履行召集股东会会议职责的，由监事会或者不设监事会的公司的监事召集和主持；监事会或者监事不召集和主持的，代表十分之一以上表决权的股东可以自行召集和主持。

第十三条 股东会会议作出修改公司章程、增加或者减少注册资本的决议，以及公司合并、分立、解散或者变更公司形式的决议，必须经代表三分之二以上表决权的股东通过。

范本内容精讲

上述公司章程是适用于有限责任公司的章程，由于内容较多，只展示了部分内容。从范本的写作结构可以看出，该章程采用的是“总则＋分章”的写作手法。对于有限责任公司章程应包含的内容，《公司法》已做了相关规定，规定有限责任公司章程应包含公司名称和住所、公司经营范围、公司注册资本、股东的姓名或者名称、股东的出资方式、出资额和出资时间、公司的机构及其产生办法、职权、议事规则、公司法定代表人以及股东会会议认为需要规定的其他事项。

从范本展示的部分内容可以看出，已包含了公司名称和住所以及公司经营范围的内容。其中，公司经营范围的内容需要根据公司的实际情况具体填写，最后应注明“以工商行政管理机关核定的经营范围为准”。

范本第十二条规定：股东会会议由董事会召集，董事长主持；董事长不能履行职务或者不履行职务的，由副董事长主持；副董事长不能履行职务或者不履行职务的，由半数以上董事共同推举一名董事主持。这一规定符合《公司法》的规定，但如果有限责任公司不设董事会，那么股东会会议要由执行董事召集和主持。

范本第十四条是关于设立董事会的规定，董事长、副董事长的产生方式是由股东自行确定的，如果有限公司不设董事会，那么第十四条应改为：公司不设董事会，设执行董事一人，由股东会选举产生。执行董事任期__年，任期届满，可连选连任。

No.2 大学章程

高等学校章程是按照一定的程序制定的有关大学组织性质和基本权利并且具有一定法律效力的治校总纲领。

范本内容展示

资源下载 \ 第 4 章 \ 大学章程 .doc

××大学章程

序 言

××大学由著名爱国华侨领袖×××先生于 1921 年创办。1937 年学校由私立改为国立。1949 年中华人民共和国成立后学校进入新的发展阶段。

××大学以养成专门人才、研究高深学术、阐扬世界文化、促进人类进步为办学宗旨，秉承“自强不息、止于至善”的校训，弘扬“爱国、革命、自强、科学”精神，致力于培养德智体美全面发展的精英人才，为国家富强、民族复兴和人类文明进步作出卓越贡献。

第一章 总 则

第一条 为促进学校依法自主办学，规范办学行为，依据《中华人民共和国教育法》《中华人民共和国高等教育法》等国家法律法规，结合学校实际，制定本章程。

第二条 学校中文名称为××大学，简称为×；英文名称为××× University，英文缩写为×××。

学校注册地址为：××××××××××××××。

学校设有××校区、××校区、××校区和××××校区。

第三条 学校为非营利性事业组织，具有独立法人资格。学校依法享有办学自主权，独立承担法律责任。

第四条 学校坚持社会主义办学方向，全面贯彻党的教育方针，以人才培养、科学研究、社会服务、文化传承创新为基本职能。

第五条 学校实行中国共产党××大学委员会（以下简称学校党委）领导下的校长负责制，坚持党委领导、校长负责、教授治学、民主管理，坚持依法治校，尊重学术自由，依法接受监督。

第六条 学校实行以校、院两级管理为主的管理体制。

第二章 举办者与学校

第七条 学校由国家举办，国务院教育行政部门主管，国务院教育行政部门、福建省人民政府和××市人民政府共建。举办者、主管部门和共建者支持学校依照法律和本章程自主办学。

第八条 举办者根据法律、法规，监督学校贯彻执行国家法律、法规和政策的情况，规范学校办学行为，任免学校负责人，考核和评估学校办学水平和质量，监督学校经费和资产使用情况。

第九条 举办者依法保护学校的办学自主权不受非法干预，支持学校依法自主办学，为学校提供良好的办学条件，保障学校办学经费，维护学校合法权益和良好的办学环境、办学秩序。

第十条 学校依法享有下列权利：

（一）根据社会需求、办学条件和国家核定的办学规模，制定招生方案，自主设置和调整学科专业，自主调节各学科专业招生比例；

（二）自主制定教学计划、选编教材以及组织实施教学活动，决定学生考试考核标准；对学生进行学籍管理，实施奖励或处分，对符合条件者，授予学士、硕士或博士学位，颁发学位证书和（或）学历证书；

（三）自主评聘教师及其他职工，自主决定教职员工的薪酬标准和福利待遇，对教职员工实施奖励或处分；

（四）自主开展人才培养、科学研究、社会服务及文化传承创新活动；

（五）自主开展与国（境）内外大学、研究机构的科学技术文化交流合作；

（六）自主设置教育教学、科学研究、行政管理、后勤保障等内部组织机构；

（七）自主管理和使用国家及地方政府提供的财产、财政性资助、受捐赠财产以及其他由学校合法取得的资产；

（八）依据国家法律、法规及本章程自主管理内部事务，开展教育教学和科学研究等活动，不受任何组织和个人的非法干涉；

（九）法律、法规规定的其他权利。

第十一条 学校依法履行下列义务：

范本内容精讲

与前面展示的有限（责任）公司章程不同，可以看到上述 ×× 大学章程范本的开头部分为序言。几乎所有大学章程的开头部分都有序言，序言主要介绍高等学校的创办起源。大学章程有其特定的内容要求，应载明以下内容。

◆ 学校的登记名称、简称和英文译名等，学校办学地点和住所地。

◆ 学校的机构性质和发展定位，培养目标和办学方向。

◆ 经审批机关核定的办学层次和规模。

◆ 学校的主要学科门类，以及设置和调整的原则和程序。

◆ 学校实施的全日制与非全日制、学历教育与非学历教育、远程教育和中外合作办学等不同教育形式的性质、目的和要求。

◆ 学校的领导体制、法定代表人，组织结构、决策机制、民主管理和监督机制，内设机构的组成、职责和管理体制。

◆ 学校经费的来源渠道、财产属性、使用原则和管理制度，接受捐赠的规则与办法。

◆ 学校的举办者，举办者对学校进行管理或考核的方式和标准等，学校负责人的产生与任命机制，举办者的投入与保障义务。

◆ 章程修改的启动和审议程序，以及章程解释权的归属。

◆ 学校的分立、合并及终止事由，校徽和校歌等学校标志物、学校与相关社会组织关系等学校认为必要的事项，以及本办法规定的需要在章程中规定的重大事项。

从范本内容可以看出，总则中介绍了学校名称、简称和英文译名。第二章则是关于举办者与学校的内容。高等学校在制定章程时要注意，章程应根据学校实际来制定，反映学校的办学特色。

4.3 规则的写作

■基础概述 ■格式和注意事项 ■范例详讲

规则是指运行或运作规律所遵循的法则。规则几乎伴随在每个人身边，其适用范围很广，如英语发音规则、交易规则、交通规则和围棋规则等。

4.3.1 规则基础概述

规则对一定范围内的具体行为具有规范和制约的作用。规则有 3 种形式，包括明规则、潜规则和元规则。

◆ **明规则**：指明文规定的规则，明规则不需要在时间中不断完善。

◆ **潜规则**：是指没有明文规定的规则，潜规则是约定俗成的无局限性规则，它可以弥补明规则的不足之处。但潜规则并非都是合理的，对于不合理之处需要及时扼杀在摇篮中。

◆ **元规则**：是相对于明规则和潜规则的一种规则，可以简单理解为暴力最强者说了算，元规则本身是一种不文明的方式。

规则也有其特点，主要有针对性和可操作性两点。规则都是根据现实需要而制定的，其针对的是某项管理工作或某项公务活动。规则的内容必须具体，具有可操作性，是能够直接付诸实施的。

4.3.2 规则的写作格式与注意事项

规则一般由首部、正文和尾部3个部分构成，首部一般仅有标题，部分规则会在标题下用括号注明规则的通过日期与会议名称。若规则经过修改，还会注明修改日期和施行日期，如以下规则的首部。

郑州商品交易所交易规则

（郑州商品交易所第六次会员大会2017年4月20日修改，自2017年5月19日施行）

规则的标题一般由“事由＋规则”或“制发机关＋事由＋规则”构成，如以下标题。

信用卡分期付款规则

××争议处理规则

新三板交易规则

规则的正文一般由总则、分则和附则3个部分组成，总则一般说明制定规则的缘由、根据或指导思想。分则是规则的主体内容，是要求执行的具体规范。附则一般包括解释权归属和规则的实施日期等。

4.3.3 常见规则文书范例详讲

根据规则内容的不同，规则可以分为很多类型，下面就来看看常见规则的具体内容。

No.1 网上评价规则

在网上完成一笔交易后，一般买卖双方都有权对交易情况进行评价，为规范买卖双方的交易评价行为，不少网上商城都制定了评价规则。

范本内容展示

◎资源下载 \ 第 4 章 \ 评价规则 .doc

××网评价规则

第一章 概述

第一条 【宗旨原则】为促进买卖双方基于真实的交易作出公正、客观、真实的评价，进而为其他消费者在购物决策过程中和卖家经营店铺过程中提供参考，根据《××平台服务协议》、《××规则》等相关协议、规则的规定，制定本规则。

第二条 【适用范围】本规则适用于××网所有卖家和买家。

第三条 【效力级别】《××规则》中已有规定的，从其规定，未有规定或本规则有特殊规定的，按照本规则执行。

第四条 【××网评价】××网评价（简称“评价”）包括“交易评价”和“售后评价”两块内容。

第二章 交易评价

第五条 【入口开放条件】买卖双方有权基于真实的交易在支付宝交易成功后 15 天内进行相互评价。

第六条 【交易评价内容】交易评价包括“店铺评分”和“信用评价”;“信用评价”包括“信用积分”和“评论内容”;“评论内容”包括“文字评论”和“图片评论”。

第七条【店铺评分】店铺评分由买家对卖家作出，包括对商品/服务的质量、服务态度、物流等方面的评分指标。每项店铺评分均为动态指标，系此前连续六个月内所有评分的算术平均值。

每个自然月，相同买、卖家之间交易，卖家店铺评分仅计取前 3 次。店铺评分一旦作出，无法修改。

第八条 【信用积分】在信用评价中，评价人若给予好评，则被评价人信用积分增加 1 分；若给予差评，则信用积分减少 1 分；若给予中评或 15 天内双方均未评价，则信用积分不变。如评价人给予好评而对方未在 15 天内给其评价，则评价人信用积分增加 1 分。相同买、卖家任意 14 天内就同一商品的多笔支付宝交易，多个好评只加 1 分、多个差评只减 1 分。每个自然月，相同买、卖家之间交易，双方增加的信用积分均不得超过 6 分。

第九条 【追加评论】自交易成功之日起 180 天（含）内，买家可在作出信用评价后追加评论。追加评论的内容不得修改，也不影响卖家的信用积分。

第十条 【评价解释】被评价人可在评价人作出评论内容和/或追评内容之时起的 30 天内作出解释。

第十一条 【评价修改】评价人可在作出中、差评后的 30 天内，对信用评价进行一次修改或删除。30 天后评价不得修改。

第三章 售后评价

第十二条 【入口开放条件】买家有权基于真实的交易，在售后流程完结后，对卖家进行售后评价，特殊类型订单除外。

第十三条 【评价内容】售后评价由买家针对卖家的退款/退货退款等服务进行评价，包括处理速度、服务态度两项评分及一项评论内容。

第十四条 【售后评分】每项售后评分均为动态指标，系该店铺此前连续 180 天内所有评分的算术平均值。如一笔订单下涉及多笔交易，每笔符合前述入口开放条件的交易都可进行一次售后评价。每笔订单仅取最先生效的评分，计入前述算术平均值中。每个自然月，相同买、卖家之间交易，售后评分仅计取前 3 次。售后评分一旦做出，无法修改。

第四章 评价处理

第十五条 【评价处理原则】为了确保评价体系的公正性、客观性和真实性，××将基于有限的技术手段，对违规交易评价、恶意评价、不当评价、异常评价等破坏××信用评价体系、侵犯消费者知情权的行为予以坚决打击。

第十六条 【评价逻辑调整】××将根据平台运营需要，调整评价的开放或计算逻辑。

第十七条 【违规交易评价】××有权删除违规交易产生的评价，包括但不限于《××规则》中规定的发布违禁信息、骗取他人财物、虚假交易等违规行为所涉及的订单对应的评价。

第十八条 【恶意评价】如买家、同行竞争者等评价人被发现以给予中评、差评、负面评论等方式谋取额外财物或其它不当利益的恶意评价行为，××或评价方可删除该违规评价。

第十九条 【不当评价】××有权删除或屏蔽交易评价和售后评价内容中所包含的污言秽语、广告信息、无实际意义信息、色情低俗内容及其他有违公序良俗的信息。

第二十条 【异常评价】××对排查到的异常评价作不计分、屏蔽、删除等处理。

第二十一条 【评价人处理】针对前述违规行为，除对产生的评价做相应处理外，××将视情形对评价人采取身份验证、屏蔽评论内容、删除评价、限制评价、限制买家行为等处理措施。

第二十二条 【积分不重算】评价被删除后，××不会针对删除后的剩余评价重新计算积分。

第二十三条【评价投诉】被评价方须在评价方作出评价的 30 天内进行投诉；未在规定时间内投诉的，不予受理。

第五章 附则

第二十四条 【生效时间】本规则自 2015 年 3 月 31 日首次生效。

第二十五条 【规则适用】××网买卖家的评价行为发生在本规则修订生效以前的，适用当时的规则；评价行为发生在木规则修订生效以后的，适用本规则。

范本内容精讲

从上述 ×× 网评价规则范本可以看出，该范本主要由 5 个部分构成，包括概述、交易评价、售后评价、评价处理和附则。概述主要说明了规则的宗旨原则、适用范围、效力级别和规则包含的主要内容，这一部分可以看作是总则。分则由第三章、第四章和第五章组成，最后一章则是附则。

规则性文书的针对性较强，其适用的范围一般比较窄，通常是就一项单独的活动或工作而制定的，如果超出了这一范围便没有什么实际意义。例如范本中的规则针对的是网上评价，如果脱离了网上评价这一范畴，该规则便失去了意义。

在撰写该类文书时需要体现出规则在特定范围内所具有的强制性和约束性，使相关规则文书的受众对此比较熟悉，一看就能够明白其内容和限制条件，而范围之外的人对内容比较陌生。

No.2 参赛规则

参赛人员要参加某一项比赛，必须遵守该项目的参赛规则。下面就来看看某比赛项目的参赛规则范本。

范本内容展示

资源下载\第 4 章\参赛规则 .doc

微电影活动参赛规则

参赛作品要求

首届活动参赛作品要求以微电影为表现方式，结合故事情节，通过表现城市人文、历史、人物、精神、经济、环境等因素反映城市魅力。

首届活动参赛作品建议是积极向上、弘扬社会公益、反映真善美、传播正能量的城市微电影作品。

首届活动参赛作品鼓励在影像风格、美学追求和制作水准等艺术与技术方面有优良表现的城市微电影作品。

参赛作品征集范围为所有以华语为创作语言的原创微电影作品。

参赛作品内容必须严格遵守国家法律法规的相关规定，如出现违背社会公共道德、色情、暴力、侵犯他人隐私及其它违反国家相关法律或规定的内容，组委会有权取消其作品的参赛资格。

符合下列标准的作品可以参加本次活动：

1. 影片时间：3 分钟至 20 分钟；
2. 影片格式：.m4v（不压缩）；
3. 影片分辨率：标清（720*576dpi）或高清（1980*1080dpi）；
4. 色彩：彩色黑白皆可；
5. 音质要求：音轨不得为单声道，以 5.1 环绕声优先；
6. 画面比例：16:9；
7. 声语言：只要符合主题，普通话、方言均可；
8. 字幕：需配中文字幕；参加国际交流展映活动的非英语对白的微电影作品，需配英文字幕；
9. 组委会不接受 DVD、U 盘等任何硬件拷贝寄送的报名方式（关于作品上传事项，经组委会报名表审核完成之后另行通知）

参赛方式

报名方式：下载报名表

《首届××××微电影系列活动参赛作品报名表》

《首届××××微电影系列活动参赛团队报名表》

20××年×月×日之前将报名申请提交至组委会邮箱（××@×××.com）

范本内容精讲

通过阅读上述范本内容，可以看出这是关于微电影活动的参赛规则。参赛规则在写作格式上并没有标准要求，只需在内容上准确表述参赛要求即可。如范本主要介绍了两方面的内容，包括参赛作品要求和参赛方式。

在参赛作品要求内容中，首先对参赛作品的整体要求进行了说明，如以微电影为表现方式；以华语为创作语言的原创微电影作品等。其次说明了参赛作品的标准。该微电影活动的参赛方式为下载报名表并提交至组委会邮箱。

如果参赛活动还有赛事日程的安排，那么也要在参赛规则中进行说明，让参赛者明确参赛的时间要求，如可以按照以下写作方式来进行赛事日程安排的表述。

赛事日程安排

征稿截止日期：20×× 年 × 月 × 日

评审开始日期：20×× 年 × 月 × 日

评审结束日期：20×× 年 × 月 × 日

成绩公布日期：20×× 年 × 月 × 日

奖牌邮寄日期：20×× 年 × 月 × 日

需要引起注意的是，规则相比其他的文书而言，其具体性的特点比较明显，在任何类别的规则文书中都要将其明确地体现出来。规则的内容需要对工作的方方面面进行具体、细致、周密的规定。例如范本中对影片时间长短、影片格式、分辨率、画质比例以及语言等都做了明确的规定。规则的内容不容许有疏忽和遗漏，以避免在一些具体的环节上出现无规可依的情况。

No.3 业务规则

业务规则是指对业务定义和约束的描述，用于维持业务结构或控制和影响业务的行为。与业务相关的操作规范、管理章程、规章制度和行业标准等，都可以称为业务规则。

从宏观上来看，业务规则包括业务流程和业务条线包括的流程等；从微观上来看，业务规则为具体数据项的加工逻辑，下面就来看看某业务规则的范本。

范本内容展示

资源下载 \ 第 4 章 \ 业务规则 .doc

4G 业务规则

（一）开通规则

如果您是 2G/3G 用户，且符合条件，则无须更换套餐，换机换卡后即可开通 4G 服务，您原有套餐内包含的流量（含标准资费）均可以应用于 4G 网络。您在以下情况中需要变更资费后才可以开通 4G 服务：

1、如果您订购了××包月套餐，需要退订××包月套餐后，才可以开通 4G 服务。

2、如果您使用了数据类终端资费（无线上网卡、MIFI、机器卡等），您需要退订原有套餐，重新办理 4G 套餐，才可以开通 4G 服务。

3、其他特殊规定资费的使用客户，具体可查询当地×××××。

（二）生效规则

1、新入网客户办理 4G××套餐、4G××套餐，立即生效。

2、老客户办理 4G××套餐、4G××套餐，次月生效。

3、老客户在原有套餐上叠加 4G 流量包，如果之前并未办理任何流量包，新订购 4G 流量包立即生效；如果办理了流量包，则新订购 4G 流量包次月生效。

（三）资费有效期

1、您的资费自正式启用服务时生效，有效期一年。资费到期后，如没有特殊规定，将自动续约一年。

2、套餐内包含语音、短信、彩信等业务量需要在计费周期内使用完毕，到期后自动失效，不滚存至下一计费周期。

（四）多终端共享

1、只有使用 4G××套餐、4G××套餐、叠加 4G 流量包的客户才可享受多终端共享服务，共享内容为客户套餐内的总流量，语音通话不在共享范围内。

2、多终端共享的主卡必须是手机，数据类终端不能作为主卡。

3、流量共享主卡必须是使用 4G××套餐、4G××套餐、叠加 4G 流量包的客户，其他共享副卡必须与主卡是同一地市客户；共享副卡最多不超过 4 个。

4、每增加一个共享副卡，将由主卡用户支付 10 元/月的功能费。

5、如果副卡套餐包含流量，副卡在使用上网流量时，优先使用副卡套餐内的流量，当副卡套餐内流量使用完后再使用共享流量；当共享流量用完后，副卡产生的流量按照副卡客户所使用的资费方案收取流量费。如果副卡套餐不含流量，则直接使用共享流量；当共享流量用完后，副卡产生的流量按照主卡客户所使用的资费方案收取流量费。

6、主卡套餐内所有流量都可以共享，包含主卡客户基础套餐、叠加的流量包、加油包、营销活动赠送的流量。

（五）客户保护规则

为保护客户利益，避免产生高额流量费，4G 流量资费采取 500 元 15GB 双封顶原则，其中 500 元和 15GB 均为套餐外费用和流量；且每月实行流量 50GB 封顶。当您的流量达到 50G 封顶值后，我们将停止您的当月流量使用功能，次月恢复。

范本内容精讲

上述范本是某运营商的 4G 业务规则。通过阅读范本，可以看出该范本包括了开通规则、生效规则、资费有效期、多终端共享和客户保护规则 5 个方面的内容。全面介绍了与 4G 业务有关的规则，让有 4G 服务需求的用户能够了解办理 4G 业务的条件和费用情况。

不同单位由于业务不同，因此其业务规则内容也会不同，在具体撰写时可以从以下几方面来考虑。

- **指定规则范围：** 即确定规则的适用人群，如范本的符合条件的 2G/3G 用户。
- **选择规则集：** 即选择规则的条件，如范本中要求符合条件的用户需要变更资费后才能办理 4G 服务。

◆ **确定实现因素：** 即确定规则的生效条件，如范本中说明了3种生效规则。

◆ **部署规则：** 即明确规则的变量，如范本中的“资费有效期”就是一种变量。

业务规则在编写完成后，一般都需要进行验证，以确保该业务规则是切实可行的。如有不足之处，还需要进行反复修改，直到该业务规则符合实际，能够在实践中很好地运行。

4.4 细则的写作

■基础概述 ■写作方法 ■范例详讲

细则是有关机关或部门为使下级机关或人员更好地贯彻执行某一法令、条例和规定，结合实际情况，对其所做的详细具体的解释和补充。

4.4.1 细则基础概述

细则也被称为实施细则，它一般会与条例和规定等搭配使用，目的是为了补充原条文的不足之处，使原条文更好地发挥作用。细则多是法律法规和规章等的从属性文件，其具有以下特点。

◆ **规范性：** 作为法律法规和规章等文件的补充说明文件和具体实施方案，细则必定也有规范的特点。

◆ **补充和辅助性：** 作为从属文件，细则具有补充和辅助的特点，它能够补充原条文操作性弱和原则性强的不足。

◆ **操作性强：** 细则具有很强的操作性，其内容都是具体适用的标准及执行程序。

4.4.2 细则的写作方法

细则一般由首部和正文两部分构成。

1. 首部

细则包括的内容一般有标题、制发时间和制发依据等。细则的标题一般由

“适用范围＋实施＋细则”构成，具体可分为以下两种标题。

一种由地区、法（条令、规定）名称和文种组成，如以下标题。

中华人民共和国专利法实施细则

中华人民共和国公路管理条例实施细则

中华人民共和国发票管理办法实施细则

另一种由法（条例、规定）名称和文种组成，如以下标题。

不动产登记暂行条例实施细则

劳动保险条例实施细则

公共场所卫生管理条例实施细则

2. 正文

细则的正文包括总则、分则和附则 3 个部分。其中，总则主要说明细则的制作依据、目的、执行原则或适用范围等。分则是对相关法律法规、规章具体执行标准和实施要求的阐述。附则一般为解释权归属和细则实施时间的说明。

细则的正文有章条式和条项式两种写作格式，对于内容较多的细则，一般采用章条式，将细则的内容分章阐述，使结构清晰明了；对于内容较少的细则，一般采用条项式，其内容不分章，一般比章条式更具体。

4.4.3 常见细则文书范例详讲

细则一般都是为了更好地贯彻执行某一规定而制定的，下面通过不同的细则范本来看看细则的具体内容。

No.1 工作细则

为指导某一工作更好地进行，许多单位都会制定工作细则，使相关人员明确工作的要求和职责等。

范本内容展示

资源下载 \ 第 4 章 \ 工作细则 .doc

教学指导委员会工作细则

为了进一步深化教学改革，全面推进素质教育，充分发挥我校教学专家与教学管理专家对学校教学改革与建设的研究和指导作用，促进教学管理工作的科学化和民主化，提高人才培养质量，特制订本工作细则。

一、校教学指导委员会的性质和任务

学校教学指导委员会为主管校长领导下的学校本科教学工作研究、指导和咨询机构。由学校聘请教学经验丰富、学术水平较高、熟悉教学规律、热心教学改革的具有高级职称的教师和教学管理人员组成，其主要任务是协助有关部门推进专业、课程、教材、教学管理与教学研究以及教师队伍等方面的建设和改革，对学校教学改革与发展的重要问题进行理论研究、咨询和指导。

二、校教学指导委员会的工作职责

1. 检查督促教学方针的贯彻落实，对学校本科教学工作建设与发展的全局性重大问题进行研究，提出咨询意见和具体建议。

2. 审议学校教学工作规划及教学改革计划，协助学校定期组织召开教学工作会议。

3. 对全校在专业设置、调整与建设，课程建设等方面的指导思想、政策、办法提出原则性意见。

4. 审议各专业的培养目标、培养计划制（修）订的原则。根据教育部对各学科本科人才培养目标的有关要求，以及社会发展对人才的实际需要，加强教学质量评估问题研究，并审议教学质量、教学管理等方面的评估方案及实施办法。

5. 审议新专业建设规划及实验设备投资规划的合理性与可行性。

6. 审议优秀教学成果奖、优秀教材奖和优秀教师等奖项的评奖原则和评奖结果。

7. 研究教师队伍建设问题，指导有关部门做好教师培训工作，促进我校教师队伍建设及教学水平的不断提高。

8. 向校学术委员会、学位委员会、职称评审委员会等机构提供有关教学方面的原则意见。

9. 审议下设的各学院（直属系）教学指导分委员会的工作计划，听取工作汇报，指导开展工作。

三、校教学指导委员会的工作制度

1. 校教学指导委员会的全体会议原则上每学期召开 1 ~ 2 次。因工作需要可临时召集全体成员会议或部分委员参加的会议。

2. 校教学指导委员会委员每届任期二年；任期内如调离本校，由教务处推荐具备相应条件的人员，报学校同意后增补。

四、校教学指导委员会的组成

1. 校教学指导委员会设主任一人，副主任若干人，办公室主任一人，委员若干人。

2. 主任由主管教学的副校长担任，副主任由资深专家（教授）担任，办公室主任由教务处负责人担任，委员由各学院（直属系）行政负责人、资深专家（教授）以及教学效果突出的教师组成。办公室设在教务处，负责教学指导委员会的日常事务。

3. 要求各学院（直属系）设立学院（直属系）教学指导分委员会，工作职责和人员组成见附件。

范本内容精讲

上述范本是某学校制定的关于教学指导委员会的工作细则。在内容上，该细则首先说明了制定本工作细则的目的，即进一步深化教学改革，促进教学管理工作的科学化和民主化，提高人才培养质量。随后分条对细则的主体内容进行了阐述，包括校教学指导委员会的性质和任务、工作职责以及工作制度和组成。

从范本可以看出，该细则的内容都是很具体化的，如“听取工作汇报，指导开展工作”和“每学期召开 1 ～ 2 次”等内容都是可以依照细则贯彻执行的内容。我们在撰写细则时也要注意，细则的内容要体现出具体化和细密化，不能太笼统。如某学校关于教学指导委员会的职责有以下阐述。

1. 审议批准本系专业教学规划、改革和发展的重大举措。

2. 研究本学校教育和教学工作的重大问题。

3. 对学校人才培养和教学工作的中长期与整体的规划负有咨询、规划和审议的职责。

从内容可以看出，没有范本中关于“校教学指导委员会的工作职责”的内容详细具体，在实践中撰写工作细则时要特别注意细则内容的具体化。

No.2 法规性细则

法规性细则是相关法律法规的补充性文件，其内容与相关的法律法规有密切联系。

范本内容展示

资源下载 \ 第 4 章 \ 法规性细则 .doc

不动产登记暂行条例实施细则

（2015 年 6 月 29 日国土资源部第 3 次部务会议通过）

第一章 总 则

第一条 为规范不动产登记行为，细化不动产统一登记制度，方便人民群众办理不动产登记，保护权利人合法权益，根据《不动产登记暂行条例》（以下简称《条例》），制定本实施细则。

第二条 不动产登记应当依照当事人的申请进行，但法律、行政法规以及本实施细则另有规定的除外。

房屋等建筑物、构筑物和森林、林木等定着物应当与其所依附的土地、海域一并登记，保持权利主体一致。

第三条 不动产登记机构依照《条例》第七条第二款的规定，协商办理或者接受指定办理跨县级行政区域不动产登记的，应当在登记完毕后将不动产登记簿记载的不动产权利人以及不动产坐落、界址、面积、用途、权利类型等登记结果告知不动产所跨区域的其他不动产登记机构。

第四条 国务院确定的重点国有林区的森林、林木和林地，由国土资源部受理并会同有关部门办理，依法向权利人核发不动产权属证书。

国务院批准的项目用海、用岛的登记，由国土资源部受理，依法向权利人核发不动产权属证书。

中央国家机关使用的国有土地等不动产登记，依照国土资源部《在京中央国家机关用地土地登记办法》等规定办理。

第二章 不动产登记簿

第五条 《条例》第八条规定的不动产单元，是指权属界线封闭且具有独立使用价值的空间。

没有房屋等建筑物、构筑物以及森林、林木定着物的，以土地、海域权属界线封闭的空间为不动产单元。

有房屋等建筑物、构筑物以及森林、林木定着物的，以该房屋等建筑物、构筑物以及森林、林木定着物与土地、海域权属界线封闭的空间为不动产单元。

前款所称房屋，包括独立成幢、权属界线封闭的空间，以及区分套、层、间等可以独立使用、权属界线封闭的空间。

第六条 不动产登记簿以宗地或者宗海为单位编成，一宗地或者一宗海范围内的全部不动产单元编入一个不动产登记簿。

第七条 不动产登记机构应当配备专门的不动产登记电子存储设施，采取信息网络安全防护措施，保证电子数据安全。

任何单位和个人不得擅自复制或者篡改不动产登记簿信息。

第八条 承担不动产登记审核、登簿的不动产登记工作人员应当熟悉相关法律法规，具备与其岗位相适应的不动产登记等方面的专业知识。

国土资源部会同有关部门组织开展对承担不动产登记审核、登簿的不动产登记工作人员的考核培训。

第三章 登记程序

第九条 申请不动产登记的，申请人应当填写登记申请书，并提交身份证明以及相关申请材料。

申请材料应当提供原件。因特殊情况不能提供原件的，可以提供复印件，复印件应当与原件保持一致。

第十条 处分共有不动产申请登记的，应当经占份额三分之二以上的按份共有人或者全体共同共有人共同申请，但共有人另有约定的除外。

按份共有人转让其享有的不动产份额，应当与受让人共同申请转移登记。

建筑区划内依法属于全体业主共有的不动产申请登记，依照本实施细则第三十六条的规定办理。

第十一条 无民事行为能力人、限制民事行为能力人申请不动产登记的，应当由其监护人代为申请。

监护人代为申请登记的，应当提供监护人与被监护人的身份证或者户口簿、

范本内容精讲

上述范本是针对《不动产登记暂行条例》而制定的实施细则，由于内容较多，我们这里只展示了部分内容。该实施细则采用的是“总则 + 分则 + 附则”的写作方式，在写作结构上采用的章条式。

由于任何细则都是为贯彻执行某一条规而制发的，因此在细则中必须说明制定细则的条文根据。如范本说明了“根据《不动产登记暂行条例》（以下简称《条例》），制定本实施细则”。

另外，法规性细则的内容都是根据对应的法规来制定的，因此其内容必须紧紧围绕该法规的内容，不能超出原法律法规的内容范围，更不能另立法规。

细则的许多内容都具有解释性的特点，一般是对原法律法规重要词汇的阐释，如范本中的以下内容都是对《不动产登记暂行条例》相关词汇的阐释。

第五条　《条例》第八条规定的不动产单元，是指权属界线封闭且具有独立使用价值的空间。

第二十四条　不动产首次登记，是指不动产权利第一次登记。

除解释性内容外，实施细则的大部分内容都是对相应的法律法规进行补充的内容。如范本第五条的内容就是对《不动产登记暂行条例》第八条相关内容的补充。另外，实施细则还要求内容详细，这一点从范本的内容就可以看出。

4.5 条例的写作

■基础概述 ■格式与注意事项 ■范例详讲

条例是党的最高领导机关、国家权力机关、行政机关以及地方立法机关根据政策和法令制定并发布的，针对政治、经济和文化等各个领域内的某些具体事项而作出的，比较全面系统，具有长期执行效力的法规性公文。普通单位制定的“条例”是内部的规章制度，不具有法律上的普通效力。

4.5.1 条例基础概述

行政法规的名称一般称“条例”，但也可以称“规定”和“办法”等。国务院根据全国人民代表大会及其常务委员会的授权制定的行政法规，称“暂行条例”或者“暂行规定”。各省、自治区、直辖市及计划单列市根据地方某方面工作的需要制定的地方性规定也称“条例”。需要注意，国务院各部门和地方人民政府制定的规章不得称“条例”。

由此可见，条例是法的表现形式之一，它是由国家制定并批准发布的，是人人都应遵守的，若违反就要承担一定的法律后果。地方制定的条例对地方具有效力，条例具有以下特点。

特点	说明
法规性	条例是国家的一种立法性手段，它是一种法律文件，具有法的效力。是根据宪法和法律制定的，从属于法律的规范性文件。
强制性	条例的强制性体现在条例一经发布就具有强制作用，所涉及对象必须遵照执行。
稳定性	条例的内容多针对国家政治经济等领域，一经颁布，在相当长的时间内都对所涉及的对象具有约束性。
独特性	并不是所有的党政机关都可以制定条例，一般只有中央机关、国家最高行政机关或省级权力机关才能制定条例。

4.5.2 条例的写作格式与注意事项

条例一般由首部和正文两部分构成，这两部分的内容具有以下格式要求。

◆ 首部

条例的首部一般包括标题和制发日期两部分。标题的写法由“事由 + 条例或适用范围 + 事由 + 条例”构成，如以下标题。

××市物业管理条例

中华人民共和国无线电管理条例

在条例的标题下方一般会用括号注明制发机关和制发时间。有的条例是使用命令或通知的文种发布的，条例本身不会注明制发时间，而是以命令或通知的发布时间为准。需要注意的是，若条例为暂行或试行的条例，需要在标题中标明“暂行”或“试行”二字，如不动产登记暂行条例、中国共产党党组工作条例（试行）。

◆ 正文

条例所涉及的内容是很多的，因此其正文一般采用“总则 + 分则 + 附则”

的写作手法。由于条例具有严肃性和约束性的特点，因此其内容不能含糊其词，内容中使用的数字、地点以及时间等都要清楚明白。

另外，条例还要注意层次性，要明确是并列关系还是主从关系，避免条、款和项混用，使文章结构杂乱无章。

4.5.3 常见条例文书范例详讲

条例所涉及的领域很广泛，如某项工作的管理规则、对职责的规范和奖惩以及特殊地区、特殊部门的法规等，下面具体来看看条例的范本内容。

No.1 法律实施条例

法律实施条例是根据相关法律法规制定的条例，其内容是对相关法律法规的补充性说明或辅助性规定。

范本内容展示

资源下载\第 4 章\法律实施条例 .doc

中华人民共和国政府采购法实施条例

第一章 总 则

第一条 根据《中华人民共和国政府采购法》(以下简称政府采购法)，制定本条例。

第二条 政府采购法第二条所称财政性资金是指纳入预算管理的资金。

以财政性资金作为还款来源的借贷资金，视同财政性资金。

国家机关、事业单位和团体组织的采购项目既使用财政性资金又使用非财政性资金的，使用财政性资金采购的部分，适用政府采购法及本条例；财政性资金与非财政性资金无法分割采购的，统一适用政府采购法及本条例。

政府采购法第二条所称服务，包括政府自身需要的服务和政府向社会公众提供的公共服务。

第三条 集中采购目录包括集中采购机构采购项目和部门集中采购项目。

技术、服务等标准统一，采购人普遍使用的项目，列为集中采购机构采购项目；采购人本部门、本系统基于业务需要有特殊要求，可以统一采购的项目，列为部门集中采购项目。

第四条 政府采购法所称集中采购，是指采购人将列入集中采购目录的项目委托集中采购机构代理采购或者进行部门集中采购的行为；所称分散采购，是指采购人将采购限额标准以上的未列入集中采购目录的项目自行采购或者委托采购代理机构代理采购的行为。

第五条 省、自治区、直辖市人民政府或者其授权的机构根据实际情况，可以确定分别适用于本行政区域省级、设区的市级、县级的集中采购目录和采购限额标准。

第六条 国务院财政部门应当根据国家的经济和社会发展政策，会同国务院有关部门制定政府采购政策，通过制定采购需求标准、预留采购份额、价格评审优惠、优先采购等措施，实现节约能源、保护环境、扶持不发达地区和少数民族地区、促进中小企业发展等目标。

第七条 政府采购工程以及与工程建设有关的货物、服务，采用招标方式采购的，适用《中华人民共和国招标投标法》及其实施条例；采用其他方式采购的，适用政府采购法及本条例。

前款所称工程，是指建设工程，包括建筑物和构筑物的新建、改建、扩建及其相关的装修、拆除、修缮等；所称与工程建设有关的货物，是指构成工程不可分割的组成部分，且为实现工程基本功能所必需的设备、材料等；所称与工程建设有关的服务，是指为完成工程所需的勘察、设计、监理等服务。

政府采购工程以及与工程建设有关的货物、服务，应当执行政府采购政策。

第八条 政府采购项目信息应当在省级以上人民政府财政部门指定的媒体上发布。采购项目预算金额达到国务院财政部门规定标准的，政府采购项目信息应当在国务院财政部门指定的媒体上发布。

第九条 在政府采购活动中，采购人员及相关人员与供应商有下列利害关系之一的，应当回避：

（一）参加采购活动前 3 年内与供应商存在劳动关系；

（二）参加采购活动前 3 年内担任供应商的董事、监事；

（三）参加采购活动前 3 年内是供应商的控股股东或者实际控制人；

（四）与供应商的法定代表人或者负责人有夫妻、直系血亲、三代以内旁系血亲或者近姻亲关系；

（五）与供应商有其他可能影响政府采购活动公平、公正进行的

范本内容精讲

上述法律实施条例范本是随令而发的条例，我们这里未展示命令的内容，只展示了该条例的部分内容。从该实施条例的标题可以看出，其由“法律法规＋实施条例”构成。这体现了法律实施条例的标题特点，如以下法律实施条例的标题写作手法也与范本相同。

中华人民共和国道路交通安全法实施条例

中华人民共和国商标法实施条例

中华人民共和国森林法实施条例

法律实施条例的制定依据都是相关的法律法规。一般在总则的内容中要写明发布条例的法律或政策依据，如范本在总则第一条中说明了“根据《中华人民共和国政府采购法》（以下简称政府采购法），制定本条例”。

条例的分则是条例的条规内容。范本的分则内容采用的是章条式的表达形式，即“章”下面是“条”，“条”下面是“项”。有些条例采用的条款式，即全文按第一条、第二条的序列来排列。

附则一般是对分则补充说明的内容，一般包括解释权和实施时间等内容，如范本的附则内容。

第九章 附 则

第七十八条 财政管理实行省直接管理的县级人民政府可以根据需要并报经省级人民政府批准，行使政府采购法和本条例规定的设区的市级人民政府批准变更采购方式的职权。

第七十九条 本条例自 2015 年 3 月 1 日起施行。

No.2 管理条例

管理条例是针对某一项目或团体制定的规则，如物业管理条例、旅游管理条例、酒店管理条例和餐饮管理条例等。常用的管理条例有事业单位人事管理条例、征信业管理条例、城镇燃气管理条例、校车安全管理条例和建设工程安全生产管理条例等。

范本内容展示

◎资源下载 \ 第 4 章 \ 管理条例 .doc

事业单位人事管理条例

第一章 总 则

第一条 为了规范事业单位的人事管理，保障事业单位工作人员的合法权益，建设高素质的事业单位工作人员队伍，促进公共服务发展，制定本条例。

第二条 事业单位人事管理，坚持党管干部、党管人才原则，全面准确贯彻民主、公开、竞争、择优方针。

国家对事业单位工作人员实行分级分类管理。

第三条 中央事业单位人事综合管理部门负责全国事业单位人事综合管理工作。

县级以上地方各级事业单位人事综合管理部门负责本辖区事业单位人事综合管理工作。

事业单位主管部门具体负责所属事业单位人事管理工作。

第四条 事业单位应当建立健全人事管理制度。

事业单位制定或者修改人事管理制度，应当通过职工代表大会或者其他形式听取工作人员意见。

第二章 岗位设置

第五条 国家建立事业单位岗位管理制度，明确岗位类别和等级。

第六条 事业单位根据职责任务和工作需要，按照国家有关规定设置岗位。

岗位应当具有明确的名称、职责任务、工作标准和任职条件。

第七条 事业单位拟订岗位设置方案，应当报人事综合管理部门备案。

第三章 公开招聘和竞聘上岗

第八条 事业单位新聘用工作人员，应当面向社会公开招聘。但是，国家政策性安置、按照人事管理权限由上级任命、涉密岗位等人员除外。

第九条 事业单位公开招聘工作人员按照下列程序进行:

（一）制定公开招聘方案;

（二）公布招聘岗位、资格条件等招聘信息;

（三）审查应聘人员资格条件;

（四）考试、考察;

（五）体检;

（六）公示拟聘人员名单;

（七）订立聘用合同，办理聘用手续。

第十条 事业单位内部产生岗位人选，需要竞聘上岗的，按照下列程序进行:

（一）制定竞聘上岗方案;

（二）在本单位公布竞聘岗位、资格条件、聘期等信息;

（三）审查竞聘人员资格条件;

（四）考评;

（五）在本单位公示拟聘人员名单;

（六）办理聘任手续。

第十一条 事业单位工作人员可以按照国家有关规定进行交流。

第四章 聘用合同

第十二条 事业单位与工作人员订立的聘用合同，期限一般不低于 3 年。

第十三条 初次就业的工作人员与事业单位订立的聘用合同期限 3 年以上的，试用期为 12 个月。

第十四条 事业单位工作人员在本单位连续工作满 10 年且距法定退休年龄不足 10 年，提出订立聘用至退休的合同的，事业单位应

范本内容精讲

上述管理条例范本的标题采用的“适用范围 + 事由 + 条例”的写作方式，即该条例的适用范围是事业单位，事由为管理。

在总则内容中，范本说明了制定本条例的原因，同时还提出了指导思想以及所涉对象的有关职责等。总则的内容是对下文的具体条规内容奠定基础。管理条例的主体内容视具体的规则而定，如范本的内容包括岗位设置、公开招聘和竞聘上岗和聘用合同等。主要写明应该怎么做，不应该做什么，以及未按要求执行的法律责任。

未按要求执行的法律责任要单独罗列出来，作为条规阐述，不能混杂在应该做什么，不应该做什么的内容中。如范本就将未按要求执行的法律责任的内容在一章中单独进行说明，具体内容如下图所示。

第九章　法律责任

第四十一条　事业单位违反本条例规定的，由县级以上事业单位人事综合管理部门或者主管部门责令限期改正；逾期不改正的，对直接负责的主管人员和其他直接责任人员依法给予处分。

第四十二条　对事业单位工作人员的人事处理违反本条例规定给当事人造成名誉损害的，应当赔礼道歉、恢复名誉、消除影响；造成经济损失的，依法给予赔偿。

第四十三条　事业单位人事综合管理部门和主管部门的工作人员在事业单位人事管理工作中滥用职权、玩忽职守、徇私舞弊的，依法给予处分；构成犯罪的，依法追究刑事责任。

4.6 办法的写作

■格式和注意事项　■范例详讲

办法是有关机关或部门根据党和国家的方针、政策及有关法规、规定，就某一方面的工作或问题提出具体做法和要求的文件。

4.6.1　办法的写作格式与注意事项

办法与条例一样，其结构主要由首部和正文两部分构成。

◆ 首部

办法的首部包括标题、制发时间和依据等内容。标题的写法有 3 种，一是“发文机关 + 事由 + 办法”；二是“使用范围 + 事由 + 办法”；三是“事由 + 办法”，如下所示。

环境保护主管部门实施按日连续处罚办法

×× 市市容环境卫生责任区管理办法

私募投资基金监督管理暂行办法

医疗器械经营监督管理办法

×× 市“绿心”地区生态补偿办法

◆ 正文

办法的正文一般包括依据、规定和说明 3 层内容，其结构一般为“总则 + 分则 + 附则”。总则的内容为制定办法的目的、依据、职责以及适用范围等，分则一般为具体的方法、措施和要求等。附则内容为特殊规定、补充说明或生效日期等。对于内容简单的办法，可以直接分条叙述。

4.6.2 常见办法文书范例详讲

办法主要可以分为两类，包括实施办法和管理办法。下面就分别来看看这两种类型文书的范本。

No.1 实施办法

实施办法一般有相应的政策法规与其对应，制定实施办法的目的是为了更好地联系实际贯彻落实办法所对应的政策法规。

范本内容展示

资源下载 \ 第 4 章 \ 实施办法 .doc

× × 省社会救助实施办法

第一章 总 则

第一条 根据国务院《社会救助暂行办法》，结合 × × 省实际，制定本实施办法。

第二条 本省行政区域内的最低生活保障、特困人员供养、受灾人员救助、医疗救助、教育救助、住房救助、就业救助、临时救助、社会力量参与救助等相关工作，适用本实施办法。

法律援助、司法救助按照国家和省有关规定执行。

第三条 各级人民政府负责社会救助工作，将社会救助事业纳入国民经济和社会发展规划、年度工作计划。

县级以上人民政府应当建立健全民政部门牵头、有关部门配合、社会力量参与的社会救助工作协调机制，构建综合性社会救助平台，整合优化社会救助资源，实现资源信息共享，统筹城乡各项社会救助政策和标准。

第四条 县级以上人民政府民政部门统筹本行政区域的社会救助体系建设。县级以上人民政府民政、卫生计生、教育、住房城乡建设、人力资源社会保障等部门，按照各自职责负责相应的社会救助管理工作。

前款所列行政部门，统称社会救助管理部门。

第五条 乡镇人民政府、街道办事处应当在便民服务场所设置统一受理社会救助申请的窗口，具体承担有关社会救助的申请受理、调查审核、转办等工作。

村民委员会、居民委员会协助做好有关社会救助工作，及时发现并帮助符合条件的困难家庭和个人提出救助申请。

第六条 县级以上人民政府应当完善社会救助资金、物资保障机制，将政府安排的社会救助资金和工作经费纳入财政预算。

社会救助资金实行专项管理，分账核算，专款专用，任何单位或者个人不得挤占挪用。

第七条 县级人民政府及其社会救助管理部门、乡镇人民政府、街道办事处应当根据社会救助对象数量和社会救助工作情况明确承担社会救助管理职责的机构，配备与工作相适应的工作人员，推进本行政区域内社会救助工作。

第八条 县级以上人民政府应当按照国家标准建立社会救助管理信息系统，实现社会救助管理部门之间信息互联互通；社会救助管理部门应当及时将社会救助对象基本情况、救助申请受理办理情况上网公布，实现部门之间资源共享。

第九条 申请社会救助的家庭、个人，应当向户籍所在地乡镇人民政府、街道办事处提出申请，经乡镇人民政府、街道办事处调查核实提出审核意见后，报县级人民政府社会救助管理部门核准并公示。有专门规定的，按照专门规定办理。

符合条件的外来常住人口可以在居住地申请社会救助。

第十条 鼓励和支持工会、共青团、妇联、残联等组织和其他社会力量参与社会救助。

第二章 最低生活保障

第十一条 县级以上人民政府应当建立健全最低生活保障制度，对符合条件的家庭给予最低生活保障。

第十二条 省人民政府根据经济社会发展水平和居民生活必需费用确定、公布全省最低生活保障标准。市（州）人民政府确定的本行政区域最低生活保障标准，不得低于省人民政府确定的标准。

第十三条 县级人民政府民政部门以及乡镇人民政府、街道办事处应当采取多种方式核查信息，对最低生活保障家庭实行动态管理，并将最低生活保障对象的姓名、保障金额等情况，在其申请地和居住地的村、社区定期公示。

第三章 特困人员供养

第十四条 县级以上人民政府应当建立健全特困人员供养制度，对符合条件的无劳动能力、无生活来源且无法定赡养、抚养、扶养义务人，或者其法定赡养、抚养、扶养义务人无赡养、抚养、扶养能力的老年人、残疾人以及未满 16 周岁的未成年人，给予特困人员供养。

第十五条 特困人员供养的内容包括：

（一）提供基本生活条件；

（二）对生活不能自理的给予照料；

范本内容精讲

从上述范本内容可以看出，该实施办法对应的法律法规为国务院颁发的《社会救助暂行办法》。国务院作为省的上级机关，其颁发的《社会救助暂行办法》需要下级机关联系实际贯彻落实，因此 ×× 省制定了《×× 省社会救助实施办法》（简称《办法》）。

实施办法的内容一般比上级的政策规定更具体、更细致和更切合实际。办法中所涉及的内容不能与上级的有关政策规定相背离和矛盾，只能与其相吻合。从范本的内容可以看出，该《办法》适用于该省行政区域内的最低生活保障、特困人员供养、受灾人员救助、医疗救助、教育救助、住房救助、就业救助、临时救助以及社会力量参与救助等相关工作。这一适用范围符合《社会救助暂行办法》中规定的内容，如《社会救助暂行办法》对最低生活保障、特困人员供养、受灾人员救助和医疗救助等工作进行了规定。

实施办法的写法主要有两种，一种是把上级的政策法规原封不动地照搬，变成实施办法的组成部分或将原政策法规的内容表述得更为具体；另一种是不照搬，根据上级的政策法规提出具体的意见或措施。如《社会救助暂行办法》规定。

第十五条 特困人员供养的内容包括：

（一）提供基本生活条件；

（二）对生活不能自理的给予照料；

（三）提供疾病治疗；

（四）办理丧葬事宜。

《×× 省社会救助实施办法》规定。

第十五条 特困人员供养的内容包括：

（一）提供基本生活条件；

（二）对生活不能自理的给予照料；

（三）提供疾病治疗；

（四）办理丧葬事宜。

这就属于照搬上级的政策规定，将其变成实施办法的组成部分。另外，实施办法也可以根据上级政策法规对未规定到的内容作出符合实际的规定。

No.2 管理办法

管理办法是一种管理规定，一般是根据管理需要而制定的，其内容大多比较概括。

范本内容展示

资源下载 \ 第 4 章 \ 管理办法 .doc

工业节能管理办法

第一章 总 则

第一条 为了加强工业节能管理，健全工业节能管理体系，持续提高能源利用效率，推动绿色低碳循环发展，促进生态文明建设，根据《中华人民共和国节约能源法》等法律、行政法规，制定本办法。

第二条 本办法所称工业节能，是指在工业领域贯彻节约资源和保护环境的基本国策，加强工业用能管理，采取技术上可行、经济上合理以及环境和社会可以承受的措施，在工业领域各个环节降低能源消耗，减少污染物排放，高效合理地利用能源。

第三条 本办法适用于中华人民共和国境内工业领域的用能及节能监督管理活动。

第四条 工业和信息化部负责全国工业节能监督管理工作，组织制定工业能源战略和规划、能源消费总量控制和节能目标、节能政策和标准，组织协调工业节能新技术、新产品、新设备、新材料的推广应用，指导和组织工业节能监察工作等。

县级以上地方人民政府工业和信息化主管部门负责本行政区域内工业节能监督管理工作。

第五条 工业企业是工业节能主体，应当严格执行节能法律、法规、规章和标准，加快节能技术进步，完善节能管理机制，提高能源利用效率，并接受工业和信息化主管部门的节能监督管理。

第六条 鼓励行业协会等社会组织在工业节能规划、节能标准的制定和实施、节能技术推广、能源消费统计、节能宣传培训和信息咨询、能效水平对标达标等方面发挥积极作用。

第二章 节能管理

第七条 各级工业和信息化主管部门应当编制并组织实施工业节能规划或者行动方案。

第八条 各级工业和信息化主管部门应当加强产业结构调整，会同有关部门制定有利于工业节能减排的产业政策，综合运用阶梯电价、差别电价、惩罚性电价等价格政策，以及财税支持、绿色金融等手段，推动传统产业绿色化改造和节能产业发展。

各级工业和信息化主管部门应当推动高效节能产品和设备纳入政府采购名录，在政府性投资建设项目招标中优先采用。

第九条 工业和信息化部建立工业节能技术、产品的遴选、评价及推广机制，发布先进适用工业节能技术、高效节能设备（产品）推荐目录，以及达不到强制性能效标准的落后工艺技术装备淘汰目录。加快先进工业节能技术、工艺和设备的推广应用，加强工业领域能源需求侧管理，培育工业行业能效评估中心，推进工业企业节能技术进步。

鼓励关键节能技术攻关和重大节能装备研发，组织实施节能技术装备产业化示范，促进节能装备制造业发展。

第十条 工业和信息化部依法组织制定并适时修订单位产品能耗限额、工业用能设备（产品）能源利用效率等相关标准以及节能技术规范，并组织实施和监督。

鼓励地方和工业企业依法制定严于国家标准、行业标准的地方工业节能标准和企业节能标准。

引导行业协会等社会组织和产业技术联盟根据本行业特点制定团体节能标准。

第十一条 工业和信息化部组织编制工业能效指南，发布主要耗能行业产品（工序）等工业能效相关指标，建立行业能效水平指标体系并实行动态调整。

第十二条 各级工业和信息化主管部门根据工业能源消费状况和工业经济发展情况，研究提出本行政区域工业能源消费总量控制目标和节能目标，实行目标管理。

第十三条 各级工业和信息化主管部门应当依据职责对工业企业固定资产投资项目节能评估报告开展有关节能审查工作。对通过审查的项目，应当加强事中事后监管，对节能措施落实情况进行监督管理。

第十四条 各级工业和信息化主管部门应当定期分析工业能源消

范本内容精讲

通过阅读范本总则内容，可以看出总则第一条是关于管理办法目的的内容；第二条是含义解释的内容；第三条为适用范围；第四条为职责规划。这些内容符合前面我们讲到的办法总则一般应包括的内容。

管理办法的主体内容一般为具体的工作规范，这一点从范本第二章所展示的内容中就可以看出。一般来说，根据管理办法还可以制定具体的实施办法，如《×× 省会计从业资格管理实施办法》就是根据《会计从业资格管理办法》及相关法律法规制定的。而范本附则内容中也明确了可以根据该管理办法制定具体的实施办法，如以下范本的附则内容。

> **第七章 附 则**
>
> 第四十一条 县级以上地方人民政府工业和信息化主管部门可以依据本办法和本地实际，制定具体实施办法。
>
> 第四十二条 本办法自 2016 年 6 月 30 日起施行。

4.7 规定的写作

■基础概述 ■范例详讲

规定是规约类公文中使用最为广泛，也是频率最高的一种文种，其具有很强的约束性和可操作性。

4.7.1 规定基础概述

规定有不同的划分标准，按照行为目的和内容，可以分为政策性规定和事务性规定；按照时间来分，可以分为暂定性规定和长远性规定。国家机关、社会团体以及企事业单位都广泛使用规定这一文种，其具有以下特点。

- 规定针对的是一般性的或普遍性的问题，涉及的是大多数的人或事，而非某一特定对象或事件。
- 规定具有很强的约束性，其效力与作者的权限和公文的内容有关。
- 规定的产生程序是极为严格和规范的，要经过严格的审批手续才能公开发布。
- 规定的用语要求概括、准确和规范，且要简洁便于读懂。
- 规定一般实行“不溯既往”和“后法推翻前法”的原则，即只有在规定正式成立后才能生效，当新规定生效后，原规定即行废止。

规定的内容一般由首部和正文两部分构成，首部包括标题、制发时间和依据，制发时间和依据一般用括号标注在标题下。需要注意，党政机关的许多规定是随令而发的。规定的正文的表述形式一般为条款式或章条式。

4.7.2 常见规定文书范例详讲

规定的类型有多种，我们这里以政策性规定和事务性规定为例，来看看规定的范本内容。

No.1 政策性规定

政策性规定根据政策所涉及的范围，又可分为文化教育政策规定和财政经济政策规定等。

范本内容展示

资源下载 \ 第 4 章 \ 政策性规定 .doc

互联网信息内容管理行政执法程序规定

第一章 总 则

第一条 为了规范和保障互联网信息内容管理部门依法履行职责，保护公民、法人和其他组织的合法权益，维护国家安全和公共利益，根据《中华人民共和国行政处罚法》《中华人民共和国网络安全法》和《国务院关于授权国家互联网信息办公室负责互联网信息内容管理工作的通知》，制定本规定。

第二条 互联网信息内容管理部门依法实施行政执法，对违反有关互联网信息内容管理法律法规规章的行为实施行政处罚，适用本规定。

本规定所称互联网信息内容管理部门，是指国家互联网信息办公室和地方互联网信息办公室。

第三条 互联网信息内容管理部门实施行政执法，应当遵循公开、公平、公正的原则，做到事实清楚、证据确凿、程序合法、法律法规规章适用准确适当、执法文书使用规范。

第四条 互联网信息内容管理部门建立行政执法督查制度。

上级互联网信息内容管理部门对下级互联网信息内容管理部门实施的行政执法进行督查。

第五条 互联网信息内容管理部门应当加强执法队伍建设，建立健全执法人员培训、考试考核、资格管理和持证上岗制度。

执法人员应当参加互联网信息内容管理部门组织的法律知识和业务知识培训，并经行政执法资格考试或者考核合格，取得执法证后方可从事执法工作。

执法证由国家互联网信息内容管理部门统一制定、核发或者授权省、自治区、直辖市互联网信息内容管理部门核发。

第二章 管辖

第六条 行政处罚由违法行为发生地的互联网信息内容管理部门管辖。

违法行为发生地包括实施违法行为的网站备案地，工商登记地（工商登记地与主营业地不一致的，应按主营业地），网站建立者、管理者、使用者所在地，网络接入地，计算机等终端设备所在地等。

第七条 市（地、州）级以下互联网信息内容管理部门依职权管辖本行政区域内的互联网信息内容行政处罚案件。

省、自治区、直辖市互联网信息内容管理部门依职权管辖本行政区域内重大、复杂的互联网信息内容行政处罚案件。

国家互联网信息内容管理部门依职权管辖应当由自己实施行政处罚的案件及全国范围内发生的重大、复杂的互联网信息内容行政处罚案件。

省、自治区、直辖市互联网信息内容管理部门可以依据法律法规规章，结合本地区实际，制定本行政区域内级别管辖的具体规定。

第八条 对当事人的同一违法行为，两个以上互联网信息内容管理部门均有管辖权的，由先行立案的互联网信息内容管理部门管辖。必要时，可以移送主要违法行为发生地的互联网信息内容管理部门管辖。

两个以上的互联网信息内容管理部门对管辖权有争议的，应当协商解决；协商不成的，报请共同的上一级互联网信息内容管理部门指定管辖。

第九条 上级互联网信息内容管理部门认为必要时，可以直接办理下级互联网信息内容管理部门管辖的案件，也可以将自己管辖的案件移交下级互联网信息内容管理部门办理。

下级互联网信息内容管理部门对其管辖的案件由于特殊原因不能行使管辖权的，可以报请上级互联网信息内容管理部门管辖或者指定管辖。

第十条 互联网信息内容管理部门发现案件不属于其管辖的，应当及时移送有管辖权的互联网信息内容管理部门。

受移送的互联网信息内容管理部门应当将案件查处结果及时函告移送案件的互联网信息内容管理部门；认为移送不当的，应当报请共同的上一级互联网信息内容管理部门指定管辖，不得再次移送。

第十一条 上级互联网信息内容管理部门接到管辖争议或者报请指定管辖请示后，应当在十个工作日内作出指定管辖的决定，并书面通知下级互联网信息内容管理部门。

范本内容精讲

通过阅读上述范本的标题可以看出，该规定的标题由“政策内容＋规定”组成。若规定为暂行的、试行的或补充前款规定的，那么要在标题中加上暂行、试行或补充二字，如以下标题。

事业单位工作人员处分暂行规定

推进领导干部能上能下若干规定（试行）

关于废物进口环境保护管理暂行规定的补充规定

除此之外，规定的标题还可能由“发文机关＋事由＋规定”或“适用范围＋事由＋规定”组成，如以下规定的标题。

最高人民法院关于民事诉讼证据的若干规定

中国证券监督管理委员会行政许可实施程序规定

2017 年 ×× 省普通高等学校招生全国统一考试考务管理工作规定

×× 省生产经营单位安全生产主体责任规定

范本内容采取的是章条式的写作方式，结构为“总则＋分则＋附则”，与一般办法的写法类似，我们这里只展示了其中部分内容。从范本所展示的内容可以看出，在行文上，使用的都是肯定的语气，如应当和方可等词汇，体现了规定的严肃性和强制性。

规定的附则内容与前面讲过的办法类似，一般包括实施日期、适用范围、解释权和实施说明等，如范本的附则内容。

第八章 附则

第四十六条 本规定中的期限以时、日计算，开始的时和日不计算在内。期限届满的最后一日是节假日的，以节假日后的第一日为届满的日期。法律、法规另有规定的除外。

第四十七条 本规定中的“以上”“以下”“以内”，均包括本数。

第四十八条 国家互联网信息内容管理部门负责制定行政执法所适用的文书格式范本。各省、自治区、直辖市互联网信息内容管理部门可以参照文书格式范本，制定本行政区域行政处罚所适用的文书格式并自行印制。

第四十九条 本规定自 2017 年 6 月 1 日起施行。

No.2 事务性规定

事务性规定是针对公司、部门或职务的某一具体事务而制定的规定。

范本内容展示

资源下载\第4章\事务性规定.doc

公司厨房管理规定

为规范公司厨房管理工作，共同营建一个卫生、美观、优雅的就餐环境，特制订本管理规定。

一、厨房工作人员要求

1、工作人员必须取得《健康证》持证上岗。

2、工作人员上班时必须穿戴整齐，严禁带首饰及任何形式的手部美容，严禁留长指甲，同时保证指甲的健康和清洁卫生，无深色甲垢。

3、做好厨房内外（客厅、两个卫生间）环境卫生，做到每餐一打扫，每天一清洗，每月三次大扫除，确保厨房内外环境卫生。

4、保证厨房和就餐区地面无垃圾、无油迹、防滑。

5、工作中要节电、节油、节水、节燃料，严格按照伙食标准精打细算，避免浪费，以最大限度内尽量做到色香味、花样、品种多样化。

6、因厨房工作人员导致厨房内起火，一切损失由厨房工作人员进行赔偿。

二、员工就餐要求

1、就餐时间规定

中餐：12:15-12:45　晚餐：17:45-18:15

所有员工按时就餐，具体就餐时间按各部门下班时间表规定时间为准（特殊情况除外）。

2、就餐过程中应注意维护公共卫生，不随地吐杂物，不随意吐痰，不随意乱倒剩菜，剩饭，食物残渣应放置在餐盘上或垃圾桶内。

3、就餐时应爱护厨房的公共物品，爱惜粮食，不得随意浪费。

4、就餐人员要尊重厨房工作人员，不得与厨房工作人员发生争执。

三、采购人员要求

1、厨房内物品采购统一由办公室采购，由专人按需采购，由专人验收。

2、要严格执行采购、验收、复核手续。所有菜一律由两个购菜员同时采购，严把价格、质量、数量关。

3、每天采购的物品登记在采购支出表上，做出统计，以保证账务相符。

附则：

1、本规定由办公室制定并负责解释，经总经理批准后实行，修改后亦同。

2、本规定实行后，凡既有类似的规章制度自行终止，与本规定相抵触的规定以本规定为准。

范本内容精讲

上述范本是某公司制定的厨房管理规定，其内容主要由3个方面构成，包括厨房工作人员要求、员工就餐要求和采购人员要求。

在行文上，与前面展示的党政机关的政策性规定一样，使用的都是肯定语气，如必须、严禁和不得等词汇。在结构上，该规定采取的不是“总则＋分则＋附则”的写作方式，而是采用的“序言＋标题＋结语”的写作方式。除此之外，规定还可以采用全篇条款式的写作方式，如以下规定。

小区总经理信箱使用管理规定

1.0 目的

1.1 为进一步推进小区和谐建设，增强公司及服务中心的服务理念，通过公司总部与广大客户沟通，全面地掌握客户需求和意见，及时督促公司、职能部门或服务中心改善服务质量，特制定本规定。

1.2 鼓励全体员工对公司管理工作提出合理的建议及反映存在的问题，实现全员管理目标，促使公司不断提高管理水平，特制定本规定。

2.0 范围

……

范本的内容明确了相关人员应该做什么、不能做什么以及怎么做，符合规定对条款内容具体而明确的要求。另外，规定还要求在一定范围内的人要严格遵守该规定，因此企事业单位或社会团体制定的规定不能与国家有关法规政策相违背。

知识补充 区分条例和规定

在实践中，要注意区分规定和条例，不要将两者混用。条例的适用范围没有规定广泛，主要在国家机关制发法规性公文时使用，而规定不仅限于国家机关，社会团体和企事业单位都可以使用。

第5章 计划文书写作要点与范例精析

5.1 计划的写作

■什么是计划 ■结构和写法 ■写作原则 ■注意事项 ■范例详讲

计划类文书是指机关团体为了完成某一目标而对目标完成前各项工作进行设计和安排的文书，包括计划、安排和规划等文种。

5.1.1 什么是计划

计划是机关、团体和企事业单位对一定时期的工作提出指标、要求、措施、步骤和期限要求并预先形成书面安排的事务文书，是在行政活动中被广泛运用的重要文书类型。

计划按照不同的分类标准有不同的类型，而不同的计划类型又适用于不同的使用需求，具体如表 5-1 所示。

表 5-1 计划的类型和适用范围

分类标准	具体类型	适用范围
题材不同	综合性计划	适用于需要同时对多个事项作出安排的情况
	专题性计划	适用于一个计划只对一个事项作出安排的情况，是最常用的计划类型，分为工作计划、生产计划、学习计划和科研计划等
时间长短不同	长期计划	适用于计划的实施时间在 3 年或 3 年以上的情况
	中期计划	适用于计划的实施时间在 1 年以上的情况
	短期计划	适用于计划的实施时间在 1 年或 1 年以内的情况，短期计划又可分为年度计划、季度计划和月度计划
范围不同	国家计划	适用于计划拟定对象为国家各级机关的情况
	单位计划	适用于计划拟定对象为企事业单位及部门的情况
	个人计划	适用于计划拟定对象为个人的情况

续上表

分类标准	具体类型	适用范围
表达方式不同	条文式计划	适用于计划内容由前言、主体和结语组成的情况
	表格式计划	适用于计划内容由标题、表格和文字说明组成的情况
	文表结合式计划	适用于计划内容由标题、文字和表格组成的情况
效力不同	指令性计划	也叫命令型计划，适用于上级要求下级部门或个人必须完成任务目标的情况
	指导性计划	适用于国家机关给下级部门或社会企业和公众下达计划的情况

5.1.2 计划的结构及各部分写法

计划一般由标题、正文和签署 3 个部分构成。每个部分在写法上的侧重点不同，格式和内容也不相同，具体如下。

1. 标题

计划的标题一般由制定计划单位的名称、适用时间、事由和文种 4 个要素组成。其中，单位名称和适用时间可以省略，省略后应在结尾处将名称和时间补充完整，其样式如下所示。

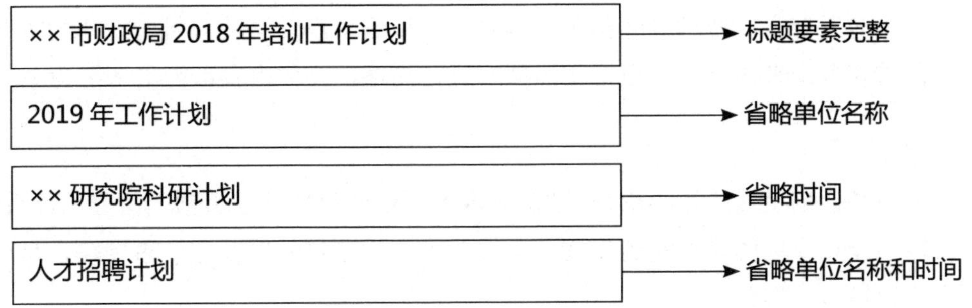

另外，省略标题要素时需要注意，一般来说，发文单位权力或规模越大、计划内容涉及范围越广，在拟订标题时越不能省略标题要素，如党政机关在拟订和发布计划时一般不能省略标题要素，但一些基层单位或规模较小的工商企业单位则可以适当进行要素的省略。

2. 正文

正文是计划最重要的部分，由前言、主体和结尾3个部分组成。主要对计划事项内容、措施和实施步骤等作出具体说明。

◆ 前言

前言是计划的开头部分，一般是对计划制定和发布的背景原因、依据、目的和意义等作出统一的说明。前言的语言应尽量地简明扼要，文字不应过多过长，最多应不超过两段，如以下的前言范例。

为了进一步贯彻党的十八大会议内容，深入学习十八大会议精神，党委决定对在职的所有干部继续采取中心学习组的形式，以《坚定不移沿着中国特色社会主义道路前进为全面建成小康社会而奋斗》和十八大通过的《中国共产党党章（修正案）》《关于中央纪律检查委员会工作报告的决议》为基本教材，认真学习十八大精神，把所有党员干部的思想认识统一到党的十八大精神上来，把智慧和力量凝聚到实现党的十八大所确定的目标任务上来，扎实推进各项工作，为经济转型升级和构建和谐社会作出应有的贡献。学习每月进行两次，一般安排在单周，每次一天，具体学习计划制订如下：

以上范例还可以简化为：

为了进一步贯彻学习十八大相关会议内容和精神，以会议文件为主要学习教材，结合在职干部实际情况，特制定学习计划如下：

以上对于前言的两种描述都是可取的，可以看出，前言的长短由工作的重要程度及内容多少来决定，可根据实际情况进行简略，总体内容以简洁干练为主。

◆ 主体

主体是计划正文的核心部分，这部分内容不仅要包括计划事项的内容是什么，还要写明计划事项的具体实施步骤、实施要求、实施目的以及注意事项等，是计划中篇幅最多的部分。

◆ 结尾

计划的结尾部分内容可以是对计划中重点内容的强调以及对实施过程中可能出现问题的分析，也可以是用来提出希望和号召的内容。

3. 签署

签署是在计划的结尾之后对单位名称和制定计划的具体时间进行签署，如文件需要进行外发的，还需要加盖发文单位的公章。如下所示的计划因是内部发文，因此可以不加盖公章。

××公司 2019 年普法工作计划

2019 年，为了推进依法治企进程，我们将按照管委会《“七五”普法工作规划》要求，紧紧围绕公司发展目标，现制定公司 2019 年普法工作计划。

一、 提高认识，进一步明确普法工作目标

通过深入扎实的法治宣传教育，增强公司全体员工尤其是管理人员的法律意识和法律素质，增强企业的诚信意识和法治观念，进一步提高公司依法决策、依法经营管理的能力，建立健全法律风险防范体系，不断完善和规范公司内部经营管理机制，推动形成公司内自觉学法、知法、守法、用法的浓厚氛围。

二、 强化措施，进一步推进法治宣传教育

××

三、 认真落实法制工作

××

签署 ××公司

2019 年 2 月 12 日

5.1.3 计划的写作要遵循哪些原则

为了保证计划书写的规范性和内容的有效性，在进行计划的写作时有一些规范性要求，需要把握如下的一些原则。

- **对上负责的原则**：计划的制定要以贯彻国家的有关方针、政策以及上级的指示为前提，反对本位主义。
- **切实可行的原则**：计划的制定过程就是定任务、定目标和定标准的过程，因此既不能守旧，也不能过于冒进，应保证计划的可行性，即目标要具体明确，措施要切实可行。
- **集思广益的原则**：计划的制定应建立在深入调查研究和广泛听取群众意见的基础上，反对主观主义。

◆ **突出重点的原则：** 计划制定要分清主次，一定要突出重点。

◆ **防患于未然的原则：** 要预先想到实行中可能出现的问题及发生的偏差，并制定必要的防范措施或补充办法。

5.1.4 计划主体写作中需要注意的问题

主体部分是计划的最核心的部分，而计划事项和相应的措施和步骤又是主体中最重要的部分。因此，在写作过程中一定要注意对这两部分的把握。

1. 计划事项

这部分内容要写清计划的具体目标内容是什么，即告诉实施对象做什么，包括计划要达到的数量和质量要求。这部分内容应清晰明确，各项指标尽量准确，切忌对目标内容及数量和质量指标描述不清。如下图所示的就是一个很明确的计划事项。

二、2019 年的经营目标

（一）核心经营目标

（1）收入及利润指标

年度贷款利息及中间业务收入 4861.01 万元，其中，××公司完成利息收入 3369.11 万元，××公司完成中间业务收入 1491.90 万元，年度税后利润（净利润）3480.11 万元，税后利润率 71.59%，资产回报率 34.80%，其中，××公司完成净利润 1335.94 万元。

（2）坏账总额

年度坏账总额控制在资金总额的 0.5%以内，按年度可用资金 15000 万元计算，年度坏账总额不得超过 75 万元。

从上图可以看出，该公司是将经营目标细分成几个子目标，然后又将各个子目标进行进一步细分，如图所示就是将核心经营目标这一子目标细分成了两个具体的目标，然后这两个具体目标下面又有各项具体指标及数值。

2. 实施措施和步骤

主体中的实施措施和步骤就是明确指出计划事项涉及内容应具体怎么做。包括会涉及哪些人、利用哪些资源、需要哪些部门或人员配合以及要克服哪些困难等，如下图所示。

四、实现目标的保障措施

（一）资金保障

为全面完成公司各项预算，在公司注册资金 10000 万元基础上，计划于 2011 年 4 月初向银行申请融资 5000 万元，同时从 5 月份开始启动“委托贷款”业务，全年力争完成 2000 万元的委托贷款业务。

（二）人力资源及后勤保障

市场拓展，人才引进起着至关重要的作用。为此，必须从以下四个方面做好人力资源管理工作：

1. 加快人才引进：以公司目标责任为基础，加快市场营销部人员的引进和补充，确保市场营销部、风险管理部用人需求；建立人才激励机制，保证引进人才“进得来、用得上、留得住、”，2014 年 3 月底前，全部紧缺岗位人员应该补充齐全；建立人员淘汰和人才储备机制和计划，在 2014 年 6 月 31 日前完成全部员工的试用期考核及定岗，将应淘汰更换人员全部淘汰完毕，将储备人才全部引进到位。

2. 加强教育训练：建立培训体系，以素质培训为核心，对公司员工进行系统的培训，提升员工职业和经营素质。

3. 建立合理的分配体系：建立起对外具有竞争性、对内具有公平性、对员工具有激励性的员工薪酬体系。员工薪酬体系应当包括员工薪资、福利、奖励在内，并在施行中不断地加以检讨和完善，各项分配体系将尽最大限度向公司营销一线倾斜。

5.1.5 常见计划文书范例详讲

计划文书形式多样，用于不同主体，计划的表现形式也不一样。常见的有商业计划书、创业计划书、年度工作计划、季度工作计划、月工作计划、周工作计划和阶段工作计划等，下面来依次进行讲解。

No.1 商业计划书

商业计划书是公司、企业或项目单位为了达到招商融资目的和企业其他发展目标，在对项目资料进行调研和分析整理的基础上，将调研内容按照一定的要求进行规范，最终形成的用以向投资者展示公司和项目目标状况及未来发展潜力的书面材料。因此商业计划书是目标单位展示给投资人最直接，也是最重要的项目资料，对投资人最终的投资决定起着重要作用，是投资者最终判断是否作出投资的最重要的依据。

范本内容展示

资源下载 \ 第 5 章 \ 商业计划书 .doc

××化妆品公司商业计划书

第一章 摘要

一、宗旨及商业模式

本公司的宗旨是为高校学生提供适合的化妆品及皮肤基本护理，给予每个人享受美的权利，同时帮助女生护理皮肤和求职时装扮得体从而取得成功。本公司是一家处于创始阶段的公司。公司的法定经营形式是独资，法定地址：天津市××区××路××号。

自2004年9月至今（2016年3月），我公司一直着手于市场调查并取得了成就，具体表现为发现了校园市场这一夹缝市场，尤其在化妆品行业基本是一个空白。从预期财政分析来看，我公司可望在2016年销售收入达到每月100000元，税前利润为30000元，2017年销售收入为200000元，税前利润为70000元。之所以能够达到这个目标，是因为我们的资金主要用于为新产品打开市场，公司处在需要宣传的状态下。为实施我们的计划，公司需要总金额为15000元的贷款，用于下列目的：

1.采用单页及相应美容人员在柳林高校区作宣传，提升影响度。

2.对公司人员培训。

二、我们的产品和服务：

公司目前主要提供雅芳、玉兰油、旁氏、资生堂、欧莱雅、小护士等中低端化妆品。同时，我公司还面向需要求职面试的同学，为有需要的同学做定期面膜护理及淡妆有助于面试的成功。目前，我们的产品/服务处于起步阶段。我们计划按着这种经营模式继续扩大我们的势力，在这一市场中，主要的关键因素是如何满足在校大学生的消费需求。

我们的服务是独一无二的，理由是我们和消费者是零距离的，更了解这一市场，另外，我们有自身优势，不论是管理或市场都有丰厚的理论基础。

1.市场定位（目标市场）

我们把我们的市场定位在美容护肤。根据两年来的调查显示，93%的女生需要该项服务，几乎所有的女生表示对自己外表很在意并希望可以通过专业的美容师护理或改进皮肤。在调查中发现，在女生宿舍，能见到最多的就是化妆品了，而且多是中低档产品，但价格却颇高，从被调查者那了解，一般很难买到优惠的化妆品，购买渠道很不畅通。事实上，即便是所谓的大折优惠商品也是存在丰厚的利润。在护肤方面就更不方便了，周边连一家像样的美容店都很少，而专门为大学生服务或为她们求职面试就更少见了。

2.竞争

在这一夹缝市场里，我们没有竞争对手，但是我们的服务在市场上是有选择性的。所以，我们要体现我们的竞争优势，即做好宣传和促销。

3.管理

我们的管理层有下列人员可保证实现我们的计划。

赵某，男，总经理。管理学学士，具有丰富的化妆品销售经验，对市场有一定的敏锐性。

杨某，男，销售部经理。管理学学士，具有5年的工作经验，有8年的市场经验，钻研于市场营销和销售策略。

4.资金需求

我们正在寻求4.5万元的贷款支持，这笔资金用于启动资金和营销资金。我们采用利润分红，在2年之内偿还这笔贷款或投资。

第二章 公司介绍

一、宗旨（任务）

我们的目标是将公司变成高校化妆品连锁公司，我们立志于在销售领域恪守信誉、提高声望。为达到此目标，我们采取诚信经营、扩大宣传等方式来实现。为贯彻我们的目标和即定方针，我们决心以扩大经营的战略态度对待资金监护人、顾客及社会其他团体。这些单位都会相信我们的公司，因为提供商和我们的利益息息相关。

二、公司简介

公司成立于2006年9月，其业务范围包括化妆品的销售和针对性的皮肤基本护理。商业法定名称是新生活化妆品公司，法定地址是天津市××区××路××号。本公司是一个专有独资公司。我们的经营面积为60平方米，美容护肤雅间40平方米。有了资金后，我们可望两年内扩展到邻近的高校区。

三、公司战略

尽管化妆品市场形势并不简单，但这一夹缝市场一些有实力的公司是处在放弃或未开发状态，故为我公司的生存发展提供了空间。新生活化妆品公司的市场战略是“农村包围城市”，即先攻薄弱市场，逐渐占领市场。

公司代表着新的女性消费市场的一个侧面，该市场可以把在校大学生作为潜在的目标顾客，若干年后，是走向社会的白领对这块的消费也是只增无减，都可能发展为我们的忠实顾客。对我公司壮大规模也提供了有利条件。

四、公司管理

1.公司管理队伍状况

（1）门市经理一人。

（2）门市值班5人：2名销售，3名美容师（前期）。门市值班9人：4名销售，5名美容师（后期）。

（3）上门推销及服务8人（前期）。上门推销及服务4人（后期）。

公司将建立以下制度和报表以便于管理

（1）财务，商品管理制度。

（2）人员招聘，培训，奖励等激励手段。

（3）印刷销售单，报表等，便于核查和管理。

2. 外部支持

我们目前已与下列外部顾问机构发展了业务关系：

（1）天津市河西区××会计师事务所。

（2）天津市河西区××律师事务所。

五、组织、协作及对外关系

1.公司将建立以下制度和报表以便于管理

（1）财务，商品管理制度。

（2）人员招聘，培训，奖励等激励手段。

（3）印刷销售单，报表等，便于核查和管理。

2.战略伙伴关系

（1）我们已经同雅芳天津销售部门建立了销售协议，使得我们可以和其他分销商享受同样的购价。

（2）我们已经同小护士生产厂家建立行销协议，使得我们享受出厂最低价，从而有成本优势。

3.人员招聘

本行业从业人员按国家规定必须有上岗证，尤其美容师。部门销售人员要求相应专业毕业本科生或优秀专科生，有一定营销，销售知识。招聘人员应注意外观形象，男性在175厘米以上，女性在165厘米以上，五官端正，皮肤好，语言表达能力强，工作细心，无不良嗜好，无不良行为记录。招聘人员均有6个月的试用期。

六、场地与设施

我们的公司总部位于天津市××区××路××号这个场地为工程师范学院所有，它可以满足未来两年的发展需要。我公司提升销售能力后，可望迅速在财经大学、科技大学扩展，开设连锁店。

七、风险

此项目主要风险是以下几个方面：

1、顾客对一些化妆品存在过敏反应。针对这一点，对每个顾客跟踪调查，使用我公司产品的前两天建立良好联系，同时，在购进商品时严格把关，严禁假冒伪劣商品。

2、防盗防火。建立个人责任制度。将责任具体到个人，施行轮流值班制。

第三章市场分析

一、市场介绍

天津市××区是又一高校聚集区，有现代学院，工程师范学院，医专，科技大学，财经大学等。这些学校里女生数量占较高的比例，然而周边没有一所专门为女大学生服务的化妆品经营店，同时，面对求职中激烈的竞争，每个求职的女性都想脱颖而出，那么求职时的装束也显得尤为重要。需求与供给的矛盾带来了发展该行业的无限商机。

二、市场分析

1.优势分析：

（1）如前所述的供求关系的矛盾.校园市场是一个夹缝，有生存和发展的机会。

（2）针对性强。我们的商品和服务完全是针对需要求职工作的大学生，价格以中低价位为主。

范本内容精讲

一个完整的商业计划书应包括执行摘要、公司简介、产品服务、策略推行、管理团队、财务分析及法律风险等内容。以上范例展示的只是商业计划书的部分内容，下面来对商业计划书的各项内容分别进行讲解。

◆ 执行摘要

执行摘要是商业计划的第一部分，不过一般是最后填写的。这部分内容主要是介绍公司的宗旨和商业模式，其中商业模式又是主要介绍的内容。从范本中也可以看出，公司宗旨是对公司创办理念的概述，篇幅较少；而商业模式的介绍则包括对商业宗旨形成原因的解释、公司预期通过该种模式达到的财务效果以及为此公司需要进行的投入和各项资源怎样分配。此外，在该部分内容中，还应对公司的市场定位、可能面临的竞争状况、公司人员管理情况、资金需求以及债务偿还规划等进行详细分析和介绍。

◆ 公司简介

公司简介部分包括公司的基本情况和其他情况，基本情况一般包括注册地点、注册经营项目以及注册地址等注册情况；其他情况一般包括公司战略、公司管理、对内对外关系以及可能面临的风险事项等内容。这部分内容中，应对公司战略和公司管理进行重点介绍。

◆ 产品服务

产品服务是对公司的产品和服务类型进行介绍。根据商业计划起草人的不同习惯，该部分内容的位置有所差别。这部分内容可以单独列出，也可以在执行摘要或公司简介中一同进行介绍。该范本就是将产品服务内容放在公司简介下的公司战略中进行介绍，没有再单独讲解。因此，各企业可根据自身实际需要和计划书的实际安排来灵活处理产品服务的介绍方式。

◆ 策略推行

策略推行就是指公司的具体战略形式和营销策略。在范本中，将这部分内容扩大了，除了策略推行之外，还进行了深入的市场优劣分析、目标客户分析以及竞争性分析，使这部分内容更加丰富了。因此可以看出，这部分内容也没有固定的模式，只要跟策略推行相关的内容都可以列入其中进行介绍。如下图所示是范例中该公司策略推行部分的营销策略内容。

> **4. 销售策略**
>
> 本项目的关键是销售工作，所以销售业绩必须与个人业绩挂钩才能保持人员高士气并取得较好的经济效益。为此在薪酬设计上采取以下措施：
>
> （1）人员执行的一般工资制度分三档，一般人员每月 1000 元，1200 元，1500 元，若活动期间请著名美容医生日工资另定。
>
> （2）和业绩挂钩。员工在基本工资的基础上，按每个人的销售额的 10%提成（特价品除外）。

◆ 管理团队

这部分内容一般可以列入执行摘要或公司简介中一起介绍，内容应包括公司的管理人员情况、团队管理方式即各自的负责人以及人才招聘计划等。此外，对于公司未来一段时期内的管理规划和设想也可以在其中介绍。下图展示的是该公司的人员队伍情况以及为了进行团队和人员管理拟制定的制度。

> **1. 公司管理队伍状况**
>
> （1）门市经理一人。
>
> （2）门市值班 5 人：2 名销售，3 名美容师（前期）。门市值班 9 人：4 名销售，5 名美容师（后期）。
>
> （3）上门推销及服务 8 人（前期）。上门推销及服务 4 人（后期）。
>
> 公司将建立以下制度和报表以便于管理
>
> （1）财务，商品管理制度。
>
> （2）人员招聘，培训，奖励等激励手段。
>
> （3）印刷销售单，报表等，便于核查和管理。

◆ 财务分析

也可叫作财务计划。一般应包括公司预计的财务收入、财务支出、各项公司成本、缴纳税金、预计人工成本以及净利润等内容，各项数据的预估都必须有一定的依据作为基础。下图所示就是从销售收入和支出两个维度量作的财务计划。

> **第六章　财务计划**
>
> **一、月销售收入**
>
> 每月计划化妆品销售额 32000 元，和皮肤护理收入 8000 元，合计：40000 元。
>
> **二、月支出**
>
> 化妆品销售成本 5000 元；皮肤护理所需成本费 1000 元；房租：租 60 平米的摊位年租金 12000 元；月租金 1200 元；人员工资 6*1000+2*1200+1500=9900 元；人员提成 32000*10%=3200 元；税金 5200 元；其他 4500 元，合计 30000 元。月利润 40000-30000=10000 元；上缴所得税 10000*30%=3000 元。月净利润 7000 元；年净利润 70000 元。

◆ 法律风险

这部分内容可以单独列出，也可以加入到公司简介中一起介绍。法律风险应包括公司因产品销售或业务开发推广而可能面临的内外部法律事件以及公司内部本身存在的法律风险，如违约风险和劳动合同纠纷等。

◆ 封面、目录和附录

此外，为了使商业计划书看起来更专业，在制作时可以为其加上封面和目录，将公司名称、标志、联系信息及其他必要信息展示在封面上，将计划书的主要要点展示在目录中，使计划书看起来更加专业和清晰，以便读者可以快速找到想要查看的内容。下图所示分别为商业计划书封面（左图）和目录（右图）的样式。

标准商业计划书

设计人:______________

日 期:______________

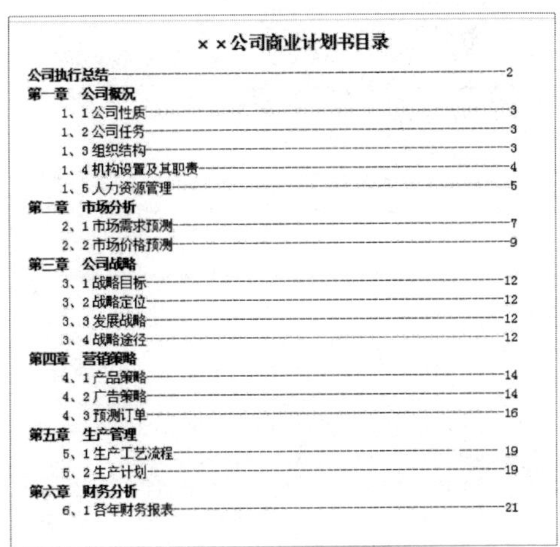

××公司商业计划书目录

公司执行总结------2
第一章 公司概况
1、1 公司性质------3
1、2 公司任务------3
1、3 组织结构------3
1、4 机构设置及其职责------4
1、5 人力资源管理------5
第二章 市场分析
2、1 市场需求预测------7
2、2 市场价格预测------9
第三章 公司战略
3、1 战略目标------12
3、2 战略定位------12
3、3 发展战略------12
3、4 战略途径------12
第四章 营销策略
4、1 产品策略------14
4、2 广告策略------14
4、3 预测订单------16
第五章 生产管理
5、1 生产工艺流程------19
5、2 生产计划------19
第六章 财务分析
6、1 各年财务报表------21

除了封面和目录之外，还可以将商业计划书附上附录，将公司组织架构情况、重要人员的履历、职位以及计划书中提及的其他数据资源列在附录中，使商业计划书看起来更丰富，也更专业和全面。

No.2 创业计划书

创业计划书是创业者向投资商作出的，通过描述与拟创办企业有关的内外部环境情况，从而完成对企业业务未来发展的分析，借此希望投资商可以通过对创业计划书的了解而对企业或项目作出评判，从而使企业获得融资。

范本内容展示

资源下载\第 5 章\创业计划书 .doc

××胶黏剂公司创业计划书

1、公司概况

1.1 基本信息

××胶黏剂有限责任公司是一家筹建中的香胶黏剂制造企业，位于福建福州高新技术产业开发区。它以技术开发为导向，主要致力于环保型制香专用胶黏剂的研发、生产和销售。公司以国内制香行业为服务市场，充分利用高校研发力量，推进高新技术成果的产业化。

1.2 股份构成

公司目前规模较小，基本以企业成员的个人股份组成为主。

1.3 组织机构

（1）决策机构

股东大会是由公司全体股东组成的决定公司重大问题的最高权力机构，是股东表达其意志、利益和要求的主要场所和工具。

董事会是由董事组成的负责公司经营管理活动的合议制机构。在股东大会闭会期间，它是公司的最高决策机构。除股东大会拥有或授予其他机构拥有的权力以外，公司的一切权力由董事会行使或授权行使。作为合议制机构，公司的业务活动必须由全体董事组成的董事会议加议决定，任何一个董事都无权决定公司的事务，除非董事会授权他这样做。

（2）执行机构

公司执行机构是指由公司高级职员组成的具体负责公司经营管理活动的一个执行性机构。它是公司业务活动的最高指挥中心，实行首长负责制。其主要职责是贯彻执行董事会作出的决策。

（3）监督机构

公司的决策权和管理权大部分集中在少数人手中，这是提高公司经营管理效率的需要。为了防止他们滥用权力，违反法律和章程，损害公司所有者的利益，所有者及股东要对他们的活动及其组织的公司业务活动进行检查和监督，这种监督权由公司的监督机构来执行。

（4）公司组织机构的原则

a. 在公司的组织机构中，要实行决策权、执行权和监督权三权分离的原则。

b. 要把公司组织机构成员的利益同公司经营管理的好坏紧密联系起来。

c. 公司组织机构的成员必须具备一定的素质，但对不同成员素质的要求不同。

2、事业描述

2.1 行业描述

随着宗教信仰的进一步开放，人们生活水平不断提高，各种香制品需求量越来越大，一次性消费市场永不饱和。烧香在我国已有悠久的历史，全国各地无论城市、乡村都烧香，如春节、清明、七月半、拜佛、求神、庙会、寿衣、霉雨天气等，都有烧香的习惯，拜佛敬神、托思开路、求财辟邪、朝圣赐福、法事庙会、开坛祭祖、金榜题名、升官发财、洞房花烛、乔迁新居、店铺开业等无不进行烧香。居家生活、净化空气、消毒杀菌的烧香消耗量亦迅速猛增。我们把我国县级城镇按10万元计算，每户每年烧香2斤全一年要消费2亿公斤以上，而烧香人和烧香的数量在成倍地上升，另外还可以出口马来西亚、印度、韩国、泰国、新加坡、缅甸、瑞士等国家，因此可见制香行业的潜力永远都大于其他产品。

胶粘剂是制香工业的主要原料之一，分为天然胶粘剂和合成胶粘剂2大类，年总量为8一10万吨。天然胶粘剂主要包括粘木粉、植物胶、淀粉等；合成胶粘剂主要包括梭甲基纤维素、聚丙烯酰胺等。天然胶粘剂易于燃烧、对人体无害、价格略高；合成胶粘剂燃烧性较差、对人体有害，但因价格较低占有一定的市场份额。

2.2 产品介绍

本产品的主要成分包括纤维素、聚丙烯酰胺、预糊化淀粉、植物胶、轻质碳酸钙等。其中前几种成分起增稠、粘合作用，轻钙具有降低成本的作用。

纤维素来源于树木、棉花、麻类植物和某些农副产品，是自然界资源丰富、价格低廉的可再生资源。其是一种天然高分子化合物。它作为制香胶粘剂，容易导致香条熄灭，而且产生对人体有害的物质，故一般不单独使用，而是与其他合成胶粘剂复配后使用。但由于售价较低，所以占有较大的市场份额。

聚丙烯酰胺是由丙烯酰胺单体聚合而成的水溶性链状聚合物，易溶于水，不溶于汽油、煤油、苯等有机溶剂。由于聚丙烯酰胺在水中不解离，所以其链节在水中不带离子，是一种非离子型聚合物。目前在制香行业使用的聚丙烯酰胺是通过100的细粉，是生产过程中的次品，通过布袋收尘得来，产量不大，一般不单独使用，与其他合成胶粘剂复配后使用。

预糊化淀粉由直链结构和支链结构组成，通常以玉米、小麦、高粱、甘薯等作原料。原料不同，其直链淀粉和支链淀粉的比例也不同。淀粉是制香中最常用的胶粘剂，兼有助燃作用，具有使用方便、性能稳定、粘接力较强等特点，能提高香品品质及降低成本。

植物胶是从野生豆科种子中提取的非离子型半乳甘露糖，半乳糖和甘露糖的比例为1:(1.2一2.1)，甘露糖以α-(1，6)-键连接构成主链，主链上每隔一个甘露糖连接一个半乳糖。植物胶通常是由豆科种子中的胚乳经过物理改性、粉碎加工而成。制香中其量为12%一15%，适量的植物胶与其他粉状物料极易粘合成型，可替代粘木粉。添加植物胶制成的各种香强度高、表面光滑、着色鲜艳。植物胶用量小，可以降低成本，提高产品质量。

2.3 服务介绍

（1）售前服务

a. 时刻保持与新老客户的信息沟通，做到充分了解客户的需要，根据客户的需求生产；

b. 加强产品的质检工作，严格把守质量关，做到产品出厂零缺陷；售中服务：及时生产，及时发货，印制产品性能及技术参数的详细说明书，对客户不了解的产品进行上门服务，尽最大努力满足客户需求。

(2)售后服务

a. 客户提出的技术问题咨询或要求指导，本公司会及时给予解释和帮助，我公司保证与客户保持长期、良好的技术交流和协作关系；

b. 通过客户信息反馈及要求提高产品质量，将客户认为不合格或者不符合客户要求的产品收回，解决产品不合格的原因，做到下次生产的产品满足客户的要求，并对客户道歉及进行相应的赔偿；

c. 本公司采用专用客户管理系统对售出产品进行管理，为每个客户建立专用的电脑档案，对客户各项相关资料进行历史记录，以保证定时提醒售后服务部门针对客户进行跟踪服务。

2.4 主要客户

各大制香厂，主要分布在福建泉州、广西、广东江门和四川泸州。其中四川省大邑县新场镇，被誉为四川乃至全国制香第一村。

2.5 公司规划

未来公司的产品线将形成制香胶黏剂为核心，研究和开发其他胶黏剂产品，逐渐发展成为可以自己合成原材料，并做到自给自足的大公司。以纵向深度开发和横向联系开发为主要模式，打造中国的化工品牌。

3、产品与服务

3.1 关键技术优势

产品：环保型防虫制香胶黏剂

（1）产品优势

本胶黏剂用途在制香行业内有广泛的用途，比较传统的天然胶粘剂而言我们的胶采用聚丙烯酰胺为主要原料，大大降低了价格，并且能明显提高香的燃烧性能。我们还加入了防虫剂，使得我们的胶粘剂制成的香能够保存更长的时间。香坯表面光洁润滑，脱模不粘模，坯体无龟裂现象，成型产品外型美观细腻。

（2）独有技术

a. 研发与开发：目前开发的方向将会转向降低成本，提高粘接强度两个方面，

范本内容精讲

以上范例中的创业计划书内容比较标准，可以看出，它主要包括了10个部分的内容，分别为公司概况、事业描述、产品和服务、阶段目标、营销策略、竞争和风险分析、团队技能和人事、财务需求和运用、可持续发展战略及成长和发展预测。

其中公司概况是对公司情况的全面介绍，包括公司基本信息、股份构成和组织机构等内容；阶段目标应包括企业的短期、中期和长期目标；团队技能和人事是对公司现有团队成员的介绍；可持续发展战略是对公司未来产品和技术创新的计划；成长和发展预测是根据目前和可推测的未来市场环境变化可能给公司带来的前景预测。

在创业计划书中，最重要的几个部分是事业描述、产品和服务、营销策略、竞争和风险分析以及财务需求和运用，这也是影响投资商作出最终投资决定的主要因素，因此在编写计划书时应特别注意。下面对此进行重点讲解。

◆ 事业描述

事业描述是对公司所要从事的行业，经营的业务或产品及其与之相关事项的描述。从范本中可以看出，一个完整的事业描述应包括行业描述、产品描述、服务介绍、主要客户分析及公司规划等内容。

其中，行业描述应以对行业的市场调查分析为基础，主要分析该行业较其他行业的优势，包括国内外该行业的发展情况；产品描述主要是对公司拟生产和销售的产品的介绍，包括产品的构成、自身优势、价格、市场份额以及主要原料等方面。

服务介绍包括售前服务介绍和售后服务介绍，售前服务介绍主要是对客户需求的挖掘和维护以及本身产品质量的控制，售后服务介绍则是客户的售后指导以及对产品生产技术的创新；客户分析主要是分析主要客户来源和定位；公司规划是公司对于产品开发和业务模式方面的中长期规划。

◆ 产品和服务

产品和服务介绍主要包括产品优势和技术研发。产品优势主要是指产品本身在质量或效果方面较其他产品的优势及价格优势；技术研发优势是指公司拥有其他公司没有的专有技术，并可将其用于产品生产和升级中，使产品更加优质。

◆ 营销策略

创业计划书中的营销策略应包括与产品销售有关的所有重要内容，这样才能说服吸引投资商。因此，营销策略应包括产品的目标市场定位、目标市场进入策略、产品促销策略、产品定价策略、广告策略以及必要的营销活动，以上每个因素的合理性都会影响营销策略的最终效果。

◆ 竞争和风险分析

这是投资商判断公司是否对创业项目面临的竞争和风险有清晰认识的主要依据。竞争分析主要是对创业项目目前面临或可能面临的国内外竞争的分析，风险分析主要是对创业项目可能面临的潜在风险的分析以及应对风险的策略。投资者对于创业者风险应对的考察是非常关键的。

◆ 财务需求和运用

这是投资商考察创业者公司是否具有专业的财务分析和预测能力的主要依据，财务分析对企业来说至关重要。这部分内容应包括合理的财务假设、投资分析和未来财务预测。这可以帮助投资商了解企业目前和未来的财务状况。

此外，从以上范例可以看出，创业书在格式上没有强制要求，因此在拟订时只要全文格式统一规范即可。为了增加创业计划书的专业性，在制作时可以像商业计划书一样，为其增加封面、目录和附录，其具体内容也可参照商业计划书的要点内容填写。

No.3 年度工作计划

年度工作计划是以一年为实施周期而制定的工作计划，不同的机构、单位和个人制订年度工作计划的出发点不同，所做的工作计划在形式和内容上也会有很大差别。如年度科技工作计划、宣传部年度工作计划和志愿者年度工作计划等。

范本内容展示

资源下载 \ 第 5 章 \ 年度工作计划 .doc

××公司2016年度工作计划

2016年度将是××实业有限公司向着多元化、集团化方向稳步发展、跨越发展的重要一年，公司面临着诸多发展机遇和优势条件，同时也面临着一些困难和挑战。现将年度工作计划报告如下。

一、战略分析

1、机遇与优势

2016年度，国家、省、市、县各级将加大对商贸物流业等现代服务业的政策支持，以扩大内需，拉动经济发展。××县加快城镇化发展进程，致力于打造区域性中心城市，将为业务的拓展带来更大的空间。××公司经过十多年的运营发展，已经在市县乃至周边树立了良好的品牌形象，成为本土商业零售业知名品牌，拥有很好的区位优势、人力资源优势和战略合作优势。一是中心店位于县城核心商圈，是实业的发源地，可以固守的根据地，提供资金、人才支持的大本营，可以复制管理模式的孵化基地。30亩物流用地位于未来城市中心地带，发展前景十分看好。60亩地产毗邻县行政中心，堪称黄金地位。二是经过11年的培养、培育和招贤纳士，公司已经拥有一支业务精湛、能打善战的管理团队，员工梯队相对稳定。三是建立了一批相互信任、互惠互利的战略合作伙伴。凡此种种，都将为公司的腾飞插上给力的翅膀。

2、困难与挑战

虽然公司发展有很多得天独厚的条件和机遇，但也面临着一些困难、困惑和挑战。具体表现为：一是制约公司业务拓展的土地问题坚冰始终没有打破，房地产及物流用地开发建设面临困惑和挑战，尚需做艰苦的努力。二是外地品牌商超入驻本地零售业无序竞争将带来新的考验，必须在管理上开拓创新，提质升级。三是公司体制还不能较好地适应现代企业规范化要求，组织架构需进一步理顺。四是企业文化需进一步提炼升华。

二、战略定位、指导方针和工作思路

1、战略定位

根据以上战略分析，结合贯彻董事会关于公司发展方向的指导性意见，2012年度公司的战略目标定位是：以做精、做稳、做强为目标，不断扩大影响和市场份额；以拓展综合便利连锁店为主攻方向，寻求新的利润增长点；项目在一定程度上要围绕商品流通业做文章，进行商业综合开发，成为未来发展重要增长点。进行民用住宅开发，预留商业用地，实现资金快速回笼。

2、指导方针

以董事会确定的发展战略为指针，以公司确定的企业文化为根本，以公司的治理理念为宗旨，竭力做好全年工作。

①公司使命和愿景：致力于做日用品领域终端服务专家，努力改善百姓生活质量。

②公司价值观：创造价值、服务社会、成就你我、共同发展。

③公司治理理念：遵纪守法、诚信负责、公正平等、团结互助、服务奉献、创新进取。

3、工作思路

①理顺公司发展的组织管理架构和部门职能关系，建立法人治理框架下的层级责任管理体系。

②以公司年度战略目标为方向，完成既定的中心工作任务。

③以人力资源工作为重心，做好人才引进和培养，发挥好绩效激励、机制创新的驱动力作用。

④以员工、合作伙伴和财物资源的有效整合为载体，实现和满足公司的发展需要。

⑤以提升品牌形象、树立企业信誉为目的，加大参与公益慈善事业力度，争取得到政府、社会、顾客的认可和支持，努力为公司营造良好的外部发展环境。

三、业绩目标

1、公司整体经营业绩目标

2016年度公司总销售额增长20%，实现10%～20%左右的净利润增长目标；

范本内容精讲

范例中展示的是某公司年度工作计划的部分内容。从范例可以看出，公司在制定年度工作计划时，应首先对公司在计划年度可能面临的机遇和挑战进行客观分析，然后在此基础上作出当年的计划。

其中，年度工作计划的制定还要注意以公司战略定位和指导方针为基础确定公司当年的业绩目标，业绩目标内容应尽量全面，应包括公司整体经营目标、销售业绩目标、利润目标、财务业绩目标及人力资源业绩目标等方面，同时还应包括为了保证目标实现的各项保障措施。在制定公司年度计划时应重点注意上面的问题。

此外，除了范例中展示的公司年度计划之外，常用的还有部门和个人的年度计划，其拟定方式和要素内容跟公司年度计划类似，只是内容是围绕部门和个人而定，因此更加具体。最后，从范文可以看出，年度工作计划并无严格的格式要求，只要全文前后保持一致即可。

No.4 季度工作计划

季度工作计划与年度工作计划类似，只是在实施周期由一年缩短至一个季度，因此其在内容在也比年度工作计划更具体，可操作性更强。下图所示为某医院的季度工作计划。

范本内容展示

资源下载 \ 第 5 章 \ 季度工作计划 .doc

××医院 2017 年门诊第一季度工作计划

新的一年为持续改进护理服务质量，不断提高护理服务内涵，一季度重点工作总结如下：

一、制定本季度工作计划和目标，力求在新的一年取得更好的经济效益和社会效益，提高病人满意度。

二、重新修订岗位职责，规范专科操作流程，科室每月进行紧急预案、基护理论和专科理论培训和考试。科室每月进行护理质量自查，不断发现护理质量问题并进行分析和整改，使护理工作有条不紊地进行。

三、在院感科和护理部领导下认真贯彻落实《医院感染管理办法》，做好各项消毒隔离工作，及时规范完成环境卫生学监测和每月自查，及时整改工作中发现的问题。与院感科保持同步，认真完成相关院感知识的学习。

四、积极参与三八优惠月的优惠政策制定视频剪辑及宣传工作。

五、积极参加护理部组织的流动红旗评选活动，虽未获得红旗，但我们对下一轮评选活动充满信心。

六、加强每月网报管理。

七、组织科内关于传染病报卡的培训，规范填写要求和项目，制定督查机制，使上报准确率达 100%。

八、按照新拟定的护理质量考核标准进行考核，并与重新梳理的绩效考核方案向结合，在奖金分配上更加公平合理，奖惩分明。

哈尔滨××医院门诊部
2017 年××月××日

范本内容精讲

从以上范例可以看出，由于季度工作计划与年度计划工作相比实施周期更短，因此在内容上也更为精简。

年度计划中拟定单位及部门会首先就当前的环境和状况进行分析，然后再进行具体计划制定，但季度计划不同，它更多侧重的是在计划季度之内具体应该做些什么事情，实际性更强，篇幅也更短。季度工作计划和年度工作计划一样，也没有固定的格式，只要将计划事项说明清楚且前后格式统一即可。

No.5 月度工作计划

月度工作计划与年度和季度工作计划类似，只是实施周期更短，仅为一个月，计划的事项都是要在一个月之内完成的工作。下图所示为某公司行政部的月度工作计划。

范本内容展示

资源下载 \ 第 5 章 \ 月度工作计划 .doc

行政部 3 月份工作计划

1. 负责本部的行政管理和日常事务，搞好各部门的综合协调，落实公司规章制度，沟通内外联系，保证上情下达和下情上报，负责对会议文件决定的事项进行催办、查办和落实，负责全公司组织系统及工作职责研讨和修订。

2. 人力资源管理与开发。

3. 负责公司各项规章制度的修订、制定及检查和监督。运用刚柔并济的管理模式，制定一套符合企业自身的管理制度，运用权利和组织系统，强行进行指挥、控制、命令和硬性管理来达到目的。

4. 负责总务管理。没有后勤的保障，就保证不了生产稳定正常地进行。首先要制定相关制度，加强对宿舍、食堂、水电、办公用品、零星修缮、部分固定资产、卫生、环境和车辆的管理。

5. 安全保卫。加强对人员进出、公务访客、车辆物品出入、消防安全、防盗防灾和职业安全防护等的管理，同时对员工进行安全教育，贯彻“安全第一”“预防为主”的指导思想，创造一个安宁祥和的工作和生活环境，保证公司员工的生命财产安全。

6. 强调企业精神，创建公司的企业文化。企业文化不但能反映出企业生产经营活动中的战略目标，群体意识价值观念和道德规范，还能凝集企业员工的归属感、积极性和创造性，引导企业员工为企业和社会的发展而努力，同时企业文化还具有两种约束力，一种是硬的约束力，即制度；一种是软的约束力，是无形的，即活跃企业的文化生活，包括良好的生活环境和业余文化生活。

7. 塑造企业形象。

范本内容精讲

该范本内容是行政部的月度工作计划，从中我们可以看出，在制定行政工作的月度计划时需要注意：第一，行政工作内容一般较为宽泛，除了本部门的行政事务之外，公司制度修订、人力资源管理、企业安全保卫情况以及企业文化的建设等工作都需要行政部门或行政人员单独或配合其他部门一起完成；第二，在进行工作计划时不仅仅只是对每项工作进行简单罗列，还应尽量列出每项工作对应的责任人、具体内容或要求，便于计划的实施；第三，每个公司行政部门及人员具体部门及岗位职责会有所差异，计划工作时一定注意具体情况具体分析。

No.6 周工作计划

周工作计划是将任务目标在月度的基础上进一步细化，使工作更明确和具体，也使得目标更容易实施。

范本内容展示

资源下载 \ 第 5 章 \ 周工作计划 .doc

× ×县人口和计划生育局办公室一周工作计划

春节之后，全省人口和计划生育工作会议召开，我县第一季度考核与第二季度的各项工作紧密锣鼓地开展，计生工作进入新阶段，按照创建学习型、效率型、服务型办事机关的要求，为更好地做好办公室各项工作，在局领导的指导带领下发挥好枢纽作用，做到运转有序、协调有力、联动有效、服务到位，根据实际制定本周工作计划。

一、本周工作目标

提高工作的前瞻性和主动性，当好局领导的参谋；抓好督促检查，确保局党组决定的有效性和严肃性；增强精品意识，提高办公室重点工作水平；按照“周密、安全、高效”的要求，提高日常工作运转效率；加强机关建设和管理，努力改善工作环境和生活环境；增强责任意识，提高办公室后勤保障水平。

二、具体工作安排

（一）于 2017 年 2 月 3 日全面恢复春节假期后的日常工作，及时完成局领导安排的工作，并积极配合各股室做好各项工作。

（二）深入学习全省人口和计划生育工作会议精神，把握新时期的工作动态及重点，积极按照全省的工作部署，紧扣全局中心工作，尽力发挥参谋辅助作用，为领导班子决策、部署、推进各项工作提供富有实效的建议。

（三）积极配合协调局机关第一季度考核实施，准备好相关考核资料，科学调度、安排车辆出行，确保考核工作的顺利进行。

（四）及时完成材料拟写，认真执行机关公文处理条例，严格把好行文关、会签关、政策法规关、文字关和格式关，不断提升文秘人员写作能力，切实提高公文质量。

（五）做好各项会议的会务筹备工作，提前预算好，精心组织，使服务被动变为主动，力求达到会议目的，收到实际效果。做到各个环节有机衔接、有序运行。

（六）加强与各股室的交流沟通，掌握各股室的工作动态，及时、全面、准确地收集和反馈信息，着眼于把握新情况、新问题。

（七）致力于打造办公室热情、高效的服务形象，牢固树立办公室工作的责任意识，紧紧围绕全局中心，服务机关工作人员，严格工作标准，狠抓规范管理，切实增强工作的前瞻性和主动性。

（八）进一步规范档案收集、整理、装订和查阅、借阅程序，扎实做好机关档案管理工作。按照规定及时做好各类文件、数据、图片、视听资料及重要实物的归档工作，做到管理科学、条目清晰、查阅方便。

（九）按照厉行节约的原则，添臵所需办公用品及设备，更换已损坏的办公设备，保障全局的工作顺利进行。及时更换宣传栏内容、照片，清洁、美化办公室，打造温馨、舒适的办公环境。

（十）做好来文、来电的登记记录，并及时向分管领导或办公室主任报告。

××县人口和计划生育局办公室

2017 年××月××日

范本内容精讲

从范例中可以看出，人口和计划生育局办公室拟定计划时，应以上级单位的人口和计划生育文件以及相关会议内容为依据，以上级指示的工作内容作为首要完成事项，然后再进行本单位相关工作的安排。另外还需要注意，这类机构的工作一般随政策和上级单位及领导的要求变动而变化较大，例如在计划生育时期和全面开放二胎时期，工作重点肯定是不一样的，因此工作计划也会有很大差别。

No.7 阶段工作计划

阶段工作计划是针对某一阶段的特殊任务而制定的工作计划，一般具有阶段性的特点，随实施阶段的结束而告终。

范本内容展示

◎资源下载 \ 第 5 章 \ 阶段工作计划 .doc

× ×公司阶段性工作计划

为深入贯彻落实两级职代会精神和全年党委工作部署，紧紧围绕公司发展目标和党政工作中心，按照“服务企业中心工作，服务青年成长成才”工作思路，通过党建带动团建，发挥团组织的自身优势，努力引导团员青年在各自岗位上建功立业，切实发挥共青团在企业中的生力军和突击队作用，为公司的改革、发展和稳定做出共青团组织应有的贡献。

一、加强团员青年的思想政治工作

1、共青团员作为中国共产党的助手和后备军，加强团员青年正确的人生观、世界观和价值观，通过对党的理论知识及一系列相关知识的学习，提高团员青年政治素养和理论修养，做好党的小助手。

2、团支部以服务为重点，加强团的阵地建设，确保团组织工作的有序开展，努力创造机会，充分发挥党员身份的团员的作用，承上启下做好当间带团建工作，适时组织团员青年，特别是入党积极分子学习党的历史，及最新精神，充分感受现今我国在中国共产党领导下的伟大变化，坚定共青团是共产主义先锋队的作用及信念。

二、相应上级团组织号召，做好党总支助手，扎实开展好各项活动

1、严格按照上级团组织的有关工作部署，相应号召，充分发挥团组织作用，积极完成上级团组织部署的各项工作任务。

2、结合输电三团支部实际工作，围绕党总支的中心工作，当好党的助手，向党组织推荐和输送优秀青年，为培养青年骨干打好坚实的基础。

三、探索新条件下的团支部工作模式

1、针对团员青年工作地点分散的特点，探索新模式的支部工作方式。团干部尽可能出去，多了解基层团员青年的情况，制定出适应的团员沟通方法，确保工作场所分散，团组织不分散。

2、运用网络、通讯等现代沟通方式，提高沟通效率，及时传递上级团组织的工作要求和精神。

3、继续做好读书活动，并通过交流，让大家认识到青年人要养成读书好习惯，提高自身修养和内涵，做一个在精神上充裕的人。

4、发挥团员青年的个人技术能力，适时开展专业知识共享，在团支部内营造浓厚的学习气氛，采用“头脑风暴”发扬集体的力量，解决具有共性的疑难问题。

5、进一步鼓励团员青年进行“自充电”，更新知识结构，夯实理论基础，为今后发展做好准备。

6、继续做好团员青年谈心工作，鼓励团员青年投稿宣传身边的事迹，加强团员青年爱岗敬业的精神。

7、开展青年员工趣味运动会，为青年团员一个展现青春和释放活力的平台，不但增强员工身体素质，而且提高团队配合力和集体凝聚力。

××公司
××年××月××日

范本内容精讲

范本展示的是某公司对于某一阶段关于加强共青团员建设的计划，计划是从加强共青团员的思想政治工作、开展团组织活动以及探索和创造团支部活动新模式 3 个方面入手，因此读者在写这类计划时可以参照这种写法。

另外，需要特别注意的是，阶段工作计划的适用对象仅仅是突发性和阶段性的工作，对于一些常规的工作不能采用该形式。比如公司的销售工作，并非阶段性工作，因此不适用于阶段工作计划，而应使用年度、季度、月度或周工作计划。

5.2 安排的写作

■基础概述 ■结构和写法 ■要领和注意事项 ■范例详讲

安排是计划类文书的一种重要形式，它适用于范围不大、时间较短、内容单一且要求具体的短期行为。

5.2.1 安排基础概述

安排是对一段时期内的工作进行有条理的规划，或者就具体工作内容提出切实可行的方案。安排是计划类文体的一种，因此除了具有计划类文体的共性外，还具有自身的一些个性特点，具体如下所示。

- **对象单一：**安排的对象往往只针对某项活动或单一的工作内容。当涉及多项活动或内容时，一般不使用安排的形式，但若是针对围绕同一工作中心的几个不同事项，则可以使用安排，但此时对于每个事项的安排也比较单一，往往只是提及要点，很少进行详细阐述。
- **时间要求较短：**俗话说“长计划，短安排”，由此可以看出安排的时间要求是比较短的，常见的有日安排、周安排、月安排和为时不长的一段时间的安排。
- **内容简明扼要：**安排对于内容的精简性要求较高，一般来说安排应简明扼要，开篇点题，不用写前言，也不用写出有关目标要求、实施措施和步骤的所有内容，仅仅只需要择其重点，将要安排的工作一一罗列清楚，并把主要要求和措施讲明即可。
- **措施具体实际：**安排的措施更加具体和切合实际，在实施过程中进行变更的情况较少。过于空洞或灵活的安排落实起来比较困难。

安排常用于对近期事项的规划，但对于某些长期的计划也可用安排行文，主要有以下两种情况。

- 计划所涉及的内容不完整，只是对同类工作进行打算和简单安排，为了方便有时可以不用计划，而用安排进行行文。
- 计划缺乏详细论证，对于没有经过严谨的论证程序讨论通过的计划事项，常常用安排行文。在实际工作中，很多内容完整且经过严谨论证通过的计划仍被用作安排行文，这其实是不恰当的。

5.2.2 安排的结构和写法

理论上来说，安排由标题、正文和结尾3个部分构成，但因安排以精简为主，在实施过程中对于结尾没有要求，因此结尾常常被省略，这也是安排行文单一且重点突出的一个表现。因此在实际中，安排主要由标题和正文两个部分构成。

1. 标题

安排的标题有两种写法，一种是“三要素”写法，即“机关或单位名称＋事由＋安排”，如“启典文创面试资格复审（体能测评）工作安排”；另一种是“两要素”写法，即“事由＋安排”，省略机关或单位名称，如“清洁工作安排”。另外，安排中还可加上具体的时间，比如“启典文创7月份工作安排”。

2. 正文

正文是安排的核心部分，由开头和主体两部分构成，这两部分的内容安排具体如下所示。

- 开头

安排的开头通常有两种描写方式，一是对安排事项进行概述；二是对安排事项的具体依据进行阐述。

- 主体

主体是安排中正文的核心部分，通常包括总的目标任务、具体要求、实施步骤和措施几个方面。以上几方面的内容既可以分开来写，也可以合并来写，其中目标任务和具体要求可以合并，实施步骤和措施也可以合并。但在写作过程中一定要注意内容的合理性和前后的逻辑关系，切忌出现主次不分和杂乱无序的情况。

此外，在罗列具体步骤和措施时要注意可实施性，写作中可以先写总任务，再将总任务分解成每项具体任务，最后采用每项具体任务对应一种具体措施的方式，也可以采用先将所有任务全部罗列出来，再随之将所有措施逐一罗列的方式。

5.2.3 安排的写作要领和注意事项

安排在进行写作时需要掌握一定的方法技巧，同时需要了解一些写作中的注意事项，才能写好安排。

◆ 安排的写作要领

首先，区分安排和计划的区别。这可以从时间长短、内容详细周密程度和内容的繁简程度来进行区分，安排一般涉及时间短，由于讲究精简，因此在详细周密和繁简程度上也不如计划。

其次，区分安排和方案的区别。安排是对已经确定的工作或任务进行分解，方案是对一项新的任务和工作进行贯彻。

最后，充分考虑可行性。在进行时间上的安排时应充分考虑实际需要，应留有充分的余地，不应规定得过于死板，画地为牢。以便在实际执行过程中因情况变化可灵活作出调整。

◆ 安排的注意事项

第一，写作时应开宗明义，不能大谈其意义，应直截了当进入正文。

第二，安排事项要重点突出，做到文字精简、条理清楚和语言笃定。

第三，安排措施具体，切合实际，切忌泛泛而谈。

5.2.4 常见安排文书范例详讲

在实际运用中，工作安排是使用最多的安排类型，而涉及的主体不同，安排的内容和形式又有所差别。下面主要以公司放假期间的安全工作安排和公司商务活动的行程安排为例来进行讲解。

No.1 安全工作安排

一般情况下，如果公司放假比较长，都会对假期公司的安全问题非常重视，会提前发布一个工作安排文档，在其中详细安排清楚各项事项。

范本内容展示

资源下载\第5章\安全工作安排.doc

××公司春节期间安全工作安排

1、节前开展部门安全大检查，排查治理可能存在安全隐患（需各岗位提前开展岗位自查工作，对检查出的问题，能整改的就现场整改，不能整改的及时上报安全员）。

2、节前开展一次安全教育培训，强调节假日期间需注意安全事项，包括人身安全、钱财物安全、交通安全、饮食安全、饮酒安全、家庭防火及防一氧化碳中毒安全。

3、春节期间计划。厂内仓库、外租库执行安全值班，加强夜间重点时段巡查力度，切实做好安全防护工作。

4、值班期间安全防范要求。

1）严禁值班期间饮酒、脱岗、串岗、不认真履职。

2）每小时对值班管辖区、消防设施、电气设施、门窗进行检查，确认无异常并做好安全记录。

3）夜间重点时段值守和巡查，对仓库外围进行一次全面检查，发现有燃放烟花爆竹等立即给予制止。加强巡查力度，等待燃放高峰期过后，再次对库区进行检查确认无异常后方可休息。

5、安全监督检查。部门领导和安全管理人员不定期检查在岗和履职情况，对脱岗和不认真履职进行批评，并视情节给予处罚。

范本内容精讲

从范例可以看出，对于这类安排文档，最好采用序号的形式逐条列出需要注意的各项事宜，对于某项注意事项下面，需要注意的子项也用序号的方式罗列，从排版层次上，稍微缩进一点，从而体现出主次关系。用序号罗列的好处在于，每条内容清晰、明了，条理也清晰，方便相关人员执行安排的具体内容。

此外，一般情况下，在写安全工作安排内容时，需要从两个方面来阐述，分别是放假前（如本范例的第 1 和 2 点内容）和放假期间（如本范例的第 3~5 点内容）。放假前又从两个方面来进行安排，一是公司内部的安全隐患排查，二是公司员工的安全教育培训。放假期间的工作安全主要是坚守工作岗位的值班工作人员如何确保放假期间公司的安全保障问题。

No.2 活动行程安排

活动行程安排主要是将某一活动从开始到结束的整个过程中的具体安排罗列出来，进而指导相关工作人员合理安排时间，更好地完成各个环节的工作。下面通过一个范例来讲解。

范本内容展示

资源下载\第5章\活动行程安排.doc

公司商务活动行程安排

日期	时间	行程内容
6月4日	9:00~11:30	与公司领导会面、洽谈
	12:00~13:30	骊山宾馆餐厅就餐
	13:30~14:30	在骊山宾馆午间休息
	15:00~17:30	参观公司研发部，座谈交流
	18:00~20:00	骊山宾馆餐厅就餐
6月5日	9:00~11:30	参观公司生产部，座谈交流
	12:00~13:30	骊山宾馆餐厅就餐
	13:30~14:30	在骊山宾馆午间休息
	15:00~17:30	参观公司设计部，座谈交流
	18:00~20:00	骊山宾馆餐厅就餐
6月6日	9:00~11:30	参观公司市场部，座谈交流
	12:00~13:30	骊山宾馆餐厅就餐
	13:30以后	安排相关人员送客人乘车离开

范本内容精讲

从范例中可以看出，活动行程安排与前面介绍的安全工作安排的表现形式完全不同，在活动行程安排中，最重要的就是时间一定要理顺，否则就会让整个行程出错。例如在本例中，活动行程有3天，每天的不同时间段对应不同的形成内容，因此，采用二维表格的形式，将活动内容以时间为线索进行顺序填列，行列内容一目了然。

虽然使用正文的方式，用序号也可以罗列不同日期和时间的具体行程内容，但是整个结构和表达没有使用表格清晰。因此，对于行程的安排内容，一般情况下都选用表格形式。

5.3 规划的写作

■基础概述 ■结构和写法 ■要领和注意事项 ■范例详讲

规划是计划类文书中另一种常用的文书类型，也是计划类文书中最宏大的文书类型。

5.3.1 规划基础概述

规划是对全局或长远工作作出统筹部署，时间和空间范围跨度都比较大。它涉及的项目都是全局性的或涉及面较广的重要工作，时间跨度一般在 3 年以上。就内容和写法上来说，规划往往是粗线条的，比较概括，相对其他计划类公文而言，规划带有方向性、战略性和指导性，因而其内容往往要更具有严肃性、科学性和可行性。因此，规划具有以下特点。

◆ 时间跨度较大

常用的工作计划，实施周期都在一年或一年以内，如“×× 县政府 2016 年经济发展计划”；而规划的时间一般是 3 年或 5 年以上，有的甚至 10 年之久，如“×× 市民国经济和社会发展第十三个五年规划纲要”。

◆ 内容具有全局性和概括性

从规划的概述可以看出，它是一种全局部署，涉及面很广，因此其任务目标、实施措施和步骤等都比一般计划的概括性更强，它更像是一个总的指导文件，因此不可能将事项具体到某个部门或某个人。

◆ 内容具有预见性

规划的实施周期很长，因此要保证规划的科学性和实际性，在制定前必须经过非常深入和周密的调查，并在此基础上对实施周期内可能出现的发展变化进行预测，将其考虑进规划内容当中，这就是其预见性的体现。若不能做到高瞻远瞩，那么规划必定是脱离实际的，因此也会失去指导意义。

5.3.2 规划的结构和写法

规划与其他计划类文书一样，也有自己的结构，每部分结构在写法上也有所区别。规划通常由标题、正文和结尾 3 个部分构成，下面来分别了解。

1. 标题

规划的标题通常由制作单位、规划内容、规划时限和文种 4 个要素组成，如“×× 市 2017—2023 年经济发展规划”。其中规划时限有时可以省略，如“××省农业结构调整规划”。

2. 正文

规划的正文一般包括制定依据、目标任务要求和具体实施措施等内容。

- **制定依据：**制定依据即制定规划的原因，这部分内容应是通过对大量资料的分析和总结，得出有利和不利条件，并提出相应的指导意见，这样才能使规划言之有据，而不是简单地对事实进行罗列。
- **目标任务要求：**目标任务要求是解决规划中要“做什么”的问题，因此任务必须明确具体。当涉及项目较多时，要将每项任务的目标单独列出。
- **具体实施措施：**具体实施措施是解决规划中“怎么做”的问题，措施是针对目标任务而言的。对于目标任务和措施的写作主要有两种方式：一种是针对全面规划或目标任务项目较多的情况，一般采用一项任务对应一个措施的方式；一种是对于专题规划或任务较单一的规划，一般采用先总写任务，然后总写措施的方式。不管采用哪种方式，措施都必须以任务为基础和前提。

3. 结尾

规划的结尾是作出远景展望和号召。这部分要写得简短、有力且富有号召力。另外，规划不必再落款，也不用写成文时间。

5.3.3 规划的写作要领和注意事项

规划是具有全局指导意义的文书类型。因此，写好规划是非常重要的。下面来看一下规划的一些写作技巧和注意事项。

◆ 注意规划内容的科学性

规划的拟定在写作前应进行深入的调查和周密的测算，以掌握的大量可靠资料和国家相关政策为基础，经过反复多种方案的比较、研究和选择，确定各项指标和措施。

◆ 规划内容应集中多数人的意见

规划涉及的事项重大且范围广泛，因此在正式起草之前应组织相关人员进行多次讨论，广泛听取大家的意见，不断进行修改和补充，使规划内容更完善、更科学。一个人的思想是有限制的，集中更多人的意见可以避免“闭门造车”的情况出现。

◆ 区分规划与其他计划类文书的区别

规划与一般的计划不同，它具有全局性和方向性。在内容上，规划是进行全局性的部署，而计划是对“规划”的内容进行实施；在时间上，规划的时间跨度比计划长得多，计划的时间一般是一年或一年以内；在要求上，规划是定规模和定方案，是对未来的展望，计划是定任务、定措施，具有较强的紧迫感和约束性。计划服从于规划。

5.3.4 常见规划文书范例详讲

规划根据事项和内容差异有不同的类型，下面来具体看一下不同类别的规划文书是怎样的。

No.1 工作规划

工作规划是行政活动中使用范围比较广泛的一种重要公文。与工作计划不同，工作规划的侧重点是对于工作更长远和全面的安排，范围更广，目标更大，内容更多。

范本内容展示

◎资源下载\第 5 章\工作规划 .doc

××村工作组“访民情惠民生聚民心”活动三年工作规划

××村工作组自3月5日入住村以来，积极推动各项工作，近期在认真开展入户调查，摸清情况的基础上，结合该村存在的实际问题，为使“访民情惠民生聚民心”活动取得实效，确保通过三年努力切实达到干部作风明显改善、民族团结明显增强、宗教和谐明显促进、民生条件明显改善、稳定形势明显好转、基层基础明显巩固等“六个明显”的预期目标，特制定三年工作规划，以推进新农村建设，达到“访民情惠民生聚民心”活动预期目的。

一、目标要求

紧紧围绕社会稳定和长治久安这个总目标，牢固树立长治久安的基础是民心、民安、民富的理念，以争取人心、做好群众工作为统领，以促进民族团结、宗教和谐为重点，以开展党的群众路线教育实践活动为切入点，以推进“五个长效机制”文件在基层有效落实为着力点，团结引领各族干部群众坚定信心、凝聚共识，变化变革、敢于担当，着力在转变干部作风、加强民族团结、促进宗教和谐、保障改善民生、维护社会稳定、强化基层基础等方面取得突破性进展，确保全村社会形势显著改变，打好长治久安坚实基础。

二、主要任务

××村工作组三年来主要以落实民生实事、凝聚人心为根本目的，以扶贫帮困与民族团结为工作重点，积极开展好“访民情惠民生聚民心”活动。三年工作规划具体的工作任务是：

（一） 落实惠民生实事好事，让广大农民群众得实惠

1、以“十三个一”惠民实践活动和“四有四无”村户创建活动为载体，落实民生实事好事。充分发挥工作组优势资源，加大资金、技术、人才支持和整合力度，从修建巷道道路、更新农田灌溉机井、修建防渗渠和接通下水道工程等为民办实事好事入手，为新农村建设“添砖加瓦”，让广大农民群众得实惠。

2、协助解决好村上“两后生”、富余劳动力就业困难问题。协助加强对农村富余劳动力特别是青年的技能培训和就业援助，帮助他们提高就业创业能力。充分发挥工作组和每个成员的优势、特长，解决小难题、消除小隐患、调解小纠纷，用一个个“微行动”、实现群众“大心愿”。积极参加劳动生产，帮助做好农作物田间管理及农产品销售工作，帮助联系并组织好群众外出务工。

3、大力组织开展扶贫帮困活动，重点了解重点户、生活困难户的情况，保证有下派工作组干部经常联系帮扶。主要重点帮扶残疾人、孤寡老人等弱势群体。

（二）加强民族团结，反对民族分裂

由于所住村是少数民族占绝大多数，并有2所维族清真寺，所以加强民族团结要作为工作组工作的重点。首先要积极协助村委会开展民族团结模范村委会及“五好宗教场所、五好宗教人士”的创建工作。其次向广大农民群众开展民族团结宣传教育活动，大力向广大农民群众宣传党的民族宗教政策、“三史”、“三个离不开”、“四个认同”等思想教育，大力宣传互帮互助的民族团结感人典型。使广大农民群众拥有一颗博爱之心，能够做到民族团结一家亲。

（三）促进宗教和谐，维护社会稳定

1、加强民族理论、民族政策和民族法规等基本知识的学习宣传，运用多种方式来做化解矛盾、消除隔阂、增进信任的工作，使各族农民群众自觉维护民族团结。结合联系群众、联系学校、联系班级以及结对帮扶、交朋友等载体，大力宣传民族团结进步先进典型和凡人善事，深化民族团结教育月活动。

2、积极参与“三非”专项整治行动，要加强对宗教极端思想渗透情况的摸排。协助配合村委会部署开展宗教界“双五好”创建活动；精心做好宗教工作，保护正常宗教活动和宗教界合法权益，坚持政教分离原则，做到宗教不得干预政治、干预政府事务，协助基层党组织加强对婚丧嫁娶等寺外活动的服务管理，依法打击利用宗教进行的违法犯罪活动；全力深入开展“去极端化”工作。

3、以“无暴恐活动、无非法宗教活动、无刑事案件、无群体性事件、无越级上访”为工作目标，扎实开展好维稳安保工作。

4、认真落实工作组安全防范工作的各项要求，配合村委会进一步提升人防、物防、技防能力，积极做好安全防范工作。

5、配合村委会及公安机关，在依法治理非法宗教活动、打击宗教极端违法犯罪专项行动、加强对婚姻领域违法行为综合治理专项行动等工作中积极主动发现违法犯罪和可疑线索，及时报　告相关部门。

6、做好情报信息工作。对带有苗头性、倾向性、预警性的问题和案（事）件做到早发现、早预防、早处理、早报告。

7、积极参与、共同做好重点人员、特殊群体的教育转化和管控工作，切实将重点人员控制在基层。加强流动人口服务与管理。

8、积极协助配合村委会动员组织农民群众严查薄弱环节，堵塞漏洞。认真协助村委会做好群众信访工作，落实信访工作全程“三代”（代上访、代办理、代回访）制度。

9、协助村委会警务室加强对“十户长”组织领导，增强各族农民群众防范自保能力。每月至少开展一次应急处突演练，细化重点部位值班巡逻等措施，强化提高维稳处突能力，要认真落实“三位一体”工作机制，严格执行村警、协警、民兵，乡镇干部、村干部和工作组成员混合编组值班备勤制度，确保24小时有人值班。

（四）扎实访民情，宣传教育群众

1、扎实深入开展访民情工作，全面准确了解村情民意，访出影响和谐稳定的真实情况，找到解决问题的“良方”。采取常态化入户走访、定期重点走访、维稳帮困走访等方式，对重点人群、帮困对象、宗教人士等进行跟踪走访、经常走访，深入了解宗教极端思想的渗透渠道。

2、工作组在落实各项任务时，要时刻坚持把宣传教育、组织发动群众贯穿活动始终。工作组要立场坚定、态度鲜明、带头宣讲，敢于发声亮剑、敢于斗争，给基层干部当好表率。

3、工作组在入户走访过程中，要用群众听得懂、易接受的方式进行面对面的宣传教育，宣传党的惠民政策、民族宗教政策和国家法律法规等，坚持经常讲、反复讲。

4、坚持以形式多样、生动活泼的方式方法，每半个月至少举办一次宣传教育活动。要充分利用好远程教育丰富的多媒体资源。

5、走访基层农民群众所反映的问题，对能够解决的问题，及时帮助解决；对不具备解决条件的，向群众作说明，需要上级机关重视、解决的问题，应及时向各级活动领导小组报告。

6、针对基层干部、党员、团员、“四老”人员、“80、90后”青年、妇女、中小学生、重点人员及其亲属等不同群体，分　类组织开展宣传教育。

（五）活跃基层文化，丰富农民群众精神文化生活

1、丰富活动载体，通过举办趣味运动会和民族歌舞比赛等文体活动，扎实开展民族团结教育，多举措维护社会大局稳定。

2、大力开展文化科技惠民活动，协调相关部门开展送节目、送科技、送电影进村委会。

3、协助村委会组建1支文艺活动队，1支体育活动队，经常性开展群众性文体活动，丰富广大农民群众精神文化生活。

4、充分发挥村委会“文化大院”等活动场所的作用，每月集中开展体育、才艺、技能等群众性文体活动1次，进一步丰富广大村民文化生活，陶冶情操，增进友谊，凝聚民心。

（六）加强基层组织建设，增强凝聚力和号召力

1、广泛听取党员、农民群众对村“两委”班子的意见建议，指导村“两委”班子开展好党的群众路线教育实践活动。工作组成员积极参加村党支部活动。

2、配合乡党委做好村党支部的调查摸底工作，全面掌握村书记抓班子带队伍，班子成员履职尽责情况。协助加强以党组织为核心的村级组织配套建设，稳定优秀干部在基层工作，树立基层干部威信。加强对村“两委”班子成员的传帮带，帮助提升工作能力。

3、创新党组织设置和活动方式，认真落实党建带群建各项要求，健全共青

范本内容精讲

从范文可以看出，要做好民生工作，就需要从落实惠民政策、加强民族团结、尊重宗教和维护宗教和谐、做好基层人民的宣传工作以及丰富人民的精神文化活动方面入手。同时，加强基层民主建设也是必不可少的。范例把重点放在了正文的写作上，它采用了“并列式结构”的写法，即将总任务分解成多个子任务，最后将每个子任务与具体的实施措施相对应。

此外，需要注意的是，由于规划涉及时间较长，因此在写作过程中应注意将时间细化，比如把几年的规划，细分成多个一年的计划，这样的规划会具体有效。

No.2 建设规划

建设规划主要是对城市建设项目中建设目标、发展布局和主要建设项目的实施所做的规划。

范本内容展示

资源下载 \ 第 5 章 \ 建设规划 .doc

××市 2010～2015 年建设规划

第一章 总 则

为协调总体规划和实际建设工作的关系，保证××市城市近期建设项目明确有序地落实，强化政府对公众利益和城市生态环境和人文环境的保护，加强城市建设监督管理的力度，促进经济、社会和环境的可持续发展，根据国家有关法律、法规和政府文件，结合××市实际，编制本规划。

本规划编制的规划范围指××市行政区（即市域）范围内需要实行规划引导和控制的地区。包括主城区与《××市城市总体规划》所界定的范围相同、××高新开发区、××旅游度假区、××开发区、××岛生态旅游区以及建制镇等范围。

一、规划编制依据

1、《中华人民共和国城市规划法》及相关法律法规

2、《城市规划编制办法（2006）》

3、国家九部委关于贯彻落实《国务院关于加强城乡规划监督管理的通知》的通知

4、《城市用地分类与规划建设用地标准》

5、《近期建设规划工作暂行办法》

6、《××市国民经济和社会发展十二五计划》

7、《××市城市总体规划调整》

8、《××市土地利用规划》

9、此前所编制的市区范围内各专项规划

二、规划原则

1、各项建设的安排，要以完善城市功能、改善人居环境、维护公众利益为基本目的。

2、要与城市国民经济和社会发展计划相协调，并充分考虑适应市场经济运作机制的要求，不得突破城市总体规划确定的强制性内容。

3、正确处理好近期建设与长远发展，经济发展与资源环境条件，经济建设与自然、文化遗产保护的关系，保证城市的可持续发展。

三、适用期限

本规划的适用年限为 2010～2015 年。

四、组成部分

本规划由规划文本以及必要的图纸、说明组成。

五、适用范围

近期内在本规划区范围内进行的各项土地及空间利用规划和建设活动，均应符合本规划。

六、强制性规定

条文黑体字部分为本规划的强制性内容。规划期内，建设项目必须符合强制性内容，必须符合项目意向性选址相关的规划要求以及相应的管理法规。

七、其他说明

非重点建设项目和未纳入本规划的建设项目，在满足本规划要求的前提下，可在本规划范围内进行选址。

第二章 城市近期建设目标与策略

八、城市定位目标

××市是省级历史文化名城，大都市圈的重要组成部分，长江中游具有山水园林特色的生态旅游城市。

九、城市建设目标

××市是××城市圈核心圈层中心城市之一，工业产业链发达，生态和人居环境良好，山水特色鲜明的现代化滨江城市。

十、城镇建设目标

2015 年城市人均住宅建筑面积达到 40 平方米，人均道路广场面积达到 18 平方米，自来水普及率达到 100%，污水处理率达到 80%，用气普及率达到 100%，城市建成区绿化覆盖率达到 43%，绿地率达到 40%，人均公共绿地面积达到 12 平方米。

十一、城市发展策略

工业强市、创业富市、科技兴市、环境优市、效率立市。

十二、城市近期建设策略

采取“外联、内拓、优化”的建设策略。“外联”：坚持区域协调发展，主动与武汉城市圈基础设施相对接，积极填补武汉产业链中的空白链，形成综合性发展网络。“内拓”：拉开城市骨架，改善城市结构，以主城区为核心，开发城西、城南、城东地区，推进工业园区和城中村改造建设，奠定主城区“一心三组团”滨江抱湖枕名山的城市格局。“优化”：加强城市生态环境、自然和历史文化遗产、公众利益的保护，加快城市重要基础设施建设，保障城市公共服务设施的落实，营建滨江、沿湖、环山的景观，完善城市功能，优化城市建设与发展的环境。

十三、近期建设实施时序

（一）建设时序实施原则

市域近期建设时序依次为葛店经济技术开发区用地扩展、市政设施和工业项目建设，红莲湖旅游度假区休闲运动设施、生态绿地建设，花湖经济技术开发区市政设施建设，主城区与各重点镇和园区相联系公路建设等。

主城区近期建设时序依次为城西基础设施及大工业项目建设；城南小桥工业园建设，莲花洋澜片区市政设施、公共设施及居住区建设；老城区沿江地带统一改造更新建设；洋澜湖及滨水区综合整治和绿化景观建设；城市主要进出干道及周边区域建设。

（二）具体项目实施时序

具体项目的建设实施时序按照政府主导、政府统筹、市场调节三类在项目库进行了详述(详见项目库表一、表二)

第三章 城市近期控制、发展和整治的重点地区建设

十四、近期建设重点

（一）明确并加强市域近期建设重点区域和重点建设城镇以及重大基础设施布局和重大产业布局。

（二）明确并加强主城区老城环境改善和新区建设引导，着力基础设施、公共服务设施和工业、居住项目的建设布局以及各类建设用地空间分布。

（三）注重市域和主城区“一城四区”的保护，加强城市园林绿地及生态环境保护与建设。

十五、城市近期脆弱资源保护建设

（一）生态湿地保护

包括梁子湖湿地、红莲湖湿地、花马湖湿地等自然保护区，划定 100M 范围为严格控制区，100～150m 为重点保护区。

（二）生态山林及林地保护

沼山森林公园、天平山公园、白雉山、四峰山、凤凰山等划定的范围外 50m 范围内为严格控制区，严禁一切建设。50～100 m 为重点保护区，充分保护森林植被及周边生态环境。对风景名胜区、旅游度假区、森林公园及市域范围内其他重要生态山体及林地进行重点保护。

（三）城镇水源保护

沿长江各自来水厂上游 1000 米，下游 100 米以及内湖、内港水厂取水应严禁设置各类排污口。

（四）基本农田保护

按土地利用规划图控制基本农田保护范围，建设用地避开基本农田保护区，至 2015 年××市基本农田保护率 80%，基本农田保护范围 43571ha，其中鄂城区 9970ha、华容区 13916ha、梁子湖区 10463ha、长港区 2043ha、泽林镇 2964ha、石山镇 668ha、葛店镇 1072ha、东沟镇 2466ha。

（五）地下矿产资源保护

××市地下矿产资源丰富，分为泽林镇铁矿分布区、汀祖镇多金属分布区、沼山至太和膨润土分布区、磨石山水泥配料用砂页岩开发区、白雉山至五卦山建筑石材分布区、太和至谢埠建筑石料分布区、梁子湖珍珠岩分布区、张铁至胡林至泥矾砖瓦用粘土分布区、新庙至燕矾砖瓦用粘土分布区、沼山至牛山至长岭砖

范本内容展示

范本展示的是某城市五年建设规划的部分内容，因规划内容过多，故没有全部展示。建设规划是对城市建设的总体规划，在进行规划时应遵循以下步骤。

- 确定城市近期人口和建设用地，确定建设用地的范围和布局。
- 确定城市近期交通发展策略，确定主要对外交通和道路交通设施布局。
- 确定城市近期各项基础设施、公共服务和公益设施的建设规模和选址。
- 确定近期居住用地的安排和布局。
- 确定历史文化名城及其街区的保护措施；城市河湖水系、绿化和环境等的保护、整治和建设措施。
- 确定引导和控制近期建设规划的原则和措施。

No.3 发展规划

发展规划是政府机关、企事业单位以及个人的未来长远规划，具有战略性、前瞻性和导向性特点。

范本内容展示

资源下载 \ 第 5 章 \ 发展规划 .doc

××公司发展规划

1、公司发展定位

1.1 整体定位

以工程机械行业供应链整合与优化为服务目标，摸索工程机械行业物流特点，努力发展成为工程机械行业世界领先的物流供应商，成为一家上市公司，为促进我国工程机械行业的快速发展做出贡献。

1.2 服务功能定位

以工程机械整机及零部件物流为主要服务对象，提供现代物流管理与咨询、公水铁联运、物流加工、仓储配送及其他相关增值业务。

1.3 服务客户定位

合资公司的客户主要定位于：以柳工供应链物流项目为核心，逐步拓展到全国工程机械行业其它客户，建立工程机械全国及海外物流网络，为行业整体客户服务。

2、公司发展使命和愿景

发展使命：致力于为中国工程机械行业提供国际级水平的卓越物流服务。发展愿景：成为中国规模最大、服务最好、技术最先进的专业化、国际化的第三方工程机械物流领先服务商，使公司成为业绩优良的国内最早的工程机械物流行业上市公司，最大程度回报股东，服务社会，提升员工价值。

3、公司发展阶段规划

3.1 第一阶段：2010-2012年（短期规划）

（1）短期规划发展定位

完成柳工供应链物流的全面整合，打造工程机械物流优秀经营团队，构建服务功能强大的国内、国际物流服务平台，实现业务由柳工向工程机械行业拓，成为中国工程机械物流市场的核心企业。

短期规划目标： 市场占有率达15%；年营业额将达到10亿元以上，年营业利润10000万元以上。

（2）2010年发展定位

建立高效运作的团队，成功运作柳工物流项目，培植工程机械物流行业高端服务品牌。以高起点、高服务水平在工程机械行业中产生一定影响力。

a.发展举措

建立合资公司高素质团队，顺利完成合资公司对柳工当前的整机物流、零部件采购物流及配件物流管理体系的衔接与过渡；全面展开柳工全部的整机物流、部分零部件采购物流及全部售后配件物流项目的运作；投资建设柳州国际物流园、广州拆装中心、自有车队、郑州物流加工中心、天津加工中心、部分海外加工中心、国内配件中心、海外配件中心、物流IT系统等各项物流规划项目。

b.阶段目标

经营团队默契稳定、先进管理手段逐步引进和完善；柳工物流项目运作成功；部分投资项目完成并开始发挥效益；市场占有率达10%；年营业额将达到5亿元以上，年营业利润5000万元以上。

（3）2011发展定位

完成柳工供应链物流的全面整合，构建强大的国内、国际物流服务网络平台，并将服务成功拓展至工程机械行业其它客户，成为中国工程机械物流市场上最有影响力的现代物流高端服务企业之一，形成良好的品牌和强大的竞争能力。

a.发展举措

合资公司经营团队发展成熟，完成柳工供应链采购物流、生产物流、整机物流、售后备件物流的全面整合；在全面运作柳工整机物流、零部件采购物流与售后配件物流的基础上，重点展开国际物流园入厂物流及生产配送物流的运作；柳州国际物流园、广州拆装中心、自有车队、郑州物流加工中心、天津加工中心、部分海外加工中心、国内配件中心、海外配件中心、物流IT系统等均建设完成并在实体运作中开始发挥强大作用和效益；通过物流服务网络的不断完善及业务的大力推广和对流合作，将部分服务拓展至行业中其它客户并取得客户的高度认可与信赖。

b.阶段目标：

团队战斗力强大、管理手段先进；柳工物流供应链整体运作成功；各项规划中的投资项目完成并发挥效益；市场占有率稳步提升，达12%；总体年营业额将达到7亿元以上，年营业利润5000万元以上；柳工之外客户业务年营业额达到1亿元以上，年营业利润1000万元以上。

（4）2012年发展定位

以行业整合者的角色对国内工程机械行业供应链进行全面整合，构建面向整个行业的强大的国内国际物流服务网络平台，将服务导入工程机械整个行业，成为中国工程机械物流的核心龙头企业，并在世界工程机械物流树立良好的品牌和强大的竞争优势。

a.发展举措

合资公司经营团队国际化，将柳工成功的供应链物流运作模式向全行业推广，对中国工程机械行业的供应链采购物流、生产物流、整机物流、售后备件物流各个方面全方位出击、进行全面整合；将合资公司打造成作业标准化、功能集成化、服务社会化、运作规模化、能够为行业客户提供一体化物流服务的专业物流平台；柳州国际物流园、广州拆装中心、自有车队、郑州物流加工中心、天津加工中心、部分海外加工中心、国内配件中心、海外配件中心、物流IT系统等规划投资项目均实现服务社会化，能够为行业发挥重大作用并产生强大效益；服务自工程机械物流向其它领域逐渐拓展，以广西物流市场为重点，以类工程机械产品为对象，向全国各领域、各地区纵深发展，成为国内国际著名工程机械物流企业，成为国内知名综合物流服务企业；实现企业上市，为企业全方位可持续发展筹措资金。

b.阶段目标

综合实力国内第一，世界知名；成为广西省著名物流企业，成为国内知名综合物流企业；成为国内上市公司；市场占有率行业第一，达15%以上；总体年营业额将达到10亿元以上，年营业利润10000万元以上；柳工之外客户业务年营业额和利润达到整体目标的10%以上。

3.2 第二阶段：2013-2015年（中期规划）

中期规划发展定位：实现企业国内主板上市，通过投资、合作、收购、兼并等多种手段实现工程机械行业供应链物流的中期规划目标：国内市场占有率达25%；有效整合，成为中国工程机械行业“航母级”主导企业；年营业额将达到20亿元以上，年营业利润20000万元以上。

3.3 第三阶段：2015-2020年（长期规划）

长期规划发展定位：业务经营与发展国际化，国际物流业务占据公司主要份额，通过投资、合作、收购、兼并等多种手段实现为全球范围工程机械行业服务这一目标，成为世界工程机械物流行业领先的跨国经营的物流企业之一。长期规划目标：国内市场占有率达30%；国际市场占有率达10%；营业额将达到50亿元以上，营业利润50000万元以上。

4、公司阶段投资规模

为保障合资公司发展规划能够顺利实现，拟进行相应投资。在短期规划内，项目投资总规模计划为8个亿，其中，固定资产投入约为3个亿，流动资金投入约为5个亿。投资规模按阶段划分主要如下：

（1）2010年

总投资额：约1.91亿元人民币。投资方向：柳工项目运作；流动资金：6400万；柳工项目固定资产投资：12720万。

（2）2011年

总投资额：约2.65亿元人民币。投资方向：柳工项目及社会项目；运作流动资金：12800万；柳工项目及社会项目固定资产投资：13610万。

（3）2012年

总投资额：3.76亿元人民币。投资方向：柳工项目及社会项目运作流动资金：31000万；柳工项目及社会项目固定资产投资：6560万。

范本内容精讲

范本内容展示的是 ×× 公司发展规划的部分内容，由范本可以看出，该发展规划的标题省略了时限这一要素，且内容没有前言和结尾部分，整个规划都是围绕任务目标和措施展开。

由此可见，在实际的运用中，规划并非一定要按照既定的格式和内容进行制定。对于国家机关或各级部门，在制定规划时肯定应当按照要求规范各个结构的内容，但对于一些企业或个人来说，对于格式和内容的要求就没那么严格。因为企业的规划一般只是针对企业内部而言的，更注重实践性和效率。因此在实际工作中常常会对前言和结尾等实际用处不大的内容进行省略，使内容更加精简和易于实施。

此外，该公司的发展规划将重点内容都放在第三部分的公司发展阶段规划中，将公司发展阶段分为短期、中期和长期 3 个阶段，并对每个阶段的定位和目标作出详细描述，使各阶段的工作更加具体。

同时，在以上 3 个发展阶段中，又重点对短期规划进行了讲解，将定位和目标具体到短期规划中的每一年，并将每一年的发展举措和目标定位相对应，这是因为短期规划对于公司来说是最先需要实施的，也是最容易看出效果的，短期规划实施效果的好坏将会影响中长期规划的实施或调整。因此，读者在进行公司规划时不仅要对公司每个阶段发展作出明确规划，还应着重把握短期规划内容，让其更细致和具体。

第6章

总结、报告、会议写作要点与范例精析

6.1 总结的写作

■基础概述 ■结构和写法 ■注意的问题 ■范例详讲

总结是对过去已经完成的工作或某一阶段已经完成的工作进行回顾和分析，明确工作完成过程中取得的成绩、存在的问题以及应当需要吸取的经验并将其规范化的公文。

6.1.1 总结基础概述

总结对于现在和未来的工作具有重要的指导意义，按照不同的分类标准，总结有不同的类型，不同类型的总结适用于不同的情况。下面来了解一下总结有哪些分类。

1. 从内容含量分类

总结按照内容含量的多少，可以分为两种类别，具体如下所示。

- **全面总结：**又称之为综合总结，它是对某一地区、某一单位、某一系统或某一阶段已经完成的工作进行全方位、多层次和多角度的总结。
- **专题总结：**是对某项具体工作、某个方面或某个问题进行的专门总结，具有单一性和集中性的特点，这类总结的针对性往往较强，对总结的内容一般要求较高，需要概括出具有普遍性、指导性或规律性的问题。在写法上专题总结要更细致和具体。

2. 从结构类型分类

总结按照不同的结构构成，可以分为 5 种类别，具体如下所示。

- **三部分式：**这类总结的内容一般由三部分构成：基础概述、经验教训、改进方法和未来打算，这种方式是全面总结的常用方式。
- **因果颠倒式：**这类总结是采用将结果和原因颠倒的方式，先讲结果，再讲原因。即在具体应用中，先讲取得的成绩，然后再分析成绩取得的原因，最后阐述存在的问题，该类总结一般是将原因作为写作重点。

- **逐一叙述式**：这种结构类型的总结，不侧重讲解某一项内容，而是对基本情况、取得成绩、经验教训以及未来改进方法等内容按某种顺序逐一进行讲解，每项内容都是相对独立的。
- **对比式**：将经验和教训、成绩和不足等问题归纳在一起讲解，前面讲经验，后面就讲教训，前面讲成绩，后面就接着讲不足，通过前后形成对比的方式来对整个内容进行讲解和总结。
- **递进式**：这是一种层层深入的结构类型，通常的写作方法是先写明总结的背景和原因，再写进行总结工作的开展背景、过程和结果，从远到近、从浅到深地层层递进。

3. 从时间长短分类

将总结按照总结的时间周期长短来进行分类，可以将其分为年度总结、季度总结、月份总结以及阶段性总结。这是目前公司最常用的一种总结类型，尤其是销售类型的公司，按照时间来对工作进行总结，不仅能够快速了解过去这段时间内的工作成果，还能针对这段时间的工作情况，及时调整、规划和改变下一周期的工作计划。

4. 从总结内容分类

根据总结内容的不同，可以将其分为学习总结、工作总结和思想总结等。不同的总结对应的作用不同，学习总结即对过去所学的知识进行总结，包括学习的时间、内容、过程、成绩以及效果等；工作总结即对某一时间段的工作进行一次全面系统的检查，包括工作成绩、内容以及评价，并分析成绩的不足，从而得出引以为戒的经验；思想总结主要是个人在组织和培训部门培养与教育下总结成长的道路、经验及体会。

6.1.2 总结的结构和写作方法

总结一般由标题、正文和落款 3 个部分构成，下面来对每一个部分进行具体讲解。

1. 标题

总结的标题有 3 种形式，分别为公文式标题、文章式标题和结合式标题，具体如下所示。

◆ 公文式标题

完整的公文式标题为“单位名称+时限+事由+文种”构成，如“××公司财务部2016年度工作总结”。以上构成标题的4个要素中，时限和单位名称可以根据实际情况省略，但事由和文种一定不能省略，如：“××市关于科研机构交流会的总结”“关于销售工作的总结”。

◆ 文章式标题

这类标题一般是用短句概括揭示总结的内容，如《食品安全工作要做到常态化》《学习贵在思考》。

◆ 结合式标题

也被称为新闻式标题，这类标题由公文式标题和文章式标题组合构成，分为正、副两个标题，其中文章式标题为正标题，公文式标题为副标题。如“强化内部监督机制，提高政务公开水平——××学校党务工作总结”。

2. 正文

和大部分公文类似，总结的正文一般由前言、主体和结尾3个部分构成，下面来逐一进行讲解。

◆ 前言

前言也叫引言，是总结的开头部分。这一部分内容一般要求开门见山，是主体内容展开前必要的铺垫。在写作时有以下几个步骤。

第一，概括本单位的基本情况。

第二，交代总结的客观背景和主观条件。

第三，说明总结的主要目的和内容。

第四，通过具体数据的引用来说明取得的成绩。

第五，用设问方式开头，引起读者的思考或兴趣。

2016年上半年，我公司在产品生产方面实行了超额计件奖励方案，在全面落实定额管理的基础上，坚持按劳分配和多劳多得的原则，有效地调动了各生产人员的积极性，提高了公司的产品产量和经济效益，上半年公司产量和效益分别增加了 20% 和 10%。

以上前言的内容不仅概括了总结的背景和单位的基本情况，还介绍了总结的时限、重点内容和任务完成情况，同时结合了前言写作的几种方法。

◆ 主体

主体部分是总结的核心部分，一般包括 3 个部分的内容。

第一部分，取得的成绩和做法。首先用充足的数据展示从总结事项中取得的所有成绩，并将取得以上成绩而采取的具体措施和方法写清楚。

第二部分，获得的经验。通过具体分析取得成绩的原因，得出具有规律性和指导意义的经验。

第三部分，存在的问题和教训。通过分析总结事项的不足，发现在工作过程中存在的问题，得出具有实际意义的教训。

以上三部分内容的顺序并不固定，可根据实际情况调整，但要注意保持前后内容的一致性和逻辑性，比如存在的问题和教训是基于一些客观资料分析出来的，因此若将其放在前面写就不太合适。

◆ 结尾

这部分内容可以是对全文的概述，也可以是对存在问题提出解决办法，还可以是今后打算努力的方向。在实际运用中，结尾部分内容还可根据情况进行省略。

3. 落款

落款是总结的结束部分，一般位于正文的右下方，包括单位名称和日期两部分，若标题中已出现过单位名称，那么落款部分就可以对单位名称进行省略，日期一般不进行省略。此外，需要注意的是，刊登于报刊杂志上的专题总结，应在标题下方居中署名。

××保安公司 2018 年工作总结

时光总如白驹过隙，在不经意见匆匆逝去，2018 年在全体员工的辛勤忙碌中匆匆而过。面对市场行情的又一轮寒潮，销售市场大幅萎缩，行业竞争及厂家直供带来的压力增大。但回顾全年，困难比预料的多，成交却比预想的多。全体员工在这一年勤奋务实、克难攻坚，在进一步强化规范经营、提高服务质量的基础上，认真组织开展安全隐患排查工作，加强安全押运监督管理，消除安全隐患，实现了无配送事故，无火灾爆炸事故，无人员伤亡事故，安全形势保持稳定。为汲取经验，现将一年来的工作总结如下：

一、 全年主要工作回顾

××

二、 工作中存在的一些问题

××

……

落款　2019 年 2 月 15 日

如上图所示为某保安公司的工作总结落款，可以看出因为标题中已明确写出了单位名称，因此在落款时单位名称就可以省略，只写出落款日期即可。

总结的写作方法通常有 4 类，具体如下图所示。

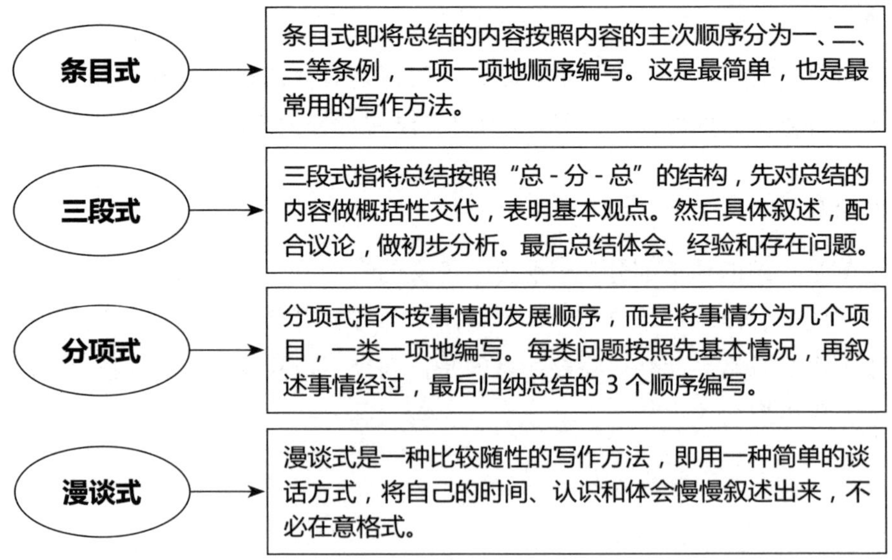

6.1.3 写好总结需要注意的问题

总结除了自我分析，更多的作用是将内容展示给读者，因此，如果总结内容条理不清，问题较多，就起不到总结的目的。所以写作过程中需要注意一些容易出现的问题。

- **实事求是**：总结是用来分析成绩，反思问题的。因此，实事求是是总结写作的基本要求，这就要求做到不夸大成绩，不缩小问题和缺点。
- **条理清晰，语言准确**：总结是需要展示给读者看的。因此，内容的逻辑性和文字的准确性十分重要，一篇逻辑混乱、表达不清的总结注定是失败的。
- **把握个性**：写作过程中，很容易出现按照既定框架去套总结内容的情况，这样写出来的总结大多都是千篇一律，没有特点。因此，在写作过程中，应从总结事项本身出发，忘记既定格式，写出本身独到的特点和发现。
- **详略得当，把握重点**：总结涉及的材料较多，但在写作过程中并不需要将所有材料内容都装进总结里面，而应进行有意识的挑选。选择一些重要或有用的内容进行写作，否则就会导致总结过于拖沓臃肿，重点也难以突出。
- **观点和材料统一**：总结中的观点是从材料中提炼出来的，材料是观点最好的佐证，因此在写作中观点一定要以材料为基础，并统率材料。
- **叙述和议论结合**：总结并不仅仅只是数据和文字的罗列，更重要的是从中发现问题和引发思考，因此在写作过程中应以理论为基础，重点进行观点和体会的阐述。

6.1.4 常见总结文书范例详讲

在日常工作中，使用最频繁的通常是工作总结，并且在实际写作中通常将工作内容按照时间周期来进行总结，即年度总结、半年工作总结、季度工作总结、月工作总结、阶段工作总结以及个人工作总结。下面来逐一进行讲解。

No.1 年度工作总结

年度工作总结也称年终总结，是把前一年度的工作进行全面系统的检查、评价、分析和研究，从中分析成绩的不足，并得出经验。年终总结是每个单位和企业了解整个单位、企业、部门和员工全年工作的常用方式。

范本内容展示

◎资源下载\第6章\年度工作总结.doc

××科技公司2018年年终个人工作总结

转眼之间又到年底了，暮然回首已在××公司这个大家庭中度过了两年半的快乐时光。在过去的一年里，在领导和同事们的悉心关怀和指导下，在自己的摸爬滚打中，工作上积累了一定的经验，技术能力上有了进一步的提升；但也存在着诸多不足。总结过去，展望未来，现将2018年工作简要总结如下。

一、工作总结

第一、二季度主要进行了××等老产品的调测、文档完善、料单编制、整机装配等维护工作，解决生产过程中反馈的一些问题，大量的调试工作使自己积累较为丰富的工作经验。到上海××参观学习其生产加工工艺一次，通过与其生产人员的交流沟通，使自己意识到在设计过程中如何注意细节，从而更有利于设备产品化。

第三、四季度主要进行××改版工作，进行××的备料、硬件调测；进行××的原理图设计、元器件选型、备料、调测等工作；协助编制××等设备的工艺文件，搭建测试环境。

二、工作中存在的问题

1、知识面需要进一步扩展

随着公司不断启动新项目，开发新产品，应用新技术，自己只有不断勤奋学习新知识、新技术，才能够适应新项目的需求，才能更好的做好自己的本职工作。因此在日常的生活中要多学、多看、多问，不懂的问题多研究。

2、解决问题的能力需要进一步提高

做项目所面对的就是一个个问题，如何把问题解决的更好，在错综复杂的矛盾中找到好的方案。这就需要有扎实的基础知识，并且要多实践、多尝试，不断积累经验。遇到问题时要勤思考、抓本质。

3、精神能力需要进一步提高

做项目，特别是难得项目，需要有足够的毅力和抗压能力。因此需要进一步提升自己的这种精神能力，遇到问题迎难而上，克服种种困难。

4、综合能力需要进一步提升

增强团队精神、交流能力、协作精神，增强获取新知识的能力。

三、下一年的工作计划

简单的概括为，努力做好自己的本职工作；扩展自己的知识面；提升自己解决问题的能力和团队协作的能力。

最后，祝愿我们公司能在新的一年里取得辉煌的成绩！

2019年1月25日

范本内容精讲

以上范例展示的是某科技公司员工个人的年终总结。可以看出，总结的主体内容分为三大部分：全年所做总结汇总、工作中存在的问题和下年计划。

文中并没有将其所获得的经验在主体部分表现出来，而是只在前言里作了大概描述，这是总结在实际运用过程中的常用手法，尤其是针对个人总结来说，因为个人总结更多的是向公司或单位领导自己的工作内容和成绩，领导更多考查的也是总结人的工作成绩和在工作中发现问题的能力，以及对下一步工作是否有明确的思考和规划，因此总结人在写作时也会更多的根据领导的要求去进行内容的选择和安排。

此外，需要注意的是，范例中最后一部分关于下一年度工作计划的内容过于简单，读者在进行具体写作时还可以将这部分内容更加丰富和具体化，一个细致的计划能让老板和领导清楚了解拟定者的想法，并容易因此对其产生好感。如下所示为某销售人员的个人年度计划。

一、全年整体计划

1. 市场分析，根据市场容量和个人能力，客观科学地制定出销售任务。暂定年任务：销售额100万元。

2. 制定出月计划和周计划。并定期与业务相关人员会议沟通，确保各专业负责人及时跟进。

3. 注重绩效管理，对绩效计划、绩效执行和绩效评估进行全程关注与跟踪。

4. 目标市场定位，区分大客户与一般客户，分别对待。加强对大客户的沟通与合作，用相同的时间赢取最大的市场份额。

5. 不断学习行业新知识，新产品，为客户带来实用的资讯，更好地为客户服务。并结识弱电各行业各档次的优秀产品提供商，以备工程商需要时能及时作好项目配合，并可以和同行分享行业人脉和项目信息，达到多赢。

二、全年销售工作具体量化

1. 制定出月计划和周计划及每日的工作量。每天至少打30个电话，每周至少拜访20位客户，促使潜在客户从量变到质变。上午重点电话回访和预约客户，下午时间长可安排拜访客户。

2. 从招标网或其他渠道多搜集些项目信息供工程商投标参考，并为工程商出谋划策，配合工程商技术和商务上的项目运作。

3. 做好每天的工作记录，以备遗忘重要事项，并标注重要未办理事项。

4. 填写项目跟踪表，根据项目进度：前期设计、投标、深化设计、备货执行和验收等跟进，并完成各阶段工作。

5. 前期设计的项目重点跟进，至少一周回访一次客户，必要时配合工程商做业主的工作，其他阶段跟踪的项目至少二周回访一次。工程商投标日期及项目进展重要日期需谨记，并及时跟进和回访。

6. 前期设计阶段主动争取参与项目绘图和方案设计，为工程商解决本专业的设计工作。

7. 投标过程中，提前两天整理好相应的商务文件，快递或送到工程商手上，以防止有任何遗漏和错误。

8. 投标结束，及时回访客户，询问投标结果。中标后主动要求深化设计，帮工程商承担全部或部分设计工作，准备施工所需图纸（设备安装图及管线图）。

9. 争取早日与工程商签订供货合同，并收取预付款，提前安排备货，以最快的供应时间响应工程商的需求，争取早日回款。

10. 货到现场，等工程安装完设备，申请技术部安排调试人员到现场调试。

11. 提前准备验收文档，验收完成后及时收款，保证良好的资金周转率。

从以上内容可以看出，该销售人员将全年计划分为两个部分：第一个部分是全年的整体计划，其中，不仅包括具体的销售任务数量指标，还包括对自身绩效管理、目标市场和客户维护以及自身知识和业务素质等内容；第二个部分是全年计划的具体量化，是对第一部分每项内容的具体落实。这是一个比较细致且可执行的年度工作计划，它不仅使得年度工作更具规划，同时将年度工作细化到具体每天，将大目标成功分解成小目标。

此外，除了以上的年度计划样式之外，还可以采用表格的方式进行年度计划的拟定和分解，个人年度计划表样式如表 6-1 所示。

表 6-1　个人年度计划表

个人年度计划表				
目标内容	方法和措施	完成率	完成时间	备注

表格相对于第一种方法来说内容更清晰，也更方便进行进度的更新和完成情况的统计，因此在实际应用中使用得也比较频繁。

No.2 季度工作总结

季度工作总结是以一个季度为周期，对该周期内的工作进行全面系统的检查、评价、分析和研究。季度总结根据不同的季度认知习惯，在应用上有所差异，比如对于第一季度，常规认知是指1月、2月和3月，但有的单位和个人也把12月、1月、2月作为一季度。

范本内容展示

资源下载\第6章\季度工作总结.doc

2019年××担保公司综合部一季度工作总结

综合部负责公司后勤管理、制度建设、档案管理、人力资源管理、劳资管理、日常行政管理等工作。2019年一季度，经过综合部全体人员的共同努力，较好的完成了各项本职工作。现将重点工作总结和下一季度工作计划汇报如下。

一、公司人事劳资、证照年检等工作

1. 完成了公司的证照年检工作。每年1月到3月证照审核、集体合同备案、书面审查、更换工资手册等。

2. 年初办理了三证合一，并到相关部门变更三证合一的信息。

3. 一季度共办理了三位同事人事关系转入、五险一金的转入与补缴。

4. 公积金开通网上办公并参加培训，将公积金比例从15%调整为12%。

二、后勤行政工作

1. 担保一季度共组织召开项目预审会十次，审保会八次，共通过六个项目。

2. 担保办理开通天津中征信息网和中国人民银行征信中心业务。

3. 公司员工的考勤登记，每月初公布考勤情况，结合实际情况，扣罚工资。

4. 档案管理，劳动合同续签，银行授信入围材料整理等工作。

5. 按时上报金融办报表，配合金融办现场检查，完成金融办、金融协会和小贷协会临时上报的工作。

6. 及时将上级公司文件通知按照领导的指示向各部门传达，并全程跟踪。

7. 及时将各部门的需求、建议向领导反应，并按指示协调相关部门执行。

8. 加强公司的固定资产和办公用品管理，规范购买程序，采取按需购买、谁使用谁负责，以旧换新等原则，避免人为的损失和浪费。

9. 定期检查公司的水电和消防设备、更换灭火器。

10. 安排员工每年的定期体检。

11. 提高员工综合素质，组织员工内部和外部培训。

12. 组织参加产业集团的职工运动会。

13. 办理了公司微信公众号。

三、配合上级公司完成的工作

1. 配合上级公司筹备组织各项会议。

2. 配合上级公司完成员工信息登记表和岗位说明书。

3. 配合上级公司，安排全员培训。

4. 配合上级公司组建金控公司行政管理中心工作。

5. 配合上级公司完成临时安排的工作等。

四、工会工作

在工会经费限额内，为员工购置福利、生日券等，使员工体会到公司温暖。

五、下一季度工作计划

（一）继续开展劳资管理工作

劳资工作琐碎繁杂且环环相扣，各项手续缺一不可。下一季度主要工作是核定小贷公司工资手册，医保7月变更基数，残疾人保障金的核定，新进员工各项保险手续的办理。

（二）完善担保办公平台的使用管理

规范办公平台使用要求，督促业务部项目受理和平台录入时间保持一致。

（三）办公成本控制管理

本着厉行节约、绝不浪费、保障及时的原则，确保购买及时、发放及时，控制成本增长。

（四）加快人才队伍建设

配合领导完成招聘计划，培养新进员工，加快人才队伍建设。

（五）继续做好安全生产督查工作，加强安全生产管理工作

综合部工作较繁琐，且工作繁重事无巨细，主观上想做到最好，但由于各种原因，未能尽善尽美。综合部的工作离不开各部门的大力支持和配合，在此代表综合部感谢各位领导和同事们。

2019年4月10日

范本内容精讲

从范例中可以看出，该总结内容对于季度工作的归纳汇总很清晰，将部门工作按不同类别进行汇报，并且在每一项内容下面，不仅写出了做了些什么，更重要的是描写了每项工作的结果或数量，这就很容易判断汇报者的工作数量和质量。

另外，读者需要注意的是，从范例可以看出，下季度工作计划并不是对于上季度工作的简单重复，它更多的是对于上季度工作不足之处的完善以及对于该期间内新的工作重点的规划和安排，对于一些已经完成的阶段性工作，不必再在工作计划中列出，读者在制定下季度工作计划时一定要清楚该季度的工作重点工作任务是什么，分清主次和轻重。对此，可以从以下几方面来进行把握。

- 本岗位的日常工作。如范例中的“继续开展劳资管理工作”。
- 上季度或之前未完成的工作。一般是由于工作量大或持续期较长导致短时间不能完成的工作，如公司重大制度的修改。
- 政策或公司制度变化导致的与本岗位相关的工作事项，如范例中因公积金缴存比例政策变化导致公司员工公积金比例的调整。
- 临时性的工作。一般是岗位临时工作或上级领导交办的临时任务。

No.3 月度工作总结

月度工作总结是对一个月内的工作进行全面系统的检查、评价、分析和研究。为了保证月度总结的及时有效，在每月结束后 10 个工作日以内进行总结比较适宜，效果会比较明显。

范本内容展示

资源下载 \ 第 6 章 \ 月度工作总结 .doc

××厂长2019年4月工作总结

4月份很快又过去了，这个月把抓生产质量作为主要工作，在严查和加强学习的同时要求学以致用，使工作取得了不错的成效。我更感到有许多方面的知识还要去学习，要用科学的管理方法来指导工作，确保一个稳定和谐的生产局面。五一假期即将到来，这段时间我会带领生产部全力配合店里销售工作。以下是4月份总结。

一、生产质量。本月主抓质量，要求各部门要严格把控质量关，带领大家加强了管理、质检人员对质量管理和品质意识的培训，并要求大家要实际行动起来，一定要现场管理，多走动，发现问题及时处理。作为管理人员要先把自己的思想转变过来，才能带动工人转变。为了提高管理工作效率，各部门负责人从4月份开始每天用手机发当天的工作事项。

二、生产过程。上个月沙发反应有味道的售后较多，现在要求，有味的必须推出去晒一下，散散味。尽量避免因此造成的售后。批量生产的产品要求一定要做首件。以避免出现问题延误交期或致使整批产品全部错误给公司带来不必要的损失。

三、售后。之前售后有出现拖拉时间太长的问题，现在为了加大售后处理力度，由××协助负责追踪，要求各部门必须在3天内完成销单，责任到由各部门负责人亲自去抓。杜绝推卸责任和处理结果总是客户责任的问题，避免出现二次售后，出现二次售后的双倍扣除相关人员考核工资。

四、库房。为了节省成本费用，原材料库堆放了很多有问题的排骨架，能继续用的，已和供货商谈好，拉回去重新维修，继续投入使用。并加大监管力度，杜绝供货商不合格产品流入。

五、安全。在安全方面我一直坚持“预防为主，综合治理”的方针。坚持对员工的安全教育培训，要求全体员工认真领会、吸取事故的教训、引以为戒、提高安全意识。通过安全教育，增强员工的安全意识和自我防护能力；并对6S安全考核作为重点考核项目，其它方面做的再好，但是只要存在消防隐患的，一律取消第一名资格。

六、厂务。按政府部门要求和本着对员工负责的态度，月初请专业人员对公司各生产车间做了职业病因素检测，报告出来后，下个月安排相关人员去做职业病体检。并对7、8号车间做了防护，避免灰尘、味道扩散。

七、基建。工厂多处在施工中，要求×××做好文明施工监督，我自己每天也多次到现场检查。1号车间二层建设施工，在下个月初会尽快投入使用。污水处理工程预计在5月底完工，并且投入使用。

2019 年 4 月 29 日

范本内容精讲

范例展示的是某厂长对于整个厂某个月的整体情况总结，对生产质量、生产过程、售后、库房管理、安全管理、厂务以及基建等与厂内工作相关的各个方面都做了具体的总结。可以看出，公司老板、管理层或部门经理等领导层人员在作总结时，更多的是着眼于大局，工作总结的内容应更注重全面性，务必要注意包含自己管辖范围内的每项工作。此外，老板或管理者的总结与个人和部门总结不一样，更注重摆事实，更多的是将目前公司或单位状况据实阐述给员工和下属，很少会涉及经验教训总结和未来计划。

不同的公司，涉及的业务类型不同，总结内容也因此有所差异。除了范例中的总结形式之外，老板的总结还可以采用以下形式。

过去的一个月，在公司全体员工的共同努力下，公司的各项业务都得到了很大发展，下面由我来给大家作一个汇报：

上个月，公司实现销售收入475万元，实现税金49万元，享受国家政策退税13万元；公司投资建设1000平方厂房，并顺利通过高新技术企业的年审；公司在th100的基础上开发出了测显系列的测温及表论产品，还成功研发了doz电网运行设备在线监测产品，并获得4个产品的软件证书和3个产品的专利证书，为公司在技术领域的自主创新增添了浓墨重彩的一笔；公司新投产的产品消弧、无功补偿及组建的柜体生产车间等，为社会解决50人左右就业；公司董事会还作出了扩大经营范围的决定，计划下个月投资酒店产业，新成立××酒店，再为社会解决就业人员100人左右，我们进一步地为社会作出了自己的一份贡献；更重要的是，公司培养了一批拥有较强的研发能力和较高的营销管理水平的高素质核心人才，为公司今后的长远发展奠定了坚实的基础。

以上总结与范例相比更精简和量化，比较适合发展成熟，具有一定规模的公司，因为这类公司一般业务量大，且具有持续性和稳定性，所以即使是月度总结，也有很多数据可以用来展示，简单明晰。此外，对于具体业务部门的负责人，也可采用这种总结方式。

No.4 阶段工作总结

阶段工作总结是不特意限定时间范围的总结，不像年度、半年度和月度总结那样，是对固定时期内的总结，它在时限上往往不固定。

范本内容展示

资源下载\第 6 章\阶段工作总结 .doc

个人阶段工作总结

尊敬的厂领导：

转眼间我在工艺所副所长的工作岗位上已经工作了近 3 个月。首先感谢各级领导给我这个发展锻炼的平台，令我在工作中不断的学习，不断的进步，并能较好的完成各项工作任务。翻看这 3 个月的走过的工作道路，回忆这忙碌充实而又紧张、愉快的时光，通过不断的学习，以及厂领导和同事的帮助，个人的工作技能也有了明显的提高与发挥。虽然工作中还存在着很多不足之处，但应该说付出了不少，也收获了很多。现就上阶段的工作情况总结如下。

一、努力完成分管各项业务工作

（一）分管所内日生产运行工作，保证各项工作有序开展。通过负责这项工作，我能够及时了解掌握每个业务系统各项生产工作运行的情况，同时第一时间接收到厂最新的生产会议精神，思想局限性缩小，全局观念得到提升，相关业务沟通能力得到再次完善，思考问题、解决问题的能力得到提高。

（二）分管科技管理工作，保证年初确定的科技项目顺利开展。通过负责这项工作，使我对全所科研攻关的重点有了充分的掌握，也逐步认识到目前我厂科技工作的现状及存在的主要问题。为了及时掌握科研项目的进展情况，我及时与各项目长沟通，了解项目运行状态。

（三）每周组织注水管理人员进行一次周工作总结，回顾本周工作成果及不足，制定下周工作计划及领导关注的重点工作运行情况。通过坚持开展此项工作，我与新组建的注水组技术人员进行了有效的心灵沟通，掌握了每个人的思想动态以及工作状态，统一了思想，坚定了注水管理工作的目标。（即：注水指标完成公司规定，全年治理欠注井 47 口，注水材料费用控制在 187 万元以内不超，争取节省为全所费用控制做出贡献）

（四）在厂总工的带领下，每月底召集厂注水管理各相关业务部门，基层测试队、采油队，召开一次全厂范围内的注水问题协调会，通过召开这个工作会议，能够清晰的梳理出注水系统存在的问题，明确责任部门，落实解决时间，为注水系统问题的快速、有效解决搭建了一个管理平台。过去三个月，累计召开注水问题协调会 3 次，下发注水问题通报 3 份，合计梳理问题 178 项，已经解决 136 项，其他问题正在逐步努力解决。

（五）组织技术人员完成了注水测试新技术试验并取得成功，该项技术是由公司钻采部门主管，采油院负责协调，我厂负责配合实施进行完成的，该项技术的主要原理是应用单芯钢筒电缆及模拟载波技术，同时控制多级井下测试装置进行数据监测和流量调配。相当于在井下植入了“眼睛”和“手”，获取更多的工艺参数和实时调整注入量。完井时随管柱下入预置电缆，地面控制主机通过预置电缆与井下分层配水器连接，对各层段压力、流量进行实时监测及开度控制，实现全自动分层调配及参数监测。该项技术成果为油藏开发方案的实施和调整提供了技术支持。

（六）积极组织协调引进注水井连续油管带压冲洗技术试验，该技术可以在油管内实施解堵，清除管柱内部砂、蜡等堵塞物，解决由于测试遇阻、调剖液上返导致的作业问题，为注水井异常处理、欠注井治理等问题提供了一项技术支撑，实施完成 1 口井（木 601-2），达到了预期治理欠注井的效果。

（七）组织注水技术管理人员梳理总结上半年注水成本费用发生情况，通过与厂家沟通核对合同签订情况，采购订单信息，掌握成本计划实际实施情况；通过与供应站沟通，掌握目前注水材料库存情况，为下步制定成本计划提供依据；与财务部门沟通，确定注水成本费用实际发生的数额；通过组织该项工作，自身的管理水平得到提高的同时，也培养了新人。

（八）面对全厂产量不好的不利局面，3 月 13 日至 16 日期间，工艺所人员在总工程师刘金国、副总师郑金义带领下，对木南区 5 个采油队进行全面普查，全所人员深入木南采油区每个计量、注水班组、中转站、队部累计发现 8 大类问题 91 项。在这次大面积普查过程中，做为一名负责人，我带 3 人连续 3 天开私家车去木南区检查，白天检查完，晚上就加班将检查结果整理出来，第二天报送各位领导审核。真正在工作中起到了模范带头作用，为我厂的发展做出我自己的贡献。以上各项工作我都尽全力按期按量的完成，无论是本职工作、辅助性工作还是临时性任务，我都会尽心尽力，给每一项工作都画上比较圆满的句号。

二、参与所内日常管理与文化建设

（一）在刘总的带领下，讨论并且明确所内人员重组及工作分工，启用了两名新组长，两名副组长，目前所内员工的工作积极性大幅度提高，特别是技术骨干都能够无怨无悔的加班加点工作，加班加点编制方案的场景总会在工艺所的办公室内出现。

（二）重新规范了所内新任副职的工作职责及主要工作内容，作为一名新任职的员工来说，明确自己的岗位职责及主要工作内容是一件非常重要的事情，在邵所长的带领下，我们讨论并明确了每个班子成员的分工与责任，正是有了这些，每个副职各负其责，才使得目前工艺所的各项工作有条不紊的开展。

（三）俗话说的好“没有规矩不成方圆”，我们班子也充分认识到这一点，组织人员重新规范完善了所内管理考核细则，为了简化、优化管理内容，将原来很多没有实施意义的考核细则全部简化，抓住几项关键事情进行考核管理，同时听取员工的意见，大家都表示支持。在过去的三个月里，我在工作和学习中逐步成长、成熟，深知自身还有很多不足，比如工作能力和创新意识不足，业务水平和相关技能还有待提高。

今后我将努力做到以下几点，希望领导和同事们对我进行监督和指导。

（一）自觉加强学习，学习理论知识，学习专业知识，学习同事们的优点和长处。

（二）克服年轻气躁，做到脚踏实地，主动去工作，在实践中、在一点一滴中完善提高自己。

（三）继续提高自身修养，强化工作意识，努力成为一名优秀的油田技术管理干部。

展望未来，面对新的任务新的压力，我也应该以新的面貌，更加以积极主动的态度去迎接新的挑战，在本职工作中发挥更大的作用，取得更大的进步。我相信在我今后的工作中，我还是会一直不断的努力，不断的进步的，人生路还有很长，奋斗的时间也还有很长，我需要一直不断的努力下去，为××采油厂乃至油田公司的发展做出我最大的贡献。

2019 年 3 月 29 日

范本内容精讲

范例展示的是个人阶段工作总结的内容，总结的周期是3个月，总结内容是以时限内的工作事项为主，存在的问题和计划的内容较少。由此，我们可以总结出在写总结时的一些注意事项，具体如下。

1.总结的各结构内容需要安排得当，主体中的内容不能只侧重写某一项内容，这样会造成内容不完善，使总结效果大打折扣。如范例中工作完成情况讲解比较详细，但最后的计划方面的内容却是用几段文字草草带过。

2.存在的问题和经验教训是总结中不可或缺的内容，只讲成绩而不讲不足的方式是不可取的，这样的总结也很片面，不够客观。范例内容就缺少了这部分内容。总结不足时可以从专业能力角度入手，也可以从自身知识和发展入手，应尽量写得全面完善。具体可参考以下内容。

通过近一段时间的工作，反省自身，还存在许多不足和缺点，现将近期的工作、学习中存在的不足和缺点简要总结如下：

第一，自身的专业业务水平不高，事故应急处理能力不强。业务水平和工作经验与其他老员工比还是比较低。日常工作中偏重于日常生产工作，也忽视了自身思想素质的提高，工作中争强当先的意识不强。

第二，工作上满足于正常化，缺乏开拓和主动精神，创新不足；处理问题有时考虑得还不够周到，缺乏敢于打破常规、大胆开拓的勇气和魄力。另外，政策理论水平不够高。对公司政策理论钻研得不深、不透。

第三，全局意识不够强，还需要进一步增强事业心和责任感。

3.未来计划应与总结人本身的工作岗位内容和职责有关，不应是与工作甚至公司完全无关的事项。

4.未来计划应是具体可实现的，应避免过多或全部为描述性文字。可加上具体的实现期限，这样更具说服力。

此外，范例中阶段总结的周期是3个月，除此之外，阶段总结的总结周期还可以为其他任何周期，比如一周、一个月或两个月都可以，阶段总结的周期可视需要灵活确定，并无强制要求。

6.2 报告的写作

■适用范围 ■写作格式 ■报告和请示 ■要求和注意事项 ■范例详讲

报告是向上级机关进行工作汇报、反映情况、提出建议或意见的公文，当就某一问题向上级机关进行答复时，通常也采用报告的方式。

6.2.1 报告的适用范围

由报告的定义可知，报告是下级对上级作出的，属于公文中的上行文，报告的作用就是用于工作汇报、反映情况、提出建议和答复上级机关询问，但对于不同的报告种类，具体的使用情境又不一样。下面来看一下报告的具体分类及适用情况。报告按照行文目的和作用不同，可以分为7类，具体如下所示。

- **工作报告**：适用于向上级汇报工作情况，内容侧重于对所述工作的开展方式和实施过程阐述，也可以穿插一些经验和教训，但篇幅不应该过长。
- **情况报告**：适用于向上级反映各种社会情况，与工作报告相比适用范围更广，方式也更灵活。
- **呈请性报告**：适用于向上级请求批示或批转的情况，最常见的是向上级提出意见和建议，因此也被称为建议性报告。
- **检查或检讨报告**：适用于因工作失误向上级领导进行报告，它一般不是针对个人，而是下级单位写给上级单位的。
- **例行报告**：适用于上级机关要求下级单位定期汇报工作或其他事项的情况。周期由上级机关根据实际需要确定，比如一周、一个月或两个月等。
- **回复性报告**：适用于答复上级机关询问的情况。
- **送文送物报告**：适用于向上级机关报送文件资料或贵重物品的情况，此时报告通常与所送的资料或物品一同送至上级机关。

6.2.2 报告的写作格式

一般来说，报告由标题、主送机关、正文和落款4个部分组成，每个部分的写作格式也不一样，下面来分别进行介绍。

1. 标题

报告的标题有两种组成方式，一种是“发文机关＋事由＋文种”，比如《中国工商银行××支行关于政府债券发行情况的报告》“××市关于地铁建设情况的报告”；另一种是省略发文机关，仅由“事由＋文种”组成，如“关于××省大学生就业情况的报告”“关于铁路建设资金使用情况的报告”。

需要特别注意的是，报告一般不能单独以“报告”二字为标题。

2. 主送机关

主送机关是指报告的对象，一般是发文单位的直属上级机关，主送机关的数量只有一个，若涉及多个上级单位都需要知晓的事项，可以将主送机关定为直属上级机关，对其他机关进行抄送。

3. 正文

报告的正文一般由报告缘由、报告的具体事项以及结语 3 个部分组成，下面来分别看一下。

◆ 报告缘由

报告缘由一般是交代报告的原因、根据或想要达到的目的，在概述完报告缘由之后一般会加上“现将××具体情况报告如下”的字样，具体如下所示。

按照教育局今年工作计划要求和进修学校教科研工作要求，依据《××县教育科研先进校评选方案》的有关精神，我校认真对照评选细则，结合近几年来科研工作所取得的成绩，我们积极开展自查自评工作，自评认为符合教育科研先进校的评定标准，为突显办学特色，促进办学质量的提高，特此提出申请，现将具体情况报告如下。

◆ 报告事项

根据报告的不同类型，报告事项的内容也不一样，比如对于报告工作情况的，这部分内容就应着重对工作成效和过程进行阐述；对于报告建议的，这部分内容就会侧重于对建议的描述以及原因的说明。总之，这部分内容要么是说明具体情况，要么是指出存在的问题，要么是提出建议和措施，要么是对今后的工作进行设想。当内容较多时，可以依照重要程度由先到后地分条列出。

◆ 结语

结语即结束性语言，是正文的最后一部分内容，通常只有几个字。结语是比较规范的语言，有一些既定的模式，但不同报告类型的结语在使用上有所差别，具体如下图所示。

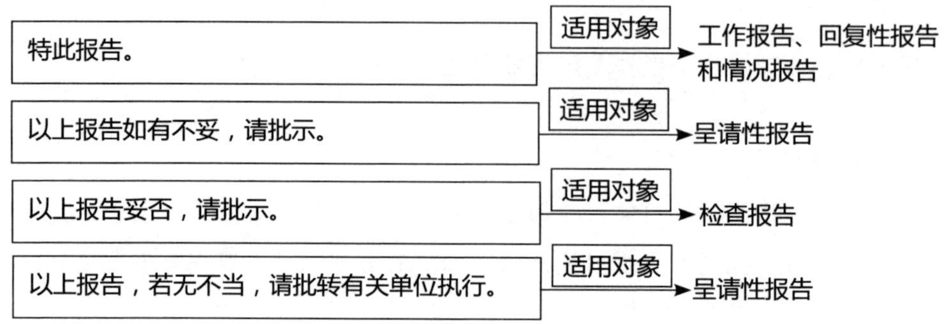

另外需要注意的是，在报告事项讲完之后，作出结语之前，可以先用精简的文字对前面的内容进行总结概括，再写结语。

4. 落款

落款是报告的最后一部分，包括发文机关名称、成文日期和印章。

6.2.3 正确区分报告和请示的区别

请示是用于向上级机构或单位请求指示和批准的公文，也是一种上行文。请示与报告有一些相同之处，它们都属于上行文，都具有反映情况和提出意见或建议的作用，因此在使用过程中一定要注意把握两者之间的区别，做到正确行文。报告和请示的区别主要有以下 9 个方面。

◆ **对内容的要求不同**：报告的内容既可以一文一事，也可以一文数事；请示只能一文一事。

◆ **侧重点不同**：报告属于陈述性公文，主要侧重点是汇报工作，陈述意见和建议；请示是请示性公文，主要侧重点是请求指示或批准。

◆ **行文目的不同**：报告的目的是让上级机关了解下情，掌握情况，便于及时指导；请示的目的是请求上级机关批准某项工作或者解决某个问题。

◆ **行文时间不同**：报告可以在事后或者事情发展过程中行文；请示必须事

前行文。

- **报送要求不同**：报告可以报送一个或多个上级机关；请示一般只写一个主送机关；受双重领导的单位报其上级机关的请示，应根据请示的内容注明主报机关和抄报机关，主报机关负责答复请示事项。
- **篇幅不同**：报告的内容涉及面较为广泛，篇幅一般较长；请示一般都比较简短。
- **标题写作要求不同**：一般来说，报告的标题就是 ×× 关于 ×× 的报告，通常不写请示二字；而请示的标题就是 ×× 关于 ×× 的请示，通常不写报告二字。
- **结束用语不同**：报告的结尾多用“特此报告”等形式，一般不写需要上级必须予以答复的词语；请示的结尾一般用“妥否，请批示”或“特此请示，请予批准”等形式，请示的结束用语必须明确表明需要上级机关回复的迫切要求。
- **处理结果不同**：报告属于“阅件”，对报告类公文上级机关一般以批转形式予以答复，但也没必要件件予以答复；请示属于“办件”，上级机关应对请示类公文及时予以批复。

在了解了报告和请示之间的区别之后，下面来看一下报告和请示错用的几种常见情况，具体如下所示。

◆ 把报告当作请示

把报告当作请示就是指将一些下级呈送给上级并要求批转的报告当作请示处理了，但实际上这类报告应该属于呈转性报告。比如“×× 关于 ×× 的报告”，最后的结束语却为“以上报告，如无不妥，请批转 ×× 执行”，这就属于典型的呈转性报告被当作请示的情况。

◆ 把请示当作报告

把请示当作报告就是把请求指示和批准的请示当作了报告。比如“×× 关于申请购买 ×× 的报告”，是本机关根据工作需要，提出购买 ×× 的要求，请求上级机关予以批准，批准后方可执行的事情。这类应属于请示，而行文实践中有时恰恰错用了报告这一文种。

◆ 请示与报告混合

有些公文既请示工作又报告情况或者既报告情况又夹带请示事项，所以在使用过程中就很容易出现错误地将请示和报告混用的情况。比如“××关于××的请示报告”这类文件形式，其内容既汇报了工作，又顺便提出了请示或者一文数项请示，这种混合的形式。一方面，不符合文种的使用规范；另一方面，由于汇报事项杂糅，极易使上级机关理不出头绪，处理了一件事情而耽误了另外几件事情。

6.2.4 报告的写作要求和注意事项

要写好报告，除了需要正确区分它和请示之间的区别之外，还需要了解报告本身的写作要求和注意事项。

1. 报告的写作要求

◆ 报告内容必须真实可靠

报告的最大前提是忠于事实和实际，无论是报告的成绩、经验、问题或教训，都必须是真实的，应做到有喜报喜，有忧报忧。假报情况、歪曲事实、捏造数字或事例以及缩小问题或放大成绩等都是报告的禁忌。

◆ 报告要有时效性

除了定期报告要严格遵循报告时间之外，临时性报告也应注意时效性，应在报告事项发生的第一时间就实际情况向上级作出报告。

◆ 报告内容要有一定的价值

在报告内容本身的选择上，应优先选择那些政策性强、影响面大和具有方向性的问题。应做到报告工作实在，反映情况有价值，对于建议报告，则应合乎情理，切合实际。在材料安排上，应做到点面结合、重点突出且详略得当。

◆ 对报告内容进行必要的分析

很多类别的报告都会涉及具体情况的罗列，因此为了避免“流水账式”的汇报，就应将情况和问题汇总，提取重要部分进行汇报，并在此基础上对内容进行分析总结。对于需要解决的问题，还应提出具体的解决措施，切忌只提情况，不作分析，只提问题，不提解决办法。

◆ 报告中不能夹带请示事项

如上所述，报告和请示有较大区别，在使用过程中应注意区分，两者不能错用，也不能混用。

2. 报告的注意事项

了解一些报告写作中的注意事项，有助于避免写作过程中的一些错误。具体注意事项如下所示。

- **结语不应为请求类语句：**大多数报告是无须上级回复处理的，所以在使用结语时也不应采用具有请求上级处理或回复的语句，比如将结语写成“以上报告当否，请指示”，就为严重错误。
- **报告后不应添加联系人：**因为报告一般不需上级答复，因此在报告内容后面加附注标明“联系人”和“联系电话”也是不妥的。
- **篇幅不应过长：**报告人应对报告内容进行概括总结，保证内容的精简有效，报告的字数控制在3000字以内比较适宜。
- **报告不应有过多的猜测性结论：**报告是以事实为依据作出的，因此在使用过程中应尽量避免出现猜测性结论，尽量不使用如“可能……”“大概……”这类语句。
- **报告中不应出现命令式语气：**报告是下级对上级作出的，是上行文，因此在内容中绝对不允许使用带有命令类语气的词语。

6.2.5 常见报告文书范例详讲

常见的报告文书有工作报告、情况报告、呈请性报告和答复报告等，下面来逐一进行讲解。

No.1 工作报告

工作报告是党政机关、企事业单位和社会团体等按照有关规定，定期或不定期地向上级机关或法定对象汇报工作的文书类型。

报告的内容包括汇报期间的工作情况和下一期间的工作部署，其中汇报期间的工作情况又应具体包括工作情况、做法、经验以及问题等事项。工作报告主要是在汇报例行工作或临时工作情况时使用，是报告中常见的一种类型。

范本内容展示

资源下载\第6章\工作报告.doc

2017年××县十六届人大第四次会议人民法院工作报告

各位代表：

现在，我代表县法院向大会报告工作，请予审议。

第一部分：2016年工作回顾

2016年，我院在县委正确领导、县人大有效监督和县政府、县政协及社会各界的大力支持下，深入学习贯彻党的十八大及十八届三、四中全会精神，以“努力让人民群众在每一个司法案件中都感受到公平正义”为追求，围绕“争创一流法院”目标，积极开展党的群众路线教育实践活动，切实履行职责，各项工作均取得新进展，为我县经济社会发展提供了有力的司法保障。

一、狠抓执法办案，涉诉矛盾化解取得新成效

一年来，共受理各类案件(含旧存)13274件，审(执)结12031件，同比分别下降1.26%和3.06%。审判质效指标综合考评居全市前列。

(一)宽严相济惩治刑事犯罪。共受理刑事案件(含旧存)832件，审结795件，判处939人刑罚，其中判处十年以上有期徒刑21人，三年以上十年以下有期徒刑102人。审结“两抢一盗”案件193件，交通肇事案件84件，对166名醉驾者以危险驾驶罪判处刑罚。从严审结一批生产、销售病死猪肉等危害食品安全案件，对2名在监管、查处企业非法生产“地沟油”事件中严重渎职的干部以玩忽职守罪判处有期徒刑各一年。妥善审理了一批涉案金额巨大，受害群众达1400多人的非法集资类案件。审结毒品类案件27件，被告人以90后为主体，低龄化态势明显。严厉打击拐卖妇女儿童犯罪，对拐卖越南籍妇女的丁某等四人分别处以三至六年不等的有期徒刑。对377名初犯、偶犯等具有从轻、减轻情节的被告人依法从宽判处缓刑。严格落实疑罪从无、非法证据排除等法律原则和制度。刑事附带民事案件调解率达98.6%，为受害人兑现损害赔偿款4520万元。少年庭因成绩突出，被省综治办评为“全省预防未成年人违法犯罪工作先进集体”。

(二)调判结合妥处民商事纠纷。共受理民商事案件(含旧存)8305件，审结7467件。对婚姻家庭、相邻关系、道路交通等易发案件加大调解力度，化解此类案件2925件，调撤率45.73%。审慎处理劳动争议、医患纠纷等案件66件，尽力消解劳资冲突和医患对立。妥善调处农户联保贷款、农村土地承包经营权等纠纷案件446件，促进新农村建设。民间借贷纠纷保持较大幅度增长态势，全年受理此类案件2380件，同比上升11.6%，涉案金额4.05亿元。我院沉着应对，认真做好风险预警、财产保全、执行分配等工作。

(三)依法妥善化解行政争议。受理行政诉讼案件(含旧存)61件，审结61件。强化计划生育等非诉行政执行案件的执行力度，立案审查392件，执结381件，对8件非诉行政执行案件进行公开听证。依法判决行政机关败诉6件，协调促成和解撤诉13件，撤诉率21.3%。行政机关负责人出庭应诉率达100%。全年无一“不立不裁”行政案件。因连云港市法院系统实行行政案件相对集中管辖试点改革，10月份以后我院暂不受理行政诉讼类案件，辖区发生的行政诉讼纠纷由连云港市海州区法院审理。

(四)多措并举破解执行难题。共受理诉讼执行案件(含旧存)3684件，执结(含程序终结)3327件，执行到位标的款近1.5亿元。10月底执行指挥中心建成并投入使用，目前已实现与25家银行“点对点”查询，准确锁定1826名被执行人的存款信息，查控银行存款3265万元。加强执行威慑，先后筛选389名失信被执行人，将其信息分批在东海电视台、西双湖论坛等媒体曝光，并将其信息纳入银行征信系统。以拒不执行判决、裁定罪判处一名“老赖”有期徒刑两年，12月初将一批涉嫌拒不执行判决、裁定犯罪线索移交公安机关处理。1月1日起，我院司法拍卖全部通过淘宝网司法拍卖平台操作，零佣金交易，全年上线拍卖成交22件，成交金额1377.69万元，为当事人节约拍卖费用68.89万元。积极开展涉民生案件专项集中执行活动，共执结此类案件276件，到位标的款532万元。妥善化解一批涉执信访老案，为困难当事人争取执行救助资金52.6万元。

(五)认真化解涉诉信访。根据《案件风险评估实施办法》，做好法律释明、判后答疑、风险预警工作，及时化解影响稳定的苗头性事件。“两会”、青奥会、县委十一届八次全会精神，紧紧围绕“努力让人民群众在每一个司法案件中都感受到公平正义”的目标，牢牢把握“司法为民、公正司法”工作主线，不断完善工作机制，为我县建成更高水平小康社会提供优质的司法服务和有力的司法保障。具体而言，要重点做好以下几项工作：

一是积极推进平安东海、法治东海建设。认真开展“打黑除恶”专项行动，依法惩治严重危害社会治安犯罪，严厉打击危害食品药品安全、破坏资源环境、非法集资等刑事犯罪，增强人民群众的安全感。积极参与反腐败斗争，对贪污贿赂、渎职犯罪保持高压态势。主动适应经济新常态，加强对经济社会发展新情况、新问题的分析研判，积极做好司法应对。妥善处理新型城镇化建设过程中可能发生的社会纠纷，服务城乡一体化发展。

二是不断强化司法为民、公正司法。妥善审理消费者权益保护、民间借贷等民生案件，深入开展涉民生案件专项集中执行活动，切实维护群众合法权益。设立送达中心，破解法律文书“送达难”，提高案件审判质效。加强涉诉信访和诉讼服务工作，探索完善立案登记制、诉访分离、信访终结机制，积极引入第三方参与涉诉信访工作。在化解“执行难”方面寻求新突破，充分发挥执行指挥中心的功能，加大对规避执行、抗拒执行等行为的打击力度。发挥征信系统的威力，让“老赖”在银行贷款、项目审批、出入境、高消费等活动中寸步难行。对涉嫌拒不执行判决、裁定罪的，及时移送公安机关查办。完善院庭长办案机制，发挥院庭长在化解重大复杂案件方面的示范引领作用。借助信息化手段，完善院庭长行使审判权全程留痕制度。

三是继续推进司法公开平台建设。推进审判流程、裁判文书、执行信息三大公开平台建设。做好新闻发布工作，加强法院新闻发言人制度建设。用足用好法院政务网站、微博、微信，形成功能各有侧重的法院自媒体群。推进12368诉讼信息服务平台和诉讼档案电子查阅服务平台建设。整合利用传统媒体和新兴媒体为司法公开服务。推进司法公开基础设施建设，探索建立多功能、一体化的审判信息管理中心。

四是积极稳妥推进司法改革。抓好审判权运行机制改革工作，完善主审法官、合议庭办案责任制，努力实现“让审理者裁判、由裁判者负责”。稳步实施法院人员分类管理制度改革，优化书记员管理，建立健全符合实际的法官助理制度。完善审判委员会、法官会议制度。积极开展网上信访、巡回接访、带案下访等工作，妥善解决人民群众合法合理诉求。

五是努力深化法院队伍建设。巩固党的群众路线教育实践活动成果，坚持全面从严治党，继续深入查找法院队伍中群众反映的突出问题，下大力气整改。加强学习型法院建设，提高干警的司法能力和司法水平。加强职业保障，提高法官的职业尊荣感。健全惩治和预防腐败体系，加强和改进审务督察等工作，适应新形势下纪检监察工作新格局，对违法违纪现象一查到底。做好人大代表、政协委员联络工作，主动接受监督不避短。

六是加强和改进人民法庭工作。总结双店人民法庭司法改革的经验，发挥好人民法庭在司法改革中先行先试的作用。青湖人民法庭争取在上半年投入使用。提高人民法庭物质保障，对长期在法庭工作、业绩突出的干警，优先落实晋职晋级等保障措施。

各位代表，依法治国蓝图已经绘就，新的形势催人奋进，新的征程重担在肩，在新的一年里，我们将以更加强烈的责任感和使命感，认真贯彻落实本次大会精神，忠实履行宪法和法律赋予的职责，扎实工作，开拓创新，锐意进取，攻坚克难，努力为我县经济社会又好又快发展提供更加有力的司法保障。

特此报告。

××县人民法院

××年××月××日

范本内容精讲

范例中展示的是××县人民法院工作报告的部分内容，省略了报告中间部分的一些内容。从范例我们可以看出，工作报告的内容应包括以下事项。

1. 报告期间的工作情况

这是报告主体内容的第一部分，主要汇报的是报告期间报告单位工作范围内的各项工作情况，汇报时涉及多项工作内容的，应分开汇报。汇报内容应以摆事实和数据为基础，如下图案例中相应部分内容所示。

第一部分：2016 年工作回顾

2016 年，我院在县委正确领导、县人大有效监督和县政府、县政协及社会各界的大力支持下，深入学习贯彻党的十八大及十八届三、四中全会精神，以“努力让人民群众在每一个司法案件中都感受到公平正义”为追求，围绕“争创一流法院”目标，积极开展党的群众路线教育实践活动，切实履行职责，各项工作均取得新进展，为我县经济社会发展提供了有力的司法保障。

一、狠抓执法办案，涉诉矛盾化解取得新成效

一年来，共受理各类案件(含旧存)13274 件，审(执)结 12031 件，同比分别下降 1.26%和 3.06%。审判质效指标综合考评居全市前列。

(一)宽严相济惩治刑事犯罪。共受理刑事案件(含旧存)832 件，审结 795 件，判处 939 人刑罚，其中判处十年以上有期徒刑 21 人，三年以上十年以下有期徒刑 102 人。审结“两抢一盗”案件 193 件，交通肇事案件 84 件，对 166 名醉驾者以危险驾驶罪判处刑罚。从严审结一批生产、销售病死猪肉等危害食品安全案件，对 2 名在监管、查处企业非法生产“地沟油”事件中严重渎职的干部以玩忽职守罪判处有期徒刑各一年。妥善审理了一批涉案金额巨大，受害群众达 1400

2. 存在的问题或困难

对于工作报告中存在的问题或困难，不仅要对困难和问题进行列举，还应提出相关解决措施和办法。

存在的问题或困难这部分内容一般在汇报完工作情况之后提出，可以单独作为一个部分展示，也可以并入工作情况里一起展示。范本是将该项内容并入工作情况里进行说明，且范本内容没有对解决问题提出具体的措施，只对其进行了简单概述，读者应注意这一点，并在写作过程中进行完善。范例中该部分内容如下图所示。

在看到成绩的同时，我们也清醒地认识到，法院工作还存在一些不容忽视的问题和困难，主要表现在：一是执法办案任务日益繁重，案件处理难度越来越大，法官长期满负荷甚至超负荷工作，身心健康问题亟待重视；二是规避执行、抗拒执行依然突出，胜诉权益兑现受阻，影响司法权威，制约司法公信；三是个别干警作风不佳、办案质量效率不高，司法水平与人民群众的期待尚有差距；四是法律文书“送达难”问题凸显，影响了案件审理的质量和效果；五是司法环境不容乐观，少数当事人非理性表达诉求，通过极端方式向法院施压等等。对此，我们将立足自身，积极争取各方的关心支持，采取有效措施，努力加以克服和解决。

3. 下一期间工作计划

下一期间工作计划是工作报告主体的最后一部分内容，是对各项工作进行的具体规划和安排，这部分内容一般单独列出，具体如下图所示。

第二部分：2017 年工作安排

2017 年是全面深化改革的关键之年，是全面推进依法治国的开局之年，我院的总体工作思路是：认真贯彻党的十八届三中、四中全会、中央经济工作会议、县委十一届八次全会精神，紧紧围绕“努力让人民群众在每一个司法案件中都感受到公平正义”的目标，牢牢把握“司法为民、公正司法”工作主线，不断完善工作机制，为我县建成更高水平小康社会提供优质的司法服务和有力的司法保障。具体而言，要重点做好以下几项工作：

一是积极推进平安东海、法治东海建设。认真开展“打黑除恶”专项行动，依法惩治严重危害社会治安犯罪，严厉打击危害食品药品安全、破坏资源环境、非法集资等刑事犯罪，增强人民群众的安全感。积极参与反腐败斗争，对贪污贿赂、渎职犯罪保持高压态势。主动适应经济新常态，加强对经济社会发展新情况、新问题的分析研判，积极做好司法应对。妥善处理新型城镇化建设过程中可能发生的社会纠纷，服务城乡一体化发展。

二是不断强化司法为民、公正司法。妥善审理消费者权益保护、民间借贷等民生案件，深入开展涉民生案件专项集中执行活动，切实维护群众合法权益。设立送达中心，破解法律文书“送达难”，提高案件审判质效。加强涉诉信访和诉

No.2 情况报告

情况报告是指向上级机关反映某种临时性问题或事故发生和处理情况的报告。情况报告不同于工作报告，其内容往往包括某个情况发生或处理的整个过程。下面来具体进行讲解。

范本内容展示

◎资源下载 \ 第 6 章 \ 情况报告 .doc

关于落实2017年度防汛抗旱工作会议精神的情况报告

县防汛抗旱指挥部：

5月12日，××县××年防汛抗旱工作会议召开，现将县城管局贯彻落实会议精神的情况报告如下：

一、迅速传达，深刻领会会议精神

会后，我局迅速召开党组会议，传达了县委书记周××、县长苏××同志在县防汛抗旱工作会议上的重要讲话精神，通过学习，要求班子成员切实把防汛工作纳入重要议事日程，坚持放大汛、抗大旱思想不动摇，结合工作职责，增强工作责任感和使命感，切实抓好××年度防汛抗旱工作。

二、周密部署，提高应急管理水平

一是完善应急预案，成立了以局长严××同志为组长，其余党组成员为副组长，局属各股室、监察大队、环卫处部门责任人为成员的防汛抗旱工作领导小组，并成立了局防洪抗旱应急救援中队，明确了应急职责和任务。

二是根据雨量大小启动不同的防洪排涝组织体系。明确了人员调配、城区排水设施及积水情况巡查、排水设施清淤、防洪排涝工具保管配发、应急车辆安全驾驶等工作的具体分工，保证了紧急情况下人员能各就各位，做好防洪排涝工作。

三是严格实行24小时值班制度，全程跟踪雨情、水情，定期汇报防汛抗旱工作进展情况及存在的问题，为决策指挥提供依据。

三、认真排查，做好防洪排涝设施管护

在汛期来临前，我局开展对城区易出现内涝地段和市政基础设施的排查工作，对排查出的险情逐一落实排险措施，做到防患于未然。

一是加大市政设施巡查监管力度。城市管理监察大队在日常巡查执法工作中，对发现损坏的市政设施通过拍照取证，第一时间出具工作联系单，函告相关责任部门，采取有效措施，减少安全隐患。

二是做好城区主要街道和下水道口疏通清淤工作。县环卫处于5月中旬对城区13条主要街道、965处下水道井口进行清理、冲洗和疏通工作，为汛期城区泄洪做好准备。

××县城市管理局

××年5月19日

范本内容精讲

从范本内容可以看出，对于处理类型的情况报告，报告的关键是在于对情况处理整个过程的精简概述，汇报内容写作可以从以下几个方面入手。

◆ 首先，概括情况落实和处理的依据是什么。

如范例中的依据中提到的“5月12日，××县××年防汛抗旱工作会议召开，会后，我局迅速召开党组会议，传达……”这部分内容就属于范例中防汛抗旱工作的依据。此外，情况报告的落实和处理依据还经常为相关的制度或文件，如：

根据《中国证监会××证监局××文件》，我公司就文件内容进行了认真学习并对规定的事项进行了自查及整改，现将相关内容报告如下。

◆ 其次，明确在处理依据下报告单位或个人采用的处理方式是什么。

处理方式主要是指为该事项采取的具体实施措施，例如范例的成立工作组的方式。除此以外，根据事项的重要性和复杂程度，还可以采取指定某个部门或个人来负责的方式进行落实。

◆ 再次，写明处理情况过程中所做的软性工作。

软性工作即为具体工作所服务的其他工作，比如完善了相关制度、使用系统或组织体系等。另外，为此所做的工作动员或意识精神鼓励也可以纳入该部分内容进行讲解，但篇幅不应过长，概括为主。

◆ 最后，写明处理情况过程中所做的硬件工作。

这部分内容就是具体的工作安排，包括为落实工作事项所做的人员安排、具体工作内容和任务安排等。例如范例中“明确人员调配、城区排水设施及积水情况巡查、排水设施清淤、防洪排涝工具保管配发、应急车辆安全驾驶等具体分工”。

No.3 呈请性报告

呈请性报告是就报告事项向上级单位或领导请求批示或批转，报告应对申请事项及申请原因和条件等作出比较详细的阐述，具体如下所示。

范本内容展示

资源下载 \ 第 6 章 \ 呈请性报告 .doc

关于申请先进科研学校评定的报告

县教科所：

按照教育局今年工作计划要求和进修学校教科研工作要求，依据《××县教育科研先进校评选方案》的有关精神，我校认真对照评选细则，结合近几年来科研工作所取得的成绩，我们积极开展自查自评工作，自评认为符合教育科研先进校的评定标准，为突显办学特色，促进办学质量的提高，特此提出申请，现将具体情况报告如下：

一、加强领导，提高认识

开展教育科研，促进每个教师的专业发展，旨在促进每个学生的发展，从而促进学校教育教学工作的全面发展。首先，主要领导主抓研究课题。形成“校长全面负责——主任指导安排——教研组具体实施——实验教师具体操作”的研究体系。制定切实可行的课题研究管理办法，为课题的实施提供有利的保障。

在开展教科研过程中，我校领导十分重视，一把手主抓市级实验课题：《培养学生创新精神与实践能力的研究》。业务校长负责××县教育科研主导性课题的子课题：《小学生口语交际表达训练作文实验研究》。教育科研领导小组，能不断建立和完善学校教科研制度，探索教育科研的新途径，制定了切实可行的教科研工作计划，建立了由分管教科研副校长任组长，教导主任任副组长，各学科首席教师和教研组长及实验教师为组员的科研工作领导小组，并要求全体管理者共同学习、共同参与、共同提高，创造条件，利用学校的可利用的一切资源，积极开展教育科研活动。

学校领导深入课堂听课指导，每位教师(包括中层管理人员)都有规定的听课节数：校级领导每学期不少于 40 节，中层领导每学期不少于 30 节，校首席和年轻教师每学期不少于 25 节。听课做好记录，听后要及时商讨、交流、形成书面记录。为开展教育科研营造深厚的学习氛围。每学期要做到期初有计划，期末有总结。并将科研工作与教师考核、学校自评有机结合，从而更好地调动了教师科研工作的积极性。

重视科研工作，重视科研队伍建设。为了提高教师对教育科研的认识，营造教育科研的氛围，我校重点抓教师科研队伍建设，举办专题讲座，组织教师学习研讨，统一思想认识，明确四种关系，即科研与学校发展、教师发展、教学改革、教学质量的关系。确立四种意识，即科研兴校、科研强师、科研促教、科研提高质量的意识。走以点带面，即教育科研活动积极性高的骨干教师首先参与，最后达到全员参与，共同发展的道路。

二、结合实际，科学选题

在课题的选择上本着“问题即课题的原则”，争取学校支持，选取具有时代性，实用性，创造性，可行性，实际性的课题。××期间，是国家开展素质教育的起始阶段，我校紧跟时代的步伐，率先开展了素质教育方面的立项工作，首先是每位专任教师都有自己的学科小课题，同时在进修学校教科所的指导下，我们又确立了市级课题《培养学生创新精神和实践能力的研究》这一综合性指导课题。实验教师大胆探索，不断地积累总结经验，取得可喜成果，为我校教师更新课堂教学方法，提高业务能力奠定了基础。在此其间，我校涌现出了一大批市级、县级教学能手。

良好的开端促进了我校科研工作的良性发展，此后我校在全国教育科研“十五”规划教育部重点课题《新课程背景下有效教学策略的研究》这一总课题下，确立了《小学口语交际表达训练作文实验研究》这一子课题，旨在通过情境创设，培养学生的想象能力，提高学生的口语表达能力，通过丰富多彩的语文实践活动的开展，培养了学生习作兴趣，降低学生作文的难度。增强学生的写作能力，从而提高了学生的语文综合素质。

针对学生读写能力培养，语言积累习惯养成方面，我校在××年承担了《为文而积、为文而累、积累与习作的有效结合》的课题研究，现正在实施过程中。

三、完善制度，规范管理

建立完善的管理体制，具体包括：

1、目标管理制度。在课题实施的各个阶段提出阶段目标，中心校课题组对各校实验进程进行目标动态管理。

2、监督检查制度。

3、专业学习制度。围绕课题深入开展各种专题研究。

4、课题实验工作学年小结制度。各校实验人员坚持写实验日记。

5、要对课题研究中遇到的疑难问题、成功做法和体会、理论学习体会、课题研究情况写成书面材料，供集体研究交流和存档。实验中及时反思，每学期就课题研究情况进行总结，为下阶段实验做准备。

6、经费保障制度。学校根据实验情况，力所能及地加大投入力度，确保课题实验的正常运行。

7、表彰奖励制度。对参加课题实验的教师视其对课题实验情况的贡献。按照学校的考核办法，根据所取得的成绩，适量加分。记入教师考核成绩之中。

8、成果管理制度。对在实验过程中所取得的阶段成果编集成册，归纳整理并存档。

××学校

××年××月××日

范本内容精讲

由于呈请性报告大多为请求上级单位和领导批示的报告，因此，从范本可以看出，在进行内容写作时应注意以下几点。

◆ 写明申请事项及依据

这部分内容一般写在最开始部分，如范例中的“按照教育局……，特此提出申请”。一般来说，申请事项和依据都应来自相关的规范性文件或相关领导的指示性文件，如范例中的《××县教育科研先进校评选方案》就为规范性文件，文件中规定的事项就为申请事项，文件本身为申请依据。

◆ 认为报告单位或个人满足申请条件的原因分析

这部分内容应是写作的重点内容，满足申请条件的原因应严格与文件相关的规定相符，申请条件必须在本单位或本人每项条款都满足的情况下才能进行呈请报告。此外，在进行满足申请条件原因列举时，顺序应尽量与文件中的条件顺序一致，这样会显得报告更规范，上级单位或领导在查看时也会更方便。

◆ 为申请事项所做的工作和取得的成效

这部分内容主要是对本单位或本人在原本达不到呈请事项条件的情况下，为达到呈请条件而作出的所有工作。该内容应该轻过程而重结果，略讲采取的方式及措施，详讲取得的效果。如范例中的“学校领导深入课堂听课指导，每位教师(包括中层管理人员)都有规定的听课节数：校级领导每学期不少于40节，中层领导每学期不少于30节，校首席和年轻教师每学期不少于25节”。

其中，第二点和第三点应作为报告的重点进行介绍，为使得报告内容更灵活和丰富，这两部分还可融合在一起介绍。

No.4 答复报告

答复报告又被称为回复报告，是上级机关向下级机关了解或询问某一情况或问题，下级机关作出答复时所使用的一种报告。

范本内容展示

◎资源下载\第6章\答复报告.doc

关于县长信箱180及198号办文单反映情况的报告

县人民政府：

县长信箱180号办文单及198号办文单收悉。经研究，现将我局对该两份办文单的处理意见报告如下：

一、高度重视，迅速响应

收到县长信箱180号办文单及198号办文单后，我局高度重视，立即组织相关业务处室对办文单所反映的相关情况进行调查、核实，并要求××处专门跟进，及时向局领导反馈相关情况。

二、正视问题，反思做法

经调查核实，县长信箱180号办文单及198号办文单反映的情况基本属实。目前，我县县城共有大小道路11条，总长10公里，县城周边乡、镇、村群众的摩托车、汽车、农用车和县城市民私家车等，平均每天有1300余辆进城办事及路过，乱穿马路、乱停乱放、乱吐乱扔的现象比较普遍，市政管理人员工作难度及压力非常大。

从维护市容市貌和提高工作效率的角度出发，我局采取了运用执法车辆及扩音器的方法开展市政管理工作，此举未考虑可能造成的负面影响，以致一定程度上给街道附近单位和市民的正常工作以及日常生活带来了诸多不便，也有损我县的形象，我局深表歉意和不安。

三、结合实际，落实整改

当前，我县正在大力开展“整脏治乱”工作，市政管理局成立后，工作力度逐步加大，“整脏治乱”成果得到了省、州的充分肯定，全省综合排名不断上升。

为了巩固成果，同时又不影响市民的工作及生活，结合我县实际，在接下来的工作中，我局拟从四个方面对网民反映的情况进行整改：

一是深刻检讨当前的执法方式，倡导市政人员科学执法、文明执法。

二是每月通过现场办公会、局长接待日等方式，倾听市民对市政管理工作的意见和建议，不断提高工作水平。

三是调整夜晚和凌晨的工作时间，把扰民的情况降到最低。

四是加强业务学习，在日常工作中不断总结经验，争取市政工作让县委政府满意、广大市民满意。

专此报告，请审阅。

××市政局

2016年4月18日

范本内容精讲

由于答复报告是对上级询问事项进行答复，因此对于报告内容要素和语言表达的把握就十分重要，在拟订答复报告时需要注意以下问题。

1. 应对询问事项的情况进行阐述，即上级询问的内容是什么。问询事项不同，进行答复阐述时的内容也不同，阐述时可以参照范例内容省略文件名称，只说明文件号，也可以说明文件名称，省略文件号，如：

××省人民政府：

省政府转来×××××委员会提出的关于××河水质污染状况的报告，经市政府研究，对报告中提出的有关问题及解决方案报告如下：

2. 在对询问事项进行阐述之后应立即说明对询问事项的处理结果。一般使用类似“经调查核实，××单位或个人反映的××情况基本属实（或不属实）”，是对整个询问事项结果的总括。

3. 阐述得出处理结果的过程及所做的工作。一般是对询问事项的调查过程或调查工作进行报告，如范例中的“目前，我县县城共有大小道路 11 条……，市政管理人员工作难度及压力非常大”。

4. 从处理事项中得到的关于本项工作及与其相关工作的反思和优化，以及相关的整改和防范措施。整改工作范围应不仅限于询问事项涉及的内容，还应以点带面，深入思考和分析与之相关的整改事项或存在整改隐患的事项，真正从实践经验中做到防患于未然。

6.3 会议文书的写作

■类型及写作方式 ■范例详讲

会议文书是各类社会组织在其职权范围内制定的公开发布并反复适用，用以规范行为和具有普遍约束力的文件。

6.3.1 会议文书的不同类型及写作方式

不同事项会使用到不同的会议文书类型，而不同的会议文书类型在写作方式上也有所不同，这里主要介绍一下会议议程、会议议案和会议记录及它们各自的写作方法。

1. 会议议程

会议议程的内容是将要讨论的会议事项进行逐一罗列，包括的项目主要有会议名称和次数、开会日期和时间地点、跟进事项（也称为前议事项）、报告事项、讨论事项、发文者签署、发文日期及其他事项等。

如果连同议程一起发送的，还有其他文件，也必须在议程上注明。一般而言，会议议程的语言应该尽量简明扼要，其具体格式如下图所示。

会议议程格式

标题：××会议议程
时间：
地点：
主持人：
参加人员：
记录人：
议程内容：
一、学习××材料
二、传达××文件精神
三、与会者围绕议题进行讨论
四、得出结论或采取什么措施
五、会议小结或领导发言

2. 会议议案

会议议案也被称为会议提案，是用书面形式表达的动议。一般来说，每个参会者都有就会议内容提交议案的权利，但一些比较严谨的会议会要求参会者在召开会议前就必须把提案准备好，并获得一定数量的和议者，才能够提交会议讨论。也有些会议会接纳与会者在会议展开过程中提交临时议案。一般来说，会议议案包括以下 6 个方面的内容。

◆ **标题**：议案标题一般由“单位名称 + 事由 + 议案”组成，如《×× 公司关于设立 ×× 分公司的议案》；其中，单位名称可以省略，比如《关于设立山东 ×× 医药化工股份有限公司的议案》。
◆ **案由**：说明提案所涉及的内容或者事项。
◆ **理由**：解释提出动议的理由。
◆ **办法**：办法是提案的主体部分，是就提案所牵涉的问题所提出的具体建议或解决办法。
◆ **提案人及和议人签署**：提案人及全部和议人在议案上进行签名。
◆ **日期**：日期即议案的最终形成时间。

3. 会议记录

会议记录是指记录人员对会议过程中会议的组织情况和具体内容进行记录和

汇总。会议记录内容要点格式如下所示。

××公司办公会议记录

时间：××年××月××日××时

地点：×××……

出席人：×××××××××××××××……

缺席人：××××××××……

主持人：×××

记录人：×××

主持人发言：××××××……

与会者发言：××××××……

主持人：×××(签名)

记录人：×××(签名)

(本会议记录共××页)

会议记录是一项内容较多，时间较长的工作记录，在进行记录的过程中需要掌握如下所示的一些注意事项。

- **内容真实准确：**会议记录内容应忠于发言者的原意，不能添加记录者的主观观点，做到不添加、不遗漏、书写清楚和有条理。
- **不遗漏要点：**记录时可以对某些内容适当简写或省略，但一定不能遗漏要点，比如发言人的观点、依据材料、建议和提出的问题等。
- **注意格式的把握：**会议记录一般包括会议名称和会议基本情况，基本情况包括：时间、地点、出席人数、主持人、缺席人和记录人等。发言人应在其对应的发言内容前面，先发言内容在后发言内容前面。

6.3.2 常见会议文书范例详讲

常见的会议文书有会议方案和会议记录等，下面来逐一进行讲解。

No.1 会议方案

会议方案是在会议召开之前对构成会议的各个要素作出系统周密的书面安排的会议文书，属于计划类公务文书。它一般是为大中型或重要的会议所做的预设方案。

范本内容展示

资源下载 \ 第 6 章 \ 会议方案 .doc

2016 年××市工作会议方案

为深入贯彻党的十八届五中全会和市委十届十一次全会精神，贯彻落实省××局长会议精神，回顾“十二五”工作，部署“十三五”任务和今年的××工作，进一步统一思想、凝聚力量，推动全市××工作在新的历史起点上再创新辉煌。根据市政府领导意见，拟召开××市××工作会议，现制定筹备工作方案如下。

一、会议时间和地点

2015 年 4 月 7 日上午 9:00，会期半天；××宾馆主楼会议室。

二、参会人员

（一）副市长××、市政府副秘书长××（2 人）；

（二）市委宣传部、市文明办、市人大教科文卫委、市政协教科文卫委、市直机关工委、市财政局、市公安局、市教育局、市农委、市民委、市城建局、市民政局、市文化局、市旅游局、市总工会、市妇联、团市委等部门领导（17 人）；

（三）各县（市）、区政府分管××工作领导和××局局长、分管副局长，××风景名胜区、××风景区、高新区、市××区、市××工业园区、××农高区、××、××等单位分管领导和××工作部门领导（35 人）；

（四）局机关全体人员，局直属各单位班子成员（38 人）；

（五）局系统受表彰的先进集体和先进个人代表（30 人）。

总计：122 人。

三、会议议程

会议主持：市政府副秘书长××

（一）市××局局长、党组书记××做工作报告；

（二）会议表彰

1、宣布××工作先进集体、先进个人表彰决定；

2、宣布××工作先进集体、先进个人表彰决定；

3、宣布××突出贡献奖、贡献奖、突出贡献教练员和十佳运动员表彰决定；

4、宣布局系统先进集体、先进个人表彰决定；

5、公布受市以上表彰的先进集体、先进个人名单；

6、为先进集体和先进个人颁发奖状、证书；

（三）市政府副市长××讲话。

四、会议文件收集和起草

（一）局长、市长讲话、主持语由××负责起草；

（二）会议表彰文件由相关处室起草，××负责收集。

所有文件，均在 4 月 11 日前拿出初稿，4 月 13 日提交局党组会议讨论。

五、会务工作

（一）会议通知由××负责，报送请柬由××负责，邀请记者由崔××负责；

（二）会标：2015 年××市××工作会议，主讲桌放置鲜花，段××负责；

（三）会前对会场音响效果、灯光进行全面测试，确保灯光、音响正常，刘东刚负责；

（四）参会领导安排主席台桌椅，各市级部门和县（市）区领导在观众席前排就座，其他人员依次就座。印制全体参会人员座位图，确保对号入座，并装入文件袋。参会各单位座签核对、增补及摆放，段××负责；

（五）会场安排 4 名服务员负责茶水服务，发奖仪式安排礼仪小姐，××负责；

（六）会议材料装入文件袋，材料准备和装袋由办公室负责；

（七）市领导、县（市）区和部门进会场座位引导由××总会负责，会议照相由××负责，会议录音由××负责；

（八）会议结束后安排各县（市）相关领导用餐，地点在××宾馆主楼餐厅。

六、会议预算

1. 场租费：2800 元（会场、音响、茶水）

2. 横额、桌签、请柬、文件袋、鲜花：3000 元

3. 奖牌：60 元/个*40=2400 元（数量暂定）

4. 荣誉证书：10 元/个*50=500 元（数量暂定）

5. 奖品：500 元*22=11000 元（模范、优秀）；300 元*35=10500 元（系统先进及省市先进）

6. 记者：1000 元

7. 餐费：15000 元

合计：42500 元

2015 年 3 月 25 日

范本内容精讲

从范本中可以看出，会议方案类文书的内容应主要包括以下几个要素。

1. 会议时间及地点

会议时间和地点是会议方案的必备内容，也是基础内容。需要注意的是，这两项内容都必须具体明确，会议时间必须具体到××年××月××日某个时点，若是当年会议，一般可省略会议时间中的年份。

对于会议地点，若是公司内部会议，则必须明确会议地点在公司的具体位置，尤其是对于公司有一个以上会议室的，必须在议案中注明是会议室 1 还是会议室 2，或是其他地方。若是在公司外部进行的会议，那么更应该明确位置，地点格式应为“××市××区××路××号××楼××门牌号”。若该会议有外部人员参加的，最好在会议方案后附上会议地点的路线图和相应的交通工具搭乘

方式，以便参会人员能准确找到参会地点。

2. 参会人员

参会人员是会议方案的重点，也是比较容易出现差错的部分，在拟定会议方案时，一定要注意参会人员的完整性和准确性。完整性是指参会人员的人数，准确性是指参会人员的姓名、职位及两者的相互对应。参会人员应按职位级别高低进行顺序排列（如范例内容所示），排列最后应进行总人数统计，不错不漏是该部分内容的关键。

3. 会议议程

会议议程是会议方案的核心，议程的内容应按“人 + 事项”的方式来写，如范例中的“市 ×× 局局长、党组书记 ×× 做工作报告”。

这部分内容需要特别注意的是议程事项和顺序的准确性。为了保证会议顺利进行，拟定会议方案时务必要与议程的发言人及相关人确认好议程的相关内容，逐一与之核实发言内容及顺序，做到万无一失。会议议程安排顺序错乱而导致会议事故的情况时有发生，因此方案拟定者和会议参与者一定要对这部分内容引起足够的重视，要确保议程的顺序与会议实际召开时的顺序完全一致。

4. 其他事项

材料收集、会务安排和会议预算处理等工作都应具体到人。材料收集主要包括会议涉及文件资料和发言资料等的收集，应根据资料多少指定某个或某几个人负责，保证资料的完整性，发言资料应与议程顺序匹配。会务安排和会议预算是对与会议有关的事项进行处理及对会议相关费用进行预估和管理。

综上所述，可以看出会议方案主要是在会议召开之前，对会议的目的、时间、地点、内容、议程、日程、经费以及后勤等要素做出周密的安排，以确保会议的顺利进行，从而达到满意的预期效果。

No.2 会议记录

会议记录是指在会议过程中，由记录人员把会议的组织情况和具体内容记录下来，就形成了会议记录。

需要注意的是，会议记录与会议纪要不同。会议纪要是用于记载、传达会议情况和议定事项的公文。会议记录不是公文，而是书面材料；会议纪要不能似会议记录那般反映会议的全貌；对会议记录经过分析、归纳和筛选，可以写成会议纪要；会议记录与会议纪要的文面格式也不同。

范本内容展示

资源下载 \ 第 6 章 \ 会议记录 .doc

××学校学生会会议记录

一、会议主题

人文学院分团委学生会 2014 级新生纳新大会。

二、会议时间及地点

时间：2014 年 9 月 23 日下午 3：30～6：30；地点：××政法学院图书馆四楼（学术报告厅）。

三、参会人员

人文学院分团委书记康丽雯，学生会主席邵强以及主席团成员，各部门负责人以及本科生全体成员（2014 级），主持：邵强、郭俊宇

四、记录内容

（一）康书记首先发表讲话：关于新生一年来的学习计划以及学生会的各个工作。

（二）邵强主席分别让各个部门负责人介绍自己部门的职能从而让大一新生的鲜活注入学生会。

1. 团办和秘书部介绍该部门的功能及主要职能：主要负责团学活动和把院承办的主要活动归档等一系列工作。

2. 组织部将自己部门的组织工作大概的介绍给了新生们。

3. 宣传部做的宣传工作也不错，有力的宣传了该部门。

4. 体育部的负责人对点操工作做了详细的说明，并对今年新的点操规划做了布置。

5. 编辑部对他们的院刊做了解释和说明。

6. 学习部主要介绍了该部门对各个活动策划和流程，以及自己部门工作的概括。

7. 外联部做的工作真的是极为重要的，他们负责对院里各个大活动的赞助以及对本院讲座人员的邀请。

8. 新闻中心对本院活动的新闻稿负主要责任。

9. 新闻传播协会、英语俱乐部、青年志愿者协会、青藤文学社这几个社团分别对自己的工作做了详细的说明，并对以后的工作计划进行分步操作。

10. 康书记做新生见面会的最后总结。

11. 结束时新生们积极的加入到学生会各个部门。

五、记录人员

××××

2014 年 9 月 23 日

范本内容精讲

范本展示的是某学校学生会会议的记录，从会议记录可以直接看出该会议的内容，唤起与会者对有关问题的记忆。读者在写作会议记录时需要注意以下问题。

第一，会议记录是一个会议完整过程的反映，应包括会议主题、会议时间和地点、参会人员、主持人员、会议内容以及记录人员等事项，其中会议内容又是记录的重点。

第二，会议记录内容必须严格与会议议程及发言顺序一致。

另外，会议记录除了以会议文书的形式表现之外，在实际应用中为了方便和提高效率，往往还采用表格的方式对会议相关内容进行记录。

用表格形式记载会议记录，记录更方便，内容更直观，使用效率也更高。其范例如表 6-2 所示。

表 6-2　会议记录

会议记录			
会议地点		会议时间	
主持人		记录人	
参会人员			
会议主题			
会议内容			

这种会议记录方式比较适合会议内容较多或会议讨论话题较多的情况。会议内容较多时，可对每一项会议内容单独用一个表格记录，会议结束后再将所有表格进行汇总，简单便捷，且可以清楚查看每项会议事项的具体内容，找出重点。

在实际的会议记录中，还应该对重点内容进行突出，包括：会议中心议题以及围绕中心议题展开的有关活动；会议提论的焦点及其各方的主要见解；权威人士或代表人物的言论；会议开始时的定调性言论和结束前的总结性言论；会议已议决或议而未决的事项；对会议产生较大影响的其他言论或者活动。

作为会议记录人员要明确，自己的目的在于准确、真实的记录会议过程。这就要求记录人员要如实记录他人的发言，不论是详细记录，还是概要记录，都要忠实原意。不得添加记录者自己的观点、主张，更不能断章起义，尤其是会议决定之类的，更不能够出现偏差。真实、准确的记录具体包括：不添加、不遗漏、依实而记；清楚、清晰记录，书写清楚，内容清晰。

第7章

凭据类文书写作要点与范例精析

7.1 合同的写作

■特点和作用 ■订立原则 ■写作步骤 ■有效合同 ■注意事项 ■范例详讲

合同是平等主体的自然人、法人和其他组织之间设立、变更和终止民事权利义务关系的协议。签署书面合同在商务活动和商务办公中都是很有必要的，因为其能很好地维护自身的合法权益。

7.1.1 认识合同的特点和作用

合同有广义和狭义之分，广义的合同指所有法律部门中确定权利和义务关系的协议，狭义的合同指一切民事合同，而最狭义的合同指民事合同中的债权合同。在《中华人民共和国合同法》（简称《合同法》）中规定的 15 种合同都属于债权合同，如买卖合同、技术开发合同、借款合同和行纪合同等。除《合同法》规定的 15 种有名合同外，合同的类型还有很多种，如劳动合同、聘用合同和担保合同等。合同是在双方当事人自愿的前提下订立的，它具有以下特点。

- **合同是一种法律行为：**合同是设立、变更和消灭某种愿望或意图的民事法律行为。
- **产生权利义务为目的：**当事人之间订立合同的目的在于产生、变更或终止某种民事权利义务关系。
- **意思表示一致：**合同要生效成立，必须有两方或两方以上的当事人意思表示一致。
- **受法律保护：**只要是依法成立的合同，都受相关法律法规的保护。

合同的作用首先要保护当事人的正当权利，其次还有维护社会稳定和促进经济发展的作用。另外，合同还能约束当事人，规范当事人履行合同过程中的行为，防范一方当事人作出损害另一方当事人利益的行为。

上述合同的作用具体表现为：当事人要按照合同约定的内容履行各自的权利与义务，如果当事人没有按照合同约定的内容履行合同义务，那么就要承担违约责任，给另一当事人造成损失的，还要赔偿另一方当事人损失。

根据合同类型的不同，其作用也有差别。如劳动合同具有确立劳动关系、增强劳动者竞争意识以及改变劳动制度弊端的作用；买卖合同具有建立双方当事人买卖关系、保证双方诚信交易和保障交易顺利进行的作用。

7.1.2 订立合同的原则

当事人在订立合同时，必须遵循合同订立的原则。合同的订立要遵循四大原则，具体内容如下所示。

1. 自愿原则

《合同法》第四条规定：当事人依法享有自愿订立合同的权利，任何单位和个人不得非法干预。这一规定明确了订立合同要遵循自愿的原则。自愿原则体现了民事活动的基本特征，当事人对民事活动进行约定，除法律有强制性约定的以外，都由当事人自愿约定。自愿原则要贯穿于合同订立的全过程，包括以下内容。

- 是否订立合同由当事人自愿选择。
- 与谁订立合同有当事人自愿选择。
- 在不违反法律规定的情况下，自愿约定合同内容。
- 合同履行过程中，当事人可以协议补充、变更合同内容。
- 当事人可以协议解除合同。
- 当事人可以自愿约定违约责任，在发生合同争议时，可以自愿选择争议的解决方法。

自愿原则不代表当事人可以随性而为，在订立和履行合同的过程中，不得违反相关法律法规，也不能扰乱社会经济秩序，损害社会公共利益。

2. 公平原则

根据《合同法》第五条规定：当事人应当遵循公平原则确定各方的权利和义务。这一规定明确了合同订立的公平原则，公平原则体现在以下 3 个方面。

- 合同订立时，要根据公平原则来确定双方当事人的权利和义务。
- 当事人要根据公平原则确定风险的合理分配。
- 当事人要根据公平原则确定违约责任。

3. 诚实信用原则

《合同法》第六条规定：当事人行使权利、履行义务应当遵循诚实信用原则。这一规定明确了当事人在订立和履行合同的过程中，都要诚实和守信用。具体包括以下几方面内容。

- 订立合同时，当事人不得有欺诈或其他违背诚实信用的行为。
- 履行合同过程中，当事人要根据诚实信用的原则，履行通知、协助、保密和防止损失扩大等义务，以及提供必要的帮助。
- 合同终止后，当事人仍要履行诚实信用的原则，履行保密、通知和协助等义务。

诚实信用是合同法的基本原则，它可以指导当事人订立和履行合同的行为准则。对于合同中没有约定或约定不明确的内容，可以根据诚实信用的原则来进行解释。

4. 不得损害社会公共利益原则

《合同法》第七条规定：当事人订立、履行合同，应当遵守法律、行政法规，尊重社会公德，不得扰乱社会经济秩序，损害社会公共利益。这一规定明确了当事人在订立和履行合同的过程中不得损害社会公共利益。

合同不仅仅与当事人有关，也与社会公共利益和社会公德有关。为了维护经济秩序和社会公众利益，因此要求当事人履行不得损害社会公共利益的原则。对于当事人损害社会公共利益、扰乱社会经济秩序的行为，国家会根据有关法律、行政法规的规定来进行干预。

不得损害社会公共利益的原则与自愿原则并不矛盾，自愿是在遵守法律、不损害社会公共利益的前提下进行的。

7.1.3 合同写作的步骤

合同是重要的法律文书，对于合同该如何写，很多人都不是很清楚，以至于在合同写作时没有头绪，无法动笔。实际上，合同的写作也是有一定的步骤的，按照下面的步骤进行合同的撰写，可以让合同写作更轻松。

1. 明确写作目标和当事人

在进行合同写作前，首先需要明确写作的目标和当事人。写作目标是指合同的类型，即是劳动合同、买卖合同还是租赁合同。确定了写作目标即明确了合同写作的方向。

其次，确定合同的当事人。合同的当事人可能只有两方，但也有可能有三方或者更多。要明确合同的当事人有哪些，以及当事人是法人、自然人还是其他组织。当事人不同，合同条款中需要填写的当事人信息也会不同。如当事人是法人则一般要在合同中写明法人的名称、地址、传真以及法定代表人或委托人等；若当事人是自然人，则一般要写明自然人的姓名、身份证号码以及联系方式等。

2. 当事人身份审查

对当事人的主体身份进行审查时，一方面要了解该当事人是否有资格或有能力订立合同；另一方面要对当事人的资信情况进行了解，这主要为了明确当事人是否有履行合同的能力和信用。在具体审查时，当事人主体资格不同，审查的内容也会不同，具体可以分为以下几种情况。

◆ 当事人为自然人

当事人为自然人时，要查看该当事人是否具有完全民事行为能力。完全民事行为能力是指达到一定年龄的人，具有以自己的行为取得民事权利和承担民事义务的资格。对于自然人的民事行为能力，《中华人民共和国民法通则》（简称《民法通则》）有以下规定。

第十一条 十八周岁以上的公民是成年人，具有完全民事行为能力，可以独立进行民事活动，是完全民事行为能力人。十六周岁以上不满十八周岁的公民，以自己的劳动收入为主要生活来源的，视为完全民事行为能力人。

第十二条 十周岁以上的未成年人是限制民事行为能力人，可以进行与他的年龄、智力相适应的民事活动；其他民事活动由他的法定代理人代理，或者征得他的法定代理人的同意。不满十周岁的未成年人是无民事行为能力人，由他的法定代理人代理民事活动。

第十三条 不能辨认自己行为的精神病人是无民事行为能力人，由他的法定代理人代理民事活动。

不能完全辨认自己行为的精神病人是限制民事行为能力人，可以进行与他的精神健康状况相适应的民事活动；其他民事活动由他的法定代理人代理，或者征得他的法定代理人的同意。

第十四条 无民事行为能力人、限制民事行为能力人的监护人是他的法定代理人。

只有具有民事权利能力和民事行为能力的自然人才能作为合同当事人与他人订立合同。

◆ 当事人是法人

当当事人是法人时，要审查法人是否有“三证合一”的执照，是否有从事某种生产经营的资质。如要与某法人订立广告合作的合同，那么该法人就要具备广告经营许可证。

如果签约单位是代其他公司或个人订立合同，那么就要了解该签约单位是否有授权委托书。若合同是由对方的代理人代签，那么还要审查该代理人是否有代理资格，是否是超越代理权限订立合同或代理权限是否已终止。

3. 确定合同体例和重点

合同体例是指合同的简繁以及合同各条内容的排列形式。确定合同体例即确定合同是单一合同文办，还是“主合同 + 附件”，或“多个主合同 + 附件”并列的形式。合同条款的排列方式有多种，如“章”“款”“条”，或“条”“款”“项”，在合同写作时要确定各条内容的排列方式。其次要确定合同写作的重点，合同交易内容的不同，合同的重点也会不同。

4. 选择模板

在完成上述步骤后，此时就可以选择合同范本模板，对合同范本进行修改，初步起草出一份合同。在选择合同范本时，并不是选择越复杂的合同就越好，而应该选择最合适的范本。简单来说，就是选择所需的合同内容最接近的范本。如果找不到合适的范本，那么可以选择基本条款和基本格式比较符合此次合同订立要求的范本。

5. 合同内容审查

在合同起草完成后，需要对合同的内容进行审查。在进行审查时，可以从以下几方面出发。

- **合同内容合法性审查**：审查合同条款、名称以及术语等是否有违反相关法律法规规定的内容。
- **合同条款实用性审查**：审查合同条款是否已包含了合同所必需的基本条款，并审查条款是否明确了当事人各自的权利与义务，以及是否使交易的需求得到了满足。
- **合同文字审查**：审查合同中的文字是否有错别字，以及审查语言的使用是否规范。
- **涉他权利审查**：合同的标的可能会涉及第三方知识产权或者其他利益，因此要进行涉他权利审查，以避免造成侵权纠纷。

6. 制作合同首部和尾部

部分合同会需要首部，对于有首部的合同需要进行首页的制作，包括的内容有标题、合同编号、当事人双方全称、签订地点和签订时间。合同的尾部是合同结尾部分，包括的内容有合同的份数、附件与合同的关系、合同生效日期和终止日期、未尽事宜及其他、双方当事人签字或盖章以及法定代表人或双方委托代理人签字。

在合同完稿后，就可以将合同交予当事人签字或盖章了。完成签约后，各当事人都要按照合同的约定执有合同份数。

7.1.4 什么样的合同是有效合同

并不是所有的合同都能合法成立生效，只有符合法律所规定生效条件的合同才是有效的合同，否则只能视为无效合同。合同要生效，一般要满足以下几个生效要件。

- 当事人意思表示一致并真实。
- 没有违反法律法规或者社会公共的利益。
- 合同的标的是可能实现的。

◆ 合同的当事人要具有民事行为权利和民事行为能力。

对于无效合同，我国《合同法》也对其无效情形进行了约定，有下列情形之一的，合同无效。

一方以欺诈或胁迫的手段订立合同，损害国家利益。

恶意串通，损害国家、集体或者第三人利益。

以合法形式掩盖非法目的。

损害社会公共利益。

违反法律或行政法规的强制性规定。

一般来说，合同都是在成立时即生效，如买卖合同在当事人双方就合同主要内容达成一致后就成立并生效。但对于法律和行政法规规定应当办理批准或登记等手续生效的合同来说，则自批准或登记时生效。

对于合同生效的条件，当事人也可以进行约定。对合同的效力约定条件后，则合同自条件成立时生效。合同生效的所附条件是当事人协商确立的，它会作为合同的一个条款列入合同中。

所附条件与法定生效条件不同的是，法定条件是由法律规定的，具有普遍的约束力。所附条件是将来可能发生的，过去的、现存的事实或者将来必定发生的事实或者必定不能发生的事实不能作为所附条件。

有效的合同具有法律约束力，而无效的合同或者被撤销的合同则自始没有法律约束力。有效合同的法律约束力不仅在当事人之间会产生法律效力，对当事人以外的第三人也会产生一定的法律拘束力。合同生效后的法律效果还表现为：当事人违反合同的，将依法承担民事责任，必要时人民法院也可以采取强制措施使当事人依合同的规定承担责任和履行义务，对另一方当事人进行补救。

7.1.5 合同写作的内容和注意事项

合同的正文都是由各部分条款组成的，那么合同究竟要包含哪些条款内容呢？一般来说合同中要包含以下条款。

- ◆ 当事人的名称或者姓名和住所。
- ◆ 标的。
- ◆ 数量。
- ◆ 质量。
- ◆ 价款或者报酬。
- ◆ 履行期限、地点和方式。
- ◆ 违约责任。
- ◆ 解决争议的方法。

上述条款只是一般条款，在具体进行合同写作时还可以根据需要协商约定其他条款内容。基于商务合同的重要性，在进行合同写作时也有很多注意事项需要撰写者注意。

1. 注意词语表达

在进行合同写作时要尤其注意词语的使用，部分词语虽然音同，但表达的含义却是不同的，且产生的合同效力也是不同的，如以下几组词汇。

- ◆ 定金与预付金

定金实际上是一种担保方式，它是为了保证债务得到履行而设立的，而预付金是当事人预先支付的一笔合同价款。两者的作用不同，且预交数额也不同。预付金的数额由当事人双方协商确定，而定金的数额有法定最高比例限制，不能超过合同标的额的20%。

- ◆ 押金和违约金

押金是特殊的质押担保形式，它是一种保证，而违约金是一种惩罚。押金一般在合同订立时给付，而违约金是在合同履行过程中，一方当事人出现了违约行为时才会给付。

- ◆ 定金和订金

定金与订金虽然读音相同，但本质却完全不同，两者的法律后果也不同。定金有担保的性质，订金却没有担保性质。另外，定金在交付后，若交付定金的一方没有履行合同，那么无权要求返还定金，而收受定金的一方没有履行合同，则要偿还双倍定金。而订金是预付款的一种，若双方没有对订金有特别的约定，那么合同没有履行时，订金要退回。

2. 避免约定模糊不清

在进行合同写作时还要避免使用一些模糊的词汇，如大概、大约和尽量等。除要避免词语使用的模糊不清外，还要注意避免合同条款约定模糊不清。如合同履行地点、履行时间、合同价款以及标的数量模糊不清。合同约定模糊不清容易导致当事人之间产生争议，因此在书写合同时要避免模棱两可。

若在合同签订后，发现了合同约定的内容模糊不清，那么当事人可以协商达成补充协议。若双方不能达成补充协议，则需要按照相关法律法规的规定来进行处理。

7.1.6 常见合同文书范例详讲

合同文书在现实生活中广泛运用，不同的合同文书其具体条款内容是不同的。下面就来看看常见合同的范本，了解不同合同的具体条款内容。

No.1 劳动合同

劳动合同是劳动者与用人单位用以确定劳动关系，明确双方权利和义务的协议，劳动合同有不同分类标准。

按照合同期限来分，可分为固定期限的劳动合同、无固定期限的劳动合同和以完成一定工作为期限的劳动合同；按照合同的形式来分，可分为要式劳动合同和非要式劳动合同；按照合同的产生方式来分，可分为录用合同、聘用合同和借调合同。我们这里以固定期限的劳动合同为例，来看看固定期限劳动合同的通用范本。

范本内容展示

资源下载 \ 第 7 章 \ 劳动合同书 .doc

劳动合同书

根据《中华人民共和国劳动法》、《中华人民共和国劳动合同法》和有关法律、法规，甲乙双方经平等自愿、协商一致签订本合同，共同遵守本合同所列条款。

一、劳动合同双方当事人基本情况

第一条 甲方____________

法定代表人（主要负责人）或委托代理人____________

注册地址____________

经营地址____________

第二条 乙方______性别______

户籍类型（非农业、农业）____________

居民身份证号码____________

或者其他有效证件名称______证件号码______

在甲方工作起始时间______年______月______日

家庭住址____________邮政编码______

居住地址____________邮政编码______

户口所在地______省（市）______区（县）______街道（乡镇）

二、劳动合同期限

第三条 本合同为固定期限劳动合同。

本合同于______年___月___日生效，其中试用期至______年___月____日止。本合同于______年____月____日终止。

三、工作内容和工作地点

第四条 乙方同意根据甲方工作需要，担任____________岗位（工种）工作。

第五条 根据甲方的岗位（工种）作业特点，乙方的工作区域或工作地点为____________

第六条 乙方工作应达到____________标准。

四、工作时间和休息休假

第七条 甲方安排乙方执行______工时制度。

执行标准工时制度的，乙方每天工作时间不超过8小时，每周工作不超过40小时。每周休息日为______

甲方安排乙方执行综合计算工时工作制度或者不定时工作制度的，应当事先取得劳动行政部门特殊工时制度的行政许可决定。

第八条 甲方对乙方实行的休假制度有____________

五、劳动报酬

第九条 甲方每月___日前以货币形式支付乙方工资，月工资为______元或按____________执行。

乙方在试用期期间的工资为____________元。

甲乙双方对工资的其他约定____________

第十条 甲方生产工作任务不足使乙方待工的，甲方支付乙方的月生活费为______元或按____________执行。

六、社会保险及其他保险福利待遇

第十一条 甲乙双方按国家和××市的规定参加社会保险。甲方为乙方办理有关社会保险手续，并承担相应社会保险义务。

第十二条 乙方患病或非因工负伤的医疗待遇按国家、××市有关规定执行。甲方按____________支付乙方病假工资。

第十三条 乙方患职业病或因工负伤的待遇按国家和××市的有关规定执行。

第十四条 甲方为乙方提供以下福利待遇____________

七、劳动保护、劳动条件和职业危害防护

第十五条 甲方根据生产岗位的需要，按照国家有关劳动安全、卫生的规定为乙方配备必要的安全防护措施，发放必要的劳动保护用品。

第十六条 甲方根据国家有关法律、法规，建立安全生产制度；乙方应当严格遵守甲方的劳动安全制度，严禁违章作业，防止劳动过程中的事故，减少职业危害。

第十七条 甲方应当建立、健全职业病防治责任制度，加强对职业病防治的管理，提高职业病防治水平。

八、劳动合同的解除、终止和经济补偿

第十八条 甲乙双方解除、终止、续订劳动合同应当依照《中华人民共和国劳动合同法》和国家及××市有关规定执行。

第十九条 甲方应当在解除或者终止本合同时，为乙方出具解除或者终止劳动合同的证明，并在十五日内为乙方办理档案和社会保险关系转移手续。

第二十条 乙方应当按照双方约定，办理工作交接。应当支付经济补偿的，在办结工作交接时支付。

九、当事人约定的其他内容

第二十一条 甲乙双方约定本合同增加以下内容：

____

____

十、劳动争议处理及其它

第二十二条 双方因履行本合同发生争议，当事人可以向甲方劳动争议调解委员会申请调解；调解不成的，可以向劳动争议仲裁委员会申请仲裁。

当事人一方也可以直接向劳动争议仲裁委员会申请仲裁。

第二十三条 本合同的附件如下______________________________

____

____

____

第二十四条 本合同未尽事宜或与今后国家、××市有关规定相悖的，按有关规定执行。

第二十五条 本合同一式两份，甲乙双方各执一份。

甲方（公　章）　　　　乙方（签字或盖章）

法定代表人（主要负责人）或委托代理人

（签字或盖章）

签订日期：　　年　　月　　日

范本内容精讲

通过上述劳动合同书范本，我们可以看出劳动合同应包括的基本条款内容，如下所示。

- 用人单位的名称、住所和法定代表人或者主要负责人。
- 劳动者的姓名、住址和居民身份证或者其他有效身份证件号码。
- 劳动合同期限。
- 工作内容和工作地点。
- 工作时间和休息休假。
- 劳动报酬。
- 社会保险。
- 劳动保护、劳动条件和职业危害防护以及其他事项。

本范本是固定期限劳动合同，因此在“劳动合同期限”条款中，明确说明了“本合同为固定期限劳动合同”，固定期限劳动合同的具体期限由当事人双方进行约定。若是无固定期限劳动合同，则要在“劳动合同期限”条款中，作出以下约定。

第三条 本合同为无固定期限劳动合同。

本合同于_____年____月____日生效，其中试用期至_____年____月____日止。

劳动期限不同，劳动合同的试用期也会不同。根据劳动期限的长短，试用期的长短有以下规定。

- 劳动合同期限3个月以上不满一年的，试用期不得超过一个月。
- 劳动合同期限一年以上不满3年的，试用期不得超过两个月。
- 3年以上固定期限和无固定期限的劳动合同，试用期不得超过6个月。

需要注意一点，同一用人单位与同一劳动者只能约定一次试用期。以完成一定工作任务为期限的劳动合同或者劳动合同期限不满3个月的，不得约定试用期。

劳动报酬是劳动者个人努力工作的所得，在劳动合同中，劳动报酬有试用期工资和正式入职后的工资两种。其中，在约定试用期工资时，要注意劳动者在试用期的工资不得低于本单位相同岗位最低档工资或者劳动合同约定工资的百分之八十，并不得低于用人单位所在地的最低工资标准。

范本第八条条款是关于“劳动合同的解除、终止和经济补偿”的内容。对于劳动合同的解除，用人单位和劳动者都可能解除劳动合同。如果劳动者有下列情形之一，那么用人单位就可以解除劳动合同。

在试用期间被证明不符合录用条件的。

严重违反用人单位的规章制度的。

严重失职，营私舞弊，给用人单位造成重大损害的。

劳动者同时与其他用人单位建立劳动关系，对完成本单位的工作任务造成严重影响，或者经用人单位提出，拒不改正的。

因《中华人民共和国劳动合同法》（简称《劳动合同法》）第二十六条第一款第一项规定的情形致使劳动合同无效。

被依法追究刑事责任的。

另外，有下列情形之一的，用人单位在提前30日以书面形式通知劳动者本人或者额外支付劳动者一个月工资后，可以解除劳动合同。

- ◆ 劳动者患病或者非因工负伤，在规定的医疗期满后不能从事原工作，也不能从事由用人单位另行安排的工作的。
- ◆ 劳动者不能胜任工作，经过培训或者调整工作岗位，仍不能胜任工作的。
- ◆ 劳动合同订立时所依据的客观情况发生重大变化，致使劳动合同无法履行，经用人单位与劳动者协商，未能就变更劳动合同内容达成协议的。

对劳动者来说，如果用人单位有下列情形之一，那么劳动者就可以解除劳动合同。

- ◆ 未按照劳动合同约定提供劳动保护或者劳动条件的。
- ◆ 未及时足额支付劳动报酬的。
- ◆ 未依法为劳动者缴纳社会保险费的。
- ◆ 用人单位的规章制度违反法律和法规的规定，损害劳动者权益的。
- ◆ 因本法第二十六条第一款规定的情形致使劳动合同无效的。
- ◆ 法律和行政法规规定劳动者可以解除劳动合同的其他情形。

如果用人单位以暴力、威胁或者非法限制人身自由的手段强迫劳动者劳动的，或者用人单位违章指挥或强令冒险作业危及劳动者人身安全的，劳动者可以立即解除劳动合同，不需事先告知用人单位。

当用人单位与劳动者连续订立了两次固定期限劳动合同后，且劳动者没有《劳动合同法》第三十九条和第四十条第一项、第二项规定的情形，续订劳动合同的，应当订立无固定期限劳动合同。

No.2 买卖合同

买卖是商品交换的普遍形式，因此买卖合同也是很常见的合同。买卖合同是出卖人转移标的物的所有权于买受人，买受人支付价款的合同。根据买卖商品的不同，买卖合同有食品买卖合同和工业品买卖合同等。我们这里以货物买卖合同为例，来看看买卖合同应包含哪些条款内容。

范本内容展示

◎资源下载 \ 第 7 章 \ 货物买卖合同 .doc

货物买卖合同

卖方：____________（以下简称甲方）

地址：____________

邮编：____________ 电话：____________

传真：____________ 电子邮箱：____________

买方：____________（以下简称乙方）

地址：____________

邮编：____________ 电话：____________

传真：____________ 电子邮箱：____________

甲乙双方经过协商，本着自愿及平等互利的原则，就甲方向乙方出卖本合同约定的货物事宜，达成如下一致。

第一条：名称、品种、规格和质量

1、名称：____________。

2、品种：____________。

3、规格：____________。

4、质量，按下列第（ ）项执行：

（1）按照____________标准执行。

（2）按样本，样本作为合同的附件（应注明样本封存及保管方式）。

（3）按双方商定要求执行，具体为：____________。

第二条：数量和计量单位、计量方法

1、数量：____________。

2、计量单位和方法：____________。

3、交货数量的正负尾差、合理磅差和在途自然增减量规定及计算方法____________。

第三条：包装方式和包装品的处理

________________________。

第四条：交货方式

1、交货时间：____________，如甲方在约定时间不能按期交货，乙方允许甲方顺延交货日期__天。

2、交货地点：____________。

3、运输方式：____________。

4、保险：____________。

5、与买卖相关的单证的转移：____________。

第五条：验收

1、验收时间：____________。

2、验收方式：____________。

3、验收如发生争议，由____检验机构按____检验标准和方法，对产品进行检验。

第六条：损失风险

货物在送达交货地点前的损失风险由甲方承担，其后的损失风险由乙方承担。

第七条：价格与货款支付

1、单价：____________。

2、总价：____________。

3、货款支付：

（1）货款的支付时间：____________。

（2）货款的支付方式：____________。

（3）运杂费和其它费用的支付时间及方式：____________。

第八条：提出异议的时间和方法

1、乙方在验收中如发现货物的品种、型号、规格、花色和质量不合规定或约定，应在妥善保管货物的同时，自收到货物后____日内向甲方提出书面的异议；乙方未及时提出异议的，视为货物合乎规定。

2、乙方因使用、保管、保养不善等自身原因造成产品质量下降的，不得提出异议。

第九条：甲方违约责任

1、甲方不能交货的，则乙方有权解除合同，并有权要求甲方返还已支付的款项，乙方自愿放弃主张定金责任。

2、甲方所交货物的品种、型号、规格、花色、质量不符合约定的，乙方如同意利用货物，应按质论价；如乙方不能利用的，应依据具体情况，由甲方负责调换、修理、所产生的费用由甲方支付。

第十条：乙方违约责任

1、乙方若自提货物未按甲方通知的日期或合同约定的日期提货的，应以实际逾期提货天数，每日按货物总额的____%向甲方支付违约金。

2、乙方逾期付款的，应按逾期付款金额每日____%计算，向甲方支付违约金或一次性支付违约金____________。

3、甲方为维权而支出的所有费用，包含但不限于律师费、诉讼费用、交通费等均由乙方承担。

第十一条：争议的处理

本合同在履行过程中发生争议，由双方当事人协商解决，协商不成的由甲方所在地人民法院处理。

第十二条：本合同未尽事宜，依照有关法律、法规执行，甲乙双方也可达成补充协议。补充协议具有同等的法律效力。

第十三条：本合同自双方或双方法定代表人或授权代表人签字并加盖公章之日起生效。

甲方（盖章）：____________ 乙方（盖章）：____________

代表（签字）：____________ 代表（签字）：____________

____年____月____日 ____年____月____日

签订地：____________ 签订地：____________

范本内容精讲

通过上述货物买卖合同，可以看出买卖合同包含的一般条款，如当事人的名称或者姓名和住所、标的物基本情况、标的物计量方式、包装方式以及交货方式等。下面就其中部分条款进行详细讲解。

◆ 包装方式和包装品的处理

在买卖合同中，标的物的包装有两层含义，一是指盛标的物的容器，即包装用品或包装物；二是指包装标的物的操作过程。买卖合同中标的物的包装方式既可以指包装物的材料，也可以指包装的操作方式。

◆ 交货方式

买卖必然会涉及标的物的交换，因此在买卖合同中有必要约定标的物的交货方式。交货方式主要有现实交付和拟制交付两种，现实交付包括送货上门、自行提货和代办托运，拟制交付是指将标的物的单证交付给买方，以代替标的物的现实交付。

在买卖合同中，如果当事人约定了标的物的交付地点，那么卖方就要在约定的地点交付标的物。在实践中，存在对标的物的交付地点没有约定或约定不明确的情形。在这种情形下，双方可以就交付地点达成补充协议，若不能达成补充协议，那么还可以按照有关条款或交易习惯来确定。若根据上述方法还不能确定，则按照以下规定来处理。

标的物需要运输的，出卖人应当将标的物交付给第一承运人以运交给买受人。

标的物不需要运输，出卖人和买受人订立合同时知道标的物在某一地点的，出卖人应当在该地点交付标的物；不知道标的物在某一地点的，应当在出卖人订立合同时的营业地交付标的物。

◆ 验收

标的物的验收可以检验标的物的质量或数量是否符合合同约定，当事人可以在合同中约定验收的期间，约定验收期间后，买方就要在收到标的物时，在约定的验收期间内检验。不同的标的物，其验收的方法会有所不同，因此要在合同中约定合理的验收方式。在进行验收时，如果买方发现标的物的数量或质量不符合合同约定，那么要在验收期间内通知卖方。需要注意的是，如果买方怠于通知的，则视为标的物的数量或者质量符合约定。

如果在合同中，没有约定验收期限，那么买方应当在发现或者应当发现标的物的数量或者质量不符合约定的合理期间内通知卖方。买方在合理期间内未通知或者自标的物收到之日起两年内未通知出卖人的，视为标的物的数量或者质量符合约定，但对标的物有质量保证期的，适用质量保证期，不适用该两年的规定。

No.3 技术开发合同

技术开发合同是技术合同的一种，是指当事人之间就新技术、新产品、新工艺或者新材料及其系统的研究开发所订立的合同，包括委托开发合同和合作开发合同，这里以技术开发（合作）合同为例。

范本内容展示

◎资源下载 \ 第 7 章 \ 技术开发（合作）合同 .doc

技术开发（合作）合同

甲方：____

住所地：____

法定代表人：____

项目联系人：____

联系方式

通讯地址：____

电话：____传真：____

电子信箱：____

乙方：____

住所地：____

法定代表人：____

项目联系人：____

联系方式

通讯地址：____

电话：____传真：____

电子信箱：____

丙方：____

住所地：____

法定代表人：____

项目联系人：____

联系方式____

通讯地址：____

电话：____传真：____

电子信箱：____

本合同合作各方就共同参与研究开发____项目事项，经过平等协商，在真实、充分地表达各自意愿的基础上，根据《中华人民共和国合同法》的规定，达成如下协议，并由合作各方共同恪守。

第一条　本合同合作研究开发项目的要求如下：

1. 技术目标：____。

2. 技术内容：____。

3. 技术方法和路线：____。

第二条　本合同合作各方在研究开发项目中，分工承担如下工作：

甲方：

1. 研究开发内容：____。

2. 工作进度：____。

3. 研究开发期限：____。

4. 研究开发地点：____。

乙方：

1. 研究开发内容：____。

2. 工作进度：____。

3. 研究开发期限：____。

4. 研究开发地点：____。

丙方：

1. 研究开发内容：____。

2. 工作进度：____。

3. 研究开发期限：____。

4. 研究开发地点：____。

第三条　为确保本合同的全面履行，合作各方确定，采取以下方式对研究开发工作进行组织管理和协调：____。

第四条　合作各方确定，各自为本合同项目的研究开发工作提供以下技术资料和条件：

甲方：____。

乙方：____。

丙方：____。

本合同履行完毕后，上述技术资料和条件按以下方式处理：____

____。

第五条　合作各方确定，按如下方式提供或支付本合同项目的研究开发经费及其他投资：

甲方：

1.提供或支付方式：______________________________。

2.支付或折算为技术投资的金额：______________________。

3.使用方式：____________________________。

乙方：

1.提供或支付方式：______________________________。

2.支付或折算为技术投资的金额：______________________。

3.使用方式：____________________________。

丙方：

1.提供或支付方式：______________________________。

2.支付或折算为技术投资的金额：______________。

3.使用方式：____________________________。

第六条　以提供技术为投资的合作方应保证其所提供技术不侵犯任何第三人的合法权益。如发生第三人指控合作一方或多方因实施该项技术而侵权的，提供技术方应__________。

第七条　本合同的变更必须由合作各方协商一致，并以书面形式确定。但有下列情形之一的，合作一方或多方可以向其他合作方提出变更合同权利与义务的请求，其他合作方应当在_____日内予以答复；逾期未予答复的，视为同意：

1.______________________________；

2.______________________________；

3.______________________________。

第八条　未经其他合作方同意，合作一方或多方不得将本合同项目部分或全部研究开发工作转让给第三人承担。但有下列情况之一的，合作一方或多方可以不经其他合作方同意，将本合同项目部分或全部研究开发工作转让给第三人承担：

1.______________________________；

2.______________________________；

3.______________________________。

合作一方或多方可以转让的具体内容包括：______________。

第九条　在本合同履行中，因出现在现有技术水平和条件下难以克服的技术困难，导致研究开发失败或部分失败，并造成合作一方或多方损失的，合作各方约定按以下方式承担风险损失：

1.______________________________；

2.______________________________；

3.______________________________。

合作各方确定，本合同项目的技术风险按_____方式认定。认定技术风险的基本内容应当包括技术风险的存在、范围、程度及损失大小等。认定技术风险的基本条件是：

1.本合同项目在现有技术水平条件下具有足够的难度；

2.乙方在主观上无过错且经认定研究开发为合理的失败。

一方发现技术风险并有可能致使研究开发失败或部分失败的情形时，应当在_________日内通知其他合作方并采取适当措施减少损失。逾期未通知并未采取适当措施而致使损失扩大的，应当就扩大的损失承担赔偿责任。

第十条　在本合同履行过程中，因作为研究开发标的的技术已经由他人公开（包括以专利权方式公开），合作一方或多方应在____日内通知其他合作方解除合同。逾期未通知并致使其他合作方产生损失的，其他合作方有权要求予以赔偿。

第十一条　合作各方确定因履行本合同应遵守的保密义务如下：

甲方：

1.保密内容（包括技术信息和经营信息）：______________。

2.涉密人员范围：______________________________。

3.保密期限：____________________________。

4.泄密责任：____________________________。

乙方：

1.保密内容（包括技术信息和经营信息）：____________。

2.涉密人员范围______________________________。

3.保密期限：____________________________。

4.泄密责任：____________________________。

丙方：

1.保密内容（包括技术信息和经营信息）：______________。

2.涉密人员范围：______________________________。

3.保密期限：____________________________。

4.泄密责任：____________________________。

第十二条　合作各方确定按以下方式交付研究开发成果：

甲方：

1.研究开发成果交付的形式及数量：______________________。

2.研究开发成果交付的时间及地点：______________________。

乙方：

1.研究开发成果交付的形式及数量：______________________。

2.研究开发成果交付的时间及地点：______________________。

丙方：

1.研究开发成果交付的形式及数量：______________________。

2.研究开发成果交付的时间及地点：______________________。

第十三条　合作各方确定，按以下标准及方法对一方完成的研究开发成果进行验收：

甲方：______________________________。

乙方：______________________________。

丙方：______________________________。

第十四条　合作各方确定，按以下标准及方法对本合同最终完成的研究开发工作成果进行验收：______________________________。

第十五条　合作各方确定，因履行本合同所产生、并由合作各方分别独立完成的阶段性技术成果及其相关知识产权权利归属，按第__________种方式处理：

1.______________________________（完成方、合作各方）方享有申请专利的权利。

专利权取得后的使用和有关利益分配方式如下：____________________。

2.按技术秘密方式处理。有关使用和转让的权利归属及由此产生的利益按以下约定处理：

（1）技术秘密的使用权：______________________________；

（2）技术秘密的转让权：______________________________；

（3）相关利益的分配办法：____________________________。

合作各方对因履行本合同所产生、并由合作各方分别独立完成的阶段性技术成果及其相关知识产权权利归属，特别约定如下：____________________。

第十六条　合作各方确定，因履行本合同所产生的最终研究开发技术成果及其相关知识产权权利归属，按第__________种方式处理：

1.______________________________方享有申请专利的权利。

专利权取得后的使用和有关利益分配方式如下：________________。

2.按技术秘密方式处理。有关使用和转让的权利归属及由此产生的利益按以下约定处理：

（1）技术秘密的使用权：______________________________。

（2）技术秘密的转让权：______________________________。

（3）相关利益的分配办法：____________________________。

合作各方对因履行本合同所产生的最终研究开发技术成果及其相关知识产权权利归属，特别约定如下：______________________________。

第十七条　合作各方分别独立完成并与履行本合同有关的阶段性技术成果的研究开发人员，享有在有关此阶段性技术成果文件上写明技术成果完成者的权利和取得有关荣誉证书、奖励的权利。

合作各方应以协商方式确定最终研究成果的完成人员名单。此完成人员享有在有关最终技术成果文件上写明技术成果完成者的权利和取得有关荣誉证书、奖励的权利。

第十八条　合作一方或多方利用共同投资的研究开发经费所购置与研究开发工作有关的设备、器材、资料等财产，归________方所有。

第十九条　合作各方确定：任何一方或多方违反本合同约定义务，造成其他合作方研究开发工作停滞、延误或失败的，应当按以下约定承担违约责任：

甲方：

1.违反本合同第___条约定，应当____（支付违约金或损失偿额的计算方法）。

2. 违反本合同第____条约定，应当___（支付违约金或损失偿额的计算方法）。
3. 违反本合同第____条约定，应当___（支付违约金或损失偿额的计算方法）。
乙方：
1. 违反本合同第____条约定，应当___（支付违约金或损失偿额的计算方法）。
2. 违反本合同第____条约定，应当___（支付违约金或损失偿额的计算方法）。
3. 违反本合同第____条约定，应当___（支付违约金或损失偿额的计算方法）。
丙方：
1. 违反本合同第____条约定，应当___（支付违约金或损失偿额的计算方法）。
2. 违反本合同第____条约定，应当___（支付违约金或损失偿额的计算方法）。
3. 违反本合同第____条约定，应当___（支付违约金或损失偿额的计算方法）。

第二十条　合作各方确定，任何一方有权利用本合同项目研究开发所完成的技术成果，进行后续改进。由此产生的具有实质性或创造性技术进步特征的新的技术成果，归______（完成方、合作各方）方所有。具体相关利益的分配办法如下：__________________。

第二十一条　为有效履行本合同，合作各方确定，在本合同有效期内，甲方指定　　　为甲方项目联系人，乙方指定　　　为乙方项目联系人，丙方指定为丙方联系人。项目联系人承担以下责任：
1. ______________________________；
2. ______________________________；
3. ______________________________。

一方变更项目联系人的，应当及时并以书面形式通知其他合作各方。未及时通知并影响本合同履行或造成损失的，应承担相应的责任。

第二十二条　合作各方确定，出现下列情形，致使本合同的履行成为不必要或不可能的，可以解除本合合：
1. 因发生不可抗力和技术风险；
2. ______________________________；
3. ______________________________。

第二十三条　合作各方因履行本合同而发生的争议，应协商、调解解决。协商、调解不成的，确定按以下第_______种方式处理：
1. 提交__________________仲裁委员会仲裁；
2. 依法向人民法院起诉。

第二十四条　合作各方确定：本合同及相关附件中所涉及的有关名词和技术术语，其定义和解释如下：
1. ______________________________；
2. ______________________________；
3. ______________________________；
4. ______________________________。

第二十五条　与履行本合同有关的下列技术文件，经合作各方以_______方式确认后，为本合同的组成部分：
1. 技术背景资料：______________________________；
2. 可行性论证报告：______________________________；
3. 技术评价报告：______________________________；
4. 技术标准和规范：______________________________；
5. 原始设计和工艺文件：______________________________；
6. 其他：______________________________。

第二十六条　合作各约定本合同其他相关事项为：______________。
第二十七条　本合同一式_____份，具有同等法律效力。
第二十八条　本合同经合作各方签字盖章后生效。

甲方：　　　　　　　　　　（盖章）
法定代表人/委托代理人：　　　　（签名）
年　　月　　日
乙方：　　　　　　　　　　（盖章）
法定代表人/委托代理人：　　　　（签名）
年　　月　　日
丙方：　　　　　　　　　　（盖章）
法定代表人/委托代理人：　　　　（签名）
年　　月　　日

范本内容精讲

上述技术开发（合作）合同是中华人民共和国科学技术部印制的合同示范文本，适用于当事人各方就共同进行新技术、新产品、新工艺、新材料或者新品种及其系统的研究开发所订立的技术开发合同。

订立技术开发（合作）合同的当事人各方都要进行投资，从范本第五条条款中可以看出，投资的方式包括资金投资和技术投资等。除资金和技术外，投资方式一般还有设备、材料、场地、试验条件、技术情报资料和技术秘密成果等。

在范本中可以看到，技术投资要折算成相应的金额。实际上，只要是采用资金以外的形式进行投资的，都要折算成相应的金额，并且还要明确当事人在投资中所占的比例。

按照合同约定进行投资也是技术开发（合作）合同中当事人的主要义务，除这一义务外，当事人各方还有以下主要义务。

◆ 分工参与研究开发工作

合作开发技术的当事人除了要进行投资还要提供人力，以保证研究开发工作能够有效进行。当事人各方要按照约定的计划和分工共同进行或者分别承担设计、工艺、试验和试制等研究开发工作。需要注意，如果一方当事人只提供资金和设备等物质条件，以及承担其他辅助协作事项，而另一方当事人只进行研究开发，那么这一合同应当属于委托开发合同。

◆ 协作配合研究开发工作

合作开发的各方当事人还要在合作研究中进行配合，因为只有各方进行了紧密的配合才能最终取得研究开发成果。因此在技术开发（合作）合同中，当事人可以在合同中约定成立由双方代表组成的指导机构，以协调研究开发活动的进行。

在技术开发（合作）合同中，容易就申请专利的权利归属产生纠纷。在范本第十五条条款中，我们可以看到申请专利的权利由当事人自行约定，可以约定为某一方或合作各方享有。

如果在合同中，当事人就合作开发完成的发明创造的权利归属没有约定或约定不明确，那么申请专利的权利是属于合作开发当事人共有的。如果一方当事人不同意申请专利，那么其他各方也不得申请专利。但如果一方的当事人要转让其拥有的共有专利权，那么其他各方可以优先受让。

在技术开发（合作）合同中，为了避免就专利权的归属问题产生纠纷，合作开发的各方当事人要在合同中明确约定完成合作开发后的专利权归属问题。

另外，在技术开发（合作）合同中，当事人还可以采用约定合作开发完成的技术秘密成果的使用权、转让权以及利益的分配办法的方式，来处理专利权归属问题。

No.4 租赁合同

公司在进行经营活动的过程中，都可能涉及租赁，如办公用品租赁、厂房设备租赁和办公场所租赁等。下面就来看看公司房屋租赁合同范本。

范本内容展示

资源下载 \ 第 7 章 \ 公司房屋租赁合同 .doc

公司房屋租赁合同

出租方（甲方）：____________________

承租方（乙方）：____________________

依据《中华人民共和国合同法》及有关法律、法规的规定，甲乙双方在平等、自愿的基础上，就房屋租赁的有关事宜达成协议如下：

第一条　房屋基本情况

该房屋坐落于____________________________________。

该房屋具体情况为：__________结构，总建筑面积____________平方米综合用房，装修状况______________（现状），乙方对该租赁标的物的现状已充分了解，并自愿按现状租赁。

第二条　房屋用途

该房屋租赁用途为：________________________________。

乙方保证，在租赁期内未征得甲方书面同意以及按规定经有关部门审核批准前，不擅自改变该房屋用途。如需增减或变更经营种类，需提前____天书面通知甲方，经甲方同意并出具确认书后，作为本合同附件，乙方方可进行经营，否则视为违约，甲方有权单方终止合同，乙方按本合同承担违约责任。

第三条　房屋改善

租赁期内，乙方对该房屋及附属设施进行装修、装饰或添置新物需提前____日向甲方提交装修方案，经过甲方书面同意后，方可进行实施。乙方不得擅自拆改房屋主体结构和房屋外观，不得擅自在承租范围内建设其他建筑物。

第四条　租赁期限

（一）房屋租赁期自____年____月____日起至____年____月____日止，共计____年。

（二）租赁期满，甲方有权收回该房屋。本合同期满乙方自愿放弃优先承租权，乙方有意继续承租的，应提前____日向甲方提出书面续租要求，征得同意后甲乙双方重新签订房屋租赁合同。

（三）租赁期限届满前，双方应提前____个月就事后事宜进行协商。

第五条　租金及保证金

（一）租金标准：租赁期间，年租金（币种为人民币）为：____万元（大写：__________整）。

（二）租金支付时间：乙方应于本合同签订之日起____日内，支付____年____月____至____年____月____日租金______元，按先支付租金后使用的原则，上半年年租金______万元分别于上一年____月____日前支付，下半年租金____万元分别于当年____月____日前支付。

（三）租金支付方式：乙方通过银行将租金汇入甲方指定账户（开户行：__________，账户名：______________，账号：______________）。

（四）租赁保证金：

1、甲、乙双方商定本房屋租赁保证金为____万元（大写：________万元整），在本合同签订之日乙方向甲方一次性交纳。

2、对乙方拖欠的租金及其他应交纳款项，甲方有权从保证金中扣除。在保证金扣除后____日内乙方应补足保证金。

3、甲、乙双方商定在租赁期满或本合同正常终止后____日内，若乙方无拖欠房租及其他应交纳费用时，并且对房屋主体结构无损坏，甲方将租赁保证金计息全额退还给乙方（保证金按照央行同期存款利率计算）。

第六条　其他费用

房屋交付后，与该房屋有关各项费用的承担方式为：

（一）乙方承担其自身消耗的包括但不限于水、电、气、热、空调、通信、电视等各项费用。

（二）乙方承担政府有关部门按规定收取的其他各项费用及物业管理相关费用。

（三）乙方应保存并按甲方要求出示相关缴费凭据。

（四）甲方依法承担房屋租赁相关税费。

第七条　房屋的交付及返还

（一）交付：

合同生效后，租金自____年____月____起计算。乙方于____年____月____日自行按房屋现状接收使用。

（二）返还：

1、乙方应在租赁期满或合同解除后____日内返还该房屋及其附属设施。甲乙双方验收认可后在《房屋附属设施、设备清单》上签字盖章，视为房屋实际返还时间。乙方拒不按约交房的，乙方除按合同约定承担违约责任外，甲方还有权采取停电、停水等措施，乙方将承担因此而造成的一切后果和损失。

2、返还房屋时，乙方应清偿其所欠甲方及其他各项应缴费用。

3、对乙方添置的新物，在保证不损伤甲方原有设施基础上，乙方可拆除搬迁属于乙方的财产、设备等物件，而对于乙方装饰、装修的与建筑不可分离的部分，具体处理方法为乙方放弃收回。

4、返还后对于该房屋内乙方未经甲方同意遗留的物品，甲方有权自行处置并从保证金中扣除发生的处置费。

第八条　房屋及附属设施的维护

（一）租赁期内，甲方承担该房屋主体结构的维护、维修责任。该房屋结构经有关部门鉴定有损坏或故障时，乙方应负责及时修复，因维修房屋结构影响乙方使用的，应相应减少租金或延长租赁期限。

（二）乙方承担所承租范围内全部房屋附属设施的维护、维修责任和费用（包括给排水、热力、电力、空调、电梯、消防、弱电、电信、电视等管线及设施设备）。

（三）对于乙方的装修、改善和增设的他物甲方不承担维修的义务。

（四）乙方应合理使用并爱护该房屋及其附属设施。因乙方保管不当或不合理使用，致使该房屋及其附属设施发生损坏或故障的，乙方应负责维修或承担赔偿责任。如乙方拒不维修或拒不承担赔偿责任的，甲方可代为维修或购置新物，费用由乙方承担。

（五）对于该房屋结构因自然属性或合理使用而导致的损耗，乙方不承担责任。

第九条　转租

乙方未征得甲方书面同意，不得将该房屋整体转租、转借他人。

第十条　水电气

（一）乙方自行或委托甲方安装单独计量租赁房屋的水、电、气表，安装费用由乙方承担。

（二）租赁房屋的水、电、气使用费用由乙方自行承担，并按期自行缴纳使用费用。收费标准根据国家水、电、气供应部门制定的价格执行。

（三）根据水、电、气供应部门规定，在使用前需办理申请或开户手续等的，由乙方自行办理，甲方协助。

（四）如乙方未按时缴纳水、电、气费，导致停水、停电、停气给自身造成损失的，由乙方自行承担责任。

第十一条　物业管理

（一）乙方应认同该房屋所在的物业管理，自觉遵守物业管理的各项规章制度，并遵守物业所在社区居委会或管委会的各项要求。

（二）乙方经营项目须符合国家相关要求，____________________排放等应符合国家标准。

（三）乙方自行负责其经营场地内的物业管理，以及场地内的供电线路、消防设施、通讯线路、宽带网络、自用空调系统等的维修与更换。

（四）乙方空调外机的安装应统一有序，原则上不能破坏和妨碍建筑立面的整体观瞻，具体安装方案以甲乙双方认定并书面签字确认后的《装修方案》为准。

第十二条　双方的权利和义务

（一）甲方的权利和义务：

1、在租赁期内，如该房屋产权变更时，及时以书面形式通知乙方，本租赁合同继续有效。

2、甲方应尽可能向乙方提供便利，以配合乙方的营业。甲方有义务向乙方提供该房屋的相关证照，配合乙方在办理营业执照及消防、环保、用电等方面的许可，费用由乙方自理。

3、甲方按合同约定收取租金，对电费、水费等其他应付费用的交纳以及租赁场所的环境卫生、安全等影响到甲方的各类情况有权进行监督。

4、甲方不得擅自干涉乙方在自己承租的房屋内进行合法的正常经营活动。若乙方有违法经营行为并损坏甲方名誉，甲方有权追究其赔偿责任；若乙方发生重大安全责任事故，责任由乙方自负，且不得影响甲方商业信誉，否则，甲方有权要求乙方赔偿。

5、甲方有权对乙方的经营活动是否合法、是否遵守双方协议进行监督.

（二）乙方的权利和义务:

1、乙方在租赁期内应按照其营业执照所规定的经营范围内从事经营活动.在经营过程中，乙方应严格遵守国家各项法律法规，否则乙方须承担由此引起的一切法律责任.

2、乙方应按时交纳租金、电费、水费.所涉及到的卫生、排污、垃圾清运及物业管理等各类规费由乙方负责交纳.

3、乙方自行负责租赁范围内的物业管理工作，包括保安、保洁、设备设施的维修维护及日常管理，由此产生的相关费用由乙方承担.

4、乙方按《改造方案》要求并经消防部门验收合格后使用，由乙方承担该房屋的消防风险责任.乙方应购买火灾保险及租赁标的内所有的有关设施设备财产险、公众责任险及其他必要的保险，并承担费用.由于乙方未购买火灾保险或保险赔偿不足的，而导致甲方损失的由乙方承担全部赔偿责任.

5、乙方应爱护所使用的租赁房屋，在租赁期间，因乙方原因造成的房屋损害应由乙方负责赔偿或修缮.

6、乙方在租赁期间，应对该房屋区域内的治安、消防、卫生、环保负责，并制定、落实各项安全制度和措施，确保租赁场所的安全.对在租赁场所内或因租赁场所及承租人引起的种类事故承担责任.

7、乙方使用所租赁房屋或在经营过程中不得影响居民生活.因乙方原因影响居民生活的，由乙方负责解决并消除影响，并承担相应的责任.

8、乙方同意甲方因房屋保养、水电维修以及防盗、防火检查等情况而进入乙方场所.

9、乙方对房屋进行必要的装修，但不得破坏房屋结构，装修方案需事先取得甲方书面认可，装修期间与附近居民造成矛盾由乙方自行解决.乙方在装修或设施改造时，应根据规定取得政府有关部门批准手续并符合安全要求.擅自装修、改造所造成的后果及损失由乙方自行承担.

10、乙方在约定的使用范围内开展活动，不得占用未经甲方认可的任何场所.

11、租赁期满，乙方应立即清理现场，所移交的房屋、场所以及水电等设施应保证处于良好使用状态.各类广告、宣传、标识、标牌及临时搭建物自动拆除，并保证场所的清洁卫生.

12、甲方已告知该房屋的目前租赁状态，乙方须承担对上一轮承租户的清退腾空工作.清退腾空过程中，如发生现承租人或其转租的第三人所主张的任何赔偿、补偿或迟延交付房屋等一切后果，均应由乙方自行承担，乙方不得因此向甲方主张任何赔偿或补偿.

第十三条　合同的解除

（一）经甲乙双方协商一致，可以解除本合同.

（二）有下列情形之一的，本合同终止，甲乙双方互不承担违约责任:

1、该房屋因城市建设需要被依法列入房屋拆迁范围的.

2、因地震、火灾（非乙方或第三方责任）以及其他自然灾害、突发公共事件等不可抗力致使房屋毁损、灭失或造成其他损失的.

（三）甲方交付的房屋经有关部门鉴定为危及乙方安全而致使乙方无法使用的，乙方有权单方解除合同.

（四）乙方有下列情形之一的，甲方有权单方解除合同，收回该房屋:

1、乙方不按照约定支付租金或未按期补足保证金达______日以上的.

2、因乙方欠缴各项费用达______日以上的或金额累计达______万元以上的.

3、擅自改变该房屋用途的.

4、擅自拆改变动或损坏房屋主体结构及附属设施或未经甲方书面同意擅自装修改造的.

5、擅自将该房屋整体转租、转借给第三人的.

6、利用该房屋从事违法活动的.

7、本合同规定的其他情形.

第十四条　违约责任

（一）在租赁期内，如果甲、乙双方任何一方擅自终止履行合同，视为违约，违约方应按剩余租期的租赁费总额的____%支付违约金，且已支付款项不予退还.

（二）甲方有本合同第十三条第（三）款约定情形的，应按____个月的租金标准向乙方支付违约金.

（三）乙方有本合同第十三条第（四）款约定的情形之一的，甲方有权收回房屋，单方解除本合同，乙方应缴清欠付房租及其他欠款，并按_____个月的租

范本内容精讲

在上述公司房屋租赁合同范本中，租赁的标的物就是房屋，因此在合同中首先要说明房屋的基本情况。租赁物的租赁用途关系到承租方会如何使用租赁物，在房屋租赁合同中约定房屋的使用用途，便于承租方行使按约定使用租赁物的义务，若没有约定或约定不明，那么当租赁物损坏时，就容易产生纠纷。

范本第四条是关于租赁期限的条款，需要注意一点，租赁合同规定租赁期限不得超过20年。超过20年的，超过部分无效。这是对租赁期限最高限制的规定。租赁期限的长短是根据租赁物的使用寿命和承租方的使用目的来确定的，一般来说房屋的使用寿命会较长，而汽车和机器设备等使用寿命会短于房屋。

租赁期限不得超过20年不代表承租方在租赁期限期满后就不能再进行租赁，如果出租房和承租方仍愿意保持租赁关系，那么可以采取以下两个方法来延长租赁期限。

- **约定更新：**指根据原合同确定的内容再续签租赁合同。
- **法定更新：**即承租人仍使用租赁物，且出租人不提出任何异议。此时原

租赁合同继续有效，只是租赁期限为不定期。

在租赁合同中，租赁期限有长有短，如果租赁的期限在6个月以上，那么当事人在订立合同时就要采取书面形式订立。如果没有采取书面形式来订立租赁合同，则视为不定期租赁。对于不定期租赁合同双方当事人都随时可以解除合同，因此，为了维护当事人各自的权利，对于租赁期限较长的租赁，都要订立书面的租赁合同。

在租赁合同中必然会涉及租金的支付，范本约定了租金标准和租金的支付期限。在部分租赁合同中，常常只约定了租金金额，而没有考虑到租金的支付期限。租金的支付期限可以年、月、日计算，也可以小时计算。如果因合同没有预定租金支付期限而给合同带来了履行的困难，那么当事人可以在订立合同后达成补充协议。在不能达成补充协议，且依据合同有关条款和交易习惯也不能确定的的情形下，可以按照以下方法来确定支付期限。

- ◆ 租赁期限不满一年：在租赁期间届满时支付。
- ◆ 租赁期限在一年以上：在每届满一年时支付，剩余期间不满一年的，在租赁期间届满时支付。

在约定了租金的支付时间、金额和方式后，承租方就要按约定支付租金。根据《合同法》第二百二十七条规定：承租人无正当理由未支付或者迟延支付租金的，出租人可以要求承租人在合理期限内支付。承租人逾期不支付的，出租人可以解除合同。这里的正当理由包括以下3种情形。

- ◆ 不可抗力或意外事件。
- ◆ 出租方没有履行义务。
- ◆ 承租方本身发生一些意外事件致使其暂时无力支付租金。

No.5 仓储合同

仓储合同是保管人储存存货人交付的仓储物，存货人支付仓储费的合同。目前，仓储业日渐发达，市场上提供仓储服务的公司也越来越多，因此仓储合同也使用得越来越多。

范本内容展示

◎资源下载＼第7章＼仓储合同.doc

仓储合同

存货人：________ 签订地点：________
保管人：________ 签订时间：___年___月___日

根据《中华人民共和国合同法》的有关规定，存货人和保管人根据委托储存计划和仓储容量，经双方协商一致，签订本合同。

第一条 仓储物的品名、品种、规格、数量、质量、包装、件数和标记

1.货物品名：________________

2.品种规格：________________

3.数量：________________

4.质量：________________

5.货物包装：________________

6.件数：________________

7.标记：________________

第二条 货物验收的内容、标准、方法、时间、资料________________

第三条 货物保管条件和保管要求________________

第四条 货物入库、出库手续、时间、地点、运输方式________________

第五条 货物的损耗标准和损耗处理________________

第六条 仓储费计费项目、标准和结算方式________________

第七条 违约责任

1.保管人的责任

（1）在货物保管期间，未按合同规定的储存条件和保管要求保管货物，造成货物灭失、短少、变质、污染、损坏的，应承担赔偿责任。

（2）对于危险物品和易腐物品等未按国家和合同规定的要求操作、储存，造成毁损的，应承担赔偿责任。

（3）由于保管人的责任，造成退仓不能入库时，应按合同规定赔偿存货人运费和支付违约金______元。

（4）由保管人负责发运的货物，不能按期发货，应赔偿存货人逾期交货的损失；错发到货地点，除按合同规定无偿运到规定的到货地点外，并赔偿存货人因此而造成的实际损失。

（5）其他约定责任：________________

2.存货人的责任

（1）由于存货人的责任造成退仓不能入库时，存货人应偿付相当于相应保管费______%（或______‰）的违约金。超议定储存量储存的，存货人除交纳保管费外，还应向保管人偿付违约金______元，或按双方协议办。

（2）易燃、易爆、易渗漏、有毒等危险物品以及易腐、超限等特殊物品，必须在合同中注明，并向保管人提供必要的保管运输技术资料，否则造成的货物毁损、仓库毁损或人身伤亡，由存货人承担赔偿责任直至刑事责任。

（3）货物临近失效期或有异状的，在保管人通知后不及时处理，造成的损失由存货人承担。

（4）未按国家或合同规定的标准和要求对仓储物进行必要的包装，造成货物损坏、变质的，由存货人负责。

（5）存货人已通知出库或合同期已到，由于存货人（含用户）的原因致使货物不能如期出库，存货人除按合同的规定交付保管费外，并应偿付违约金______元。由于出库凭证或调拨凭证上的差错所造成的损失，由存货人负责。

（6）按合同规定由保管人代运的货物，存货人未按合同规定及时提供包装材料或未按规定期限变更货物的运输方式、到站、接货人，应承担延期的责任和增加的有关费用。

（7）其他约定责任：________________

第八条 储存期间

从______年______月______日至______年______月______日止。

第九条 变更和解除合同的期限

由于不可抗力事故，致使直接影响合同的履行或者不能按约定的条件履行时，遇有不可抗力事故的一方，应立即将事故情况电报通知对方，并应在______天内，提供事故详情及合同不能履行、或者部分不能履行、或者需要延期履行的理由的有效证明文件，此项证明文件应由事故发生地区的______机构出具。按照事故对履行合同影响的程度，由双方协商解决是否解除合同，或者部分免除履行合同的责任，或者延期履行合同。

第十条 合同争议的解决方式

本合同在履行过程中发生的争议，由双方当事人协商解决；协商不成的，按下列第______种方式解决：

1.提交______仲裁委员会仲裁；

2.依法向人民法院起诉。

当事人双方同意由______仲裁委员会仲裁；当事人双方未在本合同中约定仲裁机构，事后又未达成书面仲裁协议的，可向人民法院起诉。

第十一条 货物商检、验收、包装、保险、运输等其他约定事项。

第十二条 本合同未尽事宜，一律按《中华人民共和国合同法》执行。

存货人（章）：	保管人（章）：
地址：	地址：
法定代表人：	法定代表人：
委托代理人：	委托代理人：
电话：	电话：
传真：	传真：
开户银行：	开户银行：
账号：	账号：
邮政编码：	邮政编码：

范本内容精讲

在上述仓储合同范本中可以看到，当事人要在合同中约定仓储物的品名、品种、规格、数量、质量、包装、件数和标记。在特殊的仓储活动中，存货人需要保管人储存的货物可能是易燃、易爆、有毒、有腐蚀性和有放射性等危险物品或者易变质物品。

对于这些物品，存货人要说明该物品的性质，并提供有关资料。存货人可以在合同中注明物品性质，也可以在订立合同时向保管人说明物品性质。如果存货人是在订立合同后，才向保管人说明仓储物的性质，那么保管人可以拒收仓储物，也可以采取相应措施以避免损失的发生，因此产生的费用由存货人负担。

如在范本“存货人的责任”条款中就约定了“易燃、易爆、易渗漏、有毒等危险物品以及易腐、超限等特殊物品，必须在合同中注明，并向保管人提供必要的保管运输技术资料，否则造成的货物毁损、仓库毁损或人身伤亡，由存货人承担赔偿责任直至刑事责任”。

因此，存货人需要注意，如果存储的是危险物品或者易变质物品，要让保管人提前了解仓储物的性质，以便保管人能够做好存储准备。

范本第二条是关于“货物验收的内容、标准、方法、时间、资料”的条款。仓储物的验收内容包括货物的品名、规格、数量和外包装状况等。对于不需要打开包装验收的仓储物，在验收时，以外包装或货物上的标记为准。如果外包装或货物上无标记的，则以供货方提供的验收资料为准。对于散装的货物而言，则可以按国家有关规定或在合同中约定验收的内容。仓储物的验收方法主要有两种，包括全部验收或按比例验收。

在按合同约定的验收内容、方法和时间进行仓储物的验收时，如果保管人发现了入库的仓储物与约定不符，那么要及时通知存货人。由保管人作出解释，或修改合同或将不符合约定的货物退回。

在“违约责任”条款中，可以看到针对保管人的义务约定了“在货物保管期间，未按合同规定的储存条件和保管要求保管货物，造成货物灭失、短少、变质、污染、损坏的，应承担赔偿责任”。该约定明确了保管人因保管不善造成保管物毁损或灭失时的责任。

仓储物的储存条款和保管要求是在范本第三条条款中就进行约定了的，既然双方有明确约定，那保管人就应当按照约定的保管条件和保管要求进行保管。若没有按照约定进行保管，造成了仓储物毁损或灭失，那么保管人自然要承担损害赔偿责任。

但有一种情况保管人不必承担赔偿责任，即保管人能够证明仓储物的毁损或灭失是因仓储物本身性质的原因，如因包装不符合约定，或者因仓储物超过有效储存期而造成的。

7.2 意向书的写作

■基础概述 ■意向书和合同的区别 ■写作要求 ■范例详讲

意向书又被称为意向性文书，它为订立正式合同或协议奠定了基础，是合同或协议的先导。

7.2.1 意向书基础概述

在实际中，意向书的作用表现在两方面。一是能够作为当事人进行下一步谈判的依据；二是有助于当事人之间进行联系，进一步发展合作关系。在对外贸易、招商引资以及公司经营合作之间，都广泛使用意向书。

意向书与合同不同，在正式订立合同前，意向书的内容都是可以变更和补充的，它具有以下特点。

◆ 临时性

意向书只表示当事人各方初步谈判的成果，反映了当事人的设想、打算和意愿，并不能表明当事人就达成了合作。它的主要作用在于表达“意向”，可以成为合同或协议订立的基础，在当事人之间订立正式合同后，意向书便不再使用。

◆ 协商性

当事人订立意向书同样需要协商一致，在意向书签订后，当事人还可以就其中的内容进行协商修改。有时还可能提出多个方案，以便在订立正式合同时，当事人可以进行选择。

◆ 简略性

意向书的内容具有简略的特点，它只是表达了一个基本信息，不会很详细地约定过多内容。

7.2.2 意向书、协议和合同的区别

实践中，不少人容易混淆协议书和合同。实际上，合同可以有不同的名称，如合同、合同书、协议或协议书等，它是具有特定内容的协议。协议书也有广义和狭义之分，广义的协议书是指社会集团或个人处理各种社会关系和事务时常用的“契约”类文书，如合同、议定书、条约、公约和条据等，狭义的协议书是指国家、政党、企业、团体或个人就某个问题经过谈判或共同协商，取得一致意见后，订立的一种具有经济或其他关系的契约性文书。

协议和合同在本质上并没有太大区别，逻辑上，协议包含所有的合同。如果协议的内容比较具体明确，且涉及违约责任，那么这种协议也是合同。但如果合同的内容比较概括和不具体，也不涉及违约责任，那么这种合同只能称为协议。因此判定是协议还是合同，主要看内容。

协议和合同区别并不大，但意向书与两者的区别就大了。下面就来看看意向书和合同的主要区别，具体如表 7-1 所示。

表 7-1 意向书和合同的区别

区别	说明
内容不同	合同的内容主要是约定当事人之间的民事权利义务关系，而意向书的内容主要是表达当事人之间某种意愿，并不是要约定各自的权利与义务
法律后果不同	合同在签订以后就具有法律效力，并对当事人具有约束力，当事人要按照合同约定的内容履行各自的权利与义务。而意向书是否具有法律效力还要看意向书的内容，如果意向书很详细地规定了双方的权利和义务，那么意向书也具有法律效力；反之，如果意向书只表达了单纯的意向，那么就不具有法律效力。另外，若意向书仅由一方签订，那么也不具有法律效力

续上表

区别	说明
签订的时间不同	在商务活动中，只要订立合同的主体就某一事项达成一致意识就可以签订意向书，而合同则要在当事人就权利义务关系达成一致后才会签订

7.2.3 意向书写作的基本要求

意向书与前面合同书的写作不同，因为其一般都不具有法律效力，因此意向书的用语不会有强制性的语言，常常用商量的语气，有时还会使用询问或假设的语气。意向书的内容很可能会发生变更，因此意向书的书写还要保证其灵活性。意向书也有自身的结构，它由“标题 + 正文 + 结尾”构成，这 3 个部分的写作要求如下所示。

◆ 标题

意向书的标题由“×××+ 意向书”构成。如“×× 有限公司与 ×× 有限公司合资意向书”“×× 公司招股意向书”“×× 收购意向书以及战略合作意向书”等。

◆ 正文

意向书的正文是意向书的主体部分，正文要写明自己的观点和意向，可由“导语 + 主体 + 结尾”组成。导语要写明订立意向书的依据，或双方在何时何地因何事进行了洽谈达成一致，由此引出意向书的主体部分。

意向书的主体要写明当事人各自的意向是什么，可以使用合同条款排列的方式来表述，如按照实现意向的条件、可行性、风险因素和达成意向的相应措施来进行内容安排。

正文的结尾可以写明意向书的未尽事项，意向书的总份数和各方当事人各持有的份数以及报送单位。

◆ 结尾

意向书的结尾需写明意向书签订各方的全称和代表人姓名，并盖章。最后，再在下方写明签订日期等。

在书写意向书时，不要认为意向书不具有法律效力，就随意订立，或在意向书中作出不符合实际的承诺。虽然意向书不具有法律效力，但仍要引起重视，意向书代表了签订人的某种承诺，违反承诺会损害自身的形象。另外，意向书的内容也不能违反相关法律法规的规定，意向书中涉及的意向或设想要切实可行。

7.2.4 常见意向书文书范例详讲

意向书有多种形式，包括单签式、联签式和换文式。单签式意向书是指由出具意向书的一方进行签署，但意向书一式两份，另一份意向书由合作的一方签字盖章，并交于对方；联签式意向书是指双方当事人共同签署的意向书；换文式意向书是指以交换信件的形式表达意向的意向书。下面来看看不同意向书的具体内容。

No.1 采购意向书

采购意向书是对某一材料或货物在正式签订采购合同前，表达当事人初步意愿的意向性文书。

范本内容展示

资源下载 \ 第 7 章 \ 采购意向书 .doc

采购意向书

本意向书是供方自愿向需方提出申请参加供货，并同意遵守以下意向条款。

一、采购的基本内容

1. 价格明细

此项目所需＿＿＿＿＿＿＿＿如下：

商品名称	规格	数量（件）	单价（元）	金额（元）

2. 供货周期

供货周期为＿＿＿＿天。

3. 付款方式

供销合同签订生效后 15 天内支付 20%；发货前支付 60%；通过当地技术监督局验收合格后支付 15%；2 年质保期满后支付 5%。

4. 质保期

质保期：自＿＿＿＿＿＿＿＿＿＿＿＿。

二、采购意向条款

1. 供方签订本意向书后，需方将在主合同签订之后，正式通知供方签订正式的供销合同（以下简称“供销合同”）。

2. 供方同意在接到需方正式通知的时间内签订供销合同。

3. 双方签订供销合同时，共同遵守以下约定：

（1）供销合同应包括本意向书第一条所载明的内容以及符合本意向书的双方均同意的其它条款。

（2）供销合同的核心内容（标的、价格、供货周期、付款方式、质保期等条款）必须与本意向书一致，否则视为无效。

三、供方的声明和承诺

1. 本意向书所有的内容和条款，都经过了需方的明确解释和说明，供方已全部知悉和理解，并承诺予以遵守。

2. 本意向书系双方自愿签订。

3. 供方同意需方拥有本意向书的最终解释权并同意履行需方的解释。

四、其他

本意向书一式贰份，供方和需方各执壹份。双方在签字盖章后开始生效。供销合同签订后，本意向书自动作废。

需方：　　　　　　　　供方：

授权代表：　　　　　　授权代表：

联系电话：　　　　　　联系电话：

联系地址：　　　　　　联系地址：

签约日期：　　　　　　签约日期：

范本内容精讲

从上述采购意向书范本可以看出，该意向书是一份联签式意向书，所表达的意向是供方向需方提出申请参加供货。既然该意向书是与供货有关的意向，那么意向书中就有必要说明供货相关事宜。范本中说明了供货的周期、付款方式以及质保期。

采购意向书中涉及产品较多，因此范本用表格来展示项目所需的产品，如果表格行数不够，在具体撰写时可以自行添加。

供需双方签订采购意向书的目的是为订立供销合同提供基础，因此在意向书中可以看到如下图所示的内容。

二、采购意向条款

1. 供方签订本意向书后，需方将在主合同签订之后，正式通知供方签订正式的供销合同（以下简称“供销合同”）。

2. 供方同意在接到需方正式通知的时间内签订供销合同。

3. 双方签订供销合同时，共同遵守以下约定：

（1）供销合同应包括本意向书第一条所载明的内容以及符合本意向书的双方均同意的其它条款。

（2）供销合同的核心内容（标的、价格、供货周期、付款方式、质保期等条款）必须与本意向书一致，否则视为无效。

上述内容在一定程度上说明了供货合同应包含的内容，如意向书第一条所载明的内容。对于供销合同会涉及的核心内容，该意向书中也进行了初步的约定。通过这样的约定，为供销合同的订立提供了依据。

范本的内容具有一定的协约色彩，但所表述的内容并不像正式的合同一样具体、详细和周密，体现了意向书的导向性作用。意向书还具有临时性的特点，因此在范本中可以看到，约定了“本意向书一式两份，供方和需方各执壹份。双方在签字盖章后开始生效。供销合同签订后，本意向书自动作废”。

No.2 合作意向书

许多公司在正式进行合作前，都会就合作的相关事宜订立合作意向书来表达双方的合作意向。

范本内容展示

资源下载\第7章\合作意向书.doc

合作意向书

甲方（以下简称甲方）：__________

乙方（以下简称乙方）：__________

甲乙双方为满足国内外市场需要，发展外向型经济。本着平等互惠互利的原则，经双方友好协商，就合资经营“________________”项目，达成如下意向，并共同遵守执行：

一、合作事项：

1、合作公司名称：____________________________

2、合作地点：______________________________

3、项目投资数额为________，其中甲方投入占70%，乙方占30%，成立合资公司。公司成立后设立股东大会，股东大会是合资企业的最高权力机构，决定合资企业的一切重大问题，股东大会及组织机构以《中华人民共和国中外合资经营企业法》及《中华人民共和国中外合资经营企业法实施细则》为法律依据。

二、前期甲乙双方各自责任

甲方责任：

1、负责提供建立中外合资企业所需的相关文件材料；

2、负责资金的安全注入，并承担资金移动的相关费用；

3、负责聘请或委托独立的权威机构及专家对乙方提供的项目(包括相关文件材料）进行论证和审查，向乙方提出相关意见。

乙方责任：

1、按甲方要求提供实物（厂房、用地、设备等）明细表、三年财务报表及全部客户资料等经营数据，做好市场分析；

2、提交的相关文件材料必须真实、完整、合法、有效；

3、负责甲方项目考察人员、专家在北京的交通及食宿；

4、负责落实该项目的前期有形资产准备工作并办好相关手续，负责办理中外合资企业的相关手续；

5、本意向正式签定后未经甲方许可，不得在本意向书有效期内寻求第三方进行合作。

三、在甲乙双方完成前期工作基础上，双方商定______年______月之前签订正式合同

四、保密条款：

1、甲、乙双方应遵守本保密条款，履行保密的责任和义务；

2、一方向另一方提供的以文字、图像、音像、磁盘等为载体的文件、数据、资料以及双方在谈判中所涉及到此项目的一切言行均包括在保密范围之内；

3、保密期限自本意向书生效之日起，至双方合同正本签署之日止或本意向书终止之日后六十工作日止；

4、保密条款适用于双方所有涉及到此项目的人员及双方由于其他原因了解或知道此项目信息的一切人员；

5、如第三方确因项目进程而需向一方了解本协议的保密内容，则该方应在向第三方透露保密信息之前，征得另一方以书面形式的同意，且有责任确保第三方遵守本保密条款；

6、若双方在此项目运作过程中一致同意终止该项目，则双方应协商将对方提供的一切关于该项目的资料及复制品还给对方，接受方关于这些资料所做的记录等文件也应立即销毁。

五、违约责任：

1、乙方应保证对该项目所提供的相关文件材料真实、完整、合法、有效，否则甲方有权退出该项目的合作，并保留向乙方要求相关赔偿的权利，同时本意向书自行终止；

2、在项目运作过程中，甲方违反本意向书第二条款的规定，而导致项目无法继续运作时，乙方有权退出该项目的合作，并保留向甲方要求相关赔偿的权利，同时本意向书自行终止；

3、在项目运作过程中，乙方违反本意向书第二条款的规定，而导致项目无法继续运作时，甲方有权退出该项目的合作，并保留向乙方要求相关赔偿的权利，同时本意向书自行终止；

4、任何一方如违反本意向书第四条（保密条款）的规定，而给对方造成相关影响及损失的，则违反方承担相关赔偿责任。

六、其他：

1、除双方另有约定的特殊情况外，双方应以书面形式进行与本意向书有关的沟通，电传、快递一经发出，即被视为已送达对方；

2、甲乙双方各自承担项目运作过程中相关人力、物力及财力的耗费，对双方有争议的而无法确定数额的资产，由双方共同委托有资质机构进行评估，费用由乙方支付，若合资公司成立，则由成立的合资公司支付；

3、本意向书是双方合作的基础，合作的具体方式、内客与执行等以双方正式签订的合同、章程及协议为准；

4、因不可抗力（如战争、骚乱、瘟疫及政府行为）致使本意向书无法履行，本意向书自行终止，双方互不承担责任；

5、双方在项目运作过程中如发生争议，应友好协商解决，协商不成，双方均可向本意向书签订地人民法院提起诉讼；

6、本意向书一式两份，甲乙双方各执一份，由双方代表签字盖章后生效，未尽事宜，双方另行协商。

甲方（盖章）：__________ 乙方（盖章）：__________

代表（签字）：__________ 代表（签字）：__________

地址：__________ 地址：__________

电话：__________ 电话：__________

传真：__________ 传真：__________

签订地点：________________

签订时间：________年____月____日

范本内容精讲

上述合作意向书范本是就合作经营某一项目而签订的意向书。范本中，合作意向书的标题采用的是最为简单的写法，即只写明了“合作意向书”5个字。实践中，合作的内容还有多种形式，如战略合作、合作研究开发和融资项目合作等。因此可以将合作的内容在意向书标题中体现出来，如战略合作意向书、研究开发项目合作意向书、公司融资项目合作意向书和地产项目合作意向书。

除上述合作意向书标题的表现形式外，还可以在合作意向书标题前加上公司名称，明确意向书的签署方，如以下标题。

- 关于××有限公司的合作意向书
- ××与××共同协作意向书
- ×××平台合作意向书

通过范本可以看出，在写明合作意向书的标题后，接下来就要说明合作的双方是谁了。在正文的开头部分，简明扼要地说明了签订合作意向书的目的和遵循的原则，即为满足国内外市场需要，发展外向型经济，本着平等互惠互利的原则。在书写不同项目合作意向书时，其遵循的原则和订立意向书的目的都是不同的，如某公司之间合作签订意向书具有以下目的和原则。

本着自愿及平等互利、城市首先的原则，以促进________集团客户业务发展为折现，突出综合业务优势，整合优势资源，强强联合、优势互补的合作发展思路，甲乙双方通过互相了解与郑重选择，同意结为友好合作单位。

因此在具体书写合作意向书正文首部的订立目的和遵循的原则时，要根据具体情况来具体写作。首部结尾部分的内容基本类似，多采用范本中“达成如下意向”的表述来自然过渡到正文主体内容。除此之外，还可以采取“经友好协商，签订本合作意向书”的书写方式。

在上述合作意向书范本中，可以了解到合作意向书的正文主体内容，包含了合作的事项、合作前期双方的职责、签订正式合同的时间以及保密条款等。由于在进行合作谈判的阶段中可能会涉及诸多商业秘密，因此在意向书中约定相关保密事项也是很有必要的。

合作意向书作为合同的先导，其内容可能在后期进行变更，因此在范本写明了“本意向书是双方合作的基础，合作的具体方式、内容与执行等以双方正式签订的合同、章程及协议为准”，这样使得意向书的内容具有了弹性，明确了正式合同的重要地位。

7.3 欠条、借条、收条的写作

■区别欠条、借条和收条 ■适用场合 ■写作格式 ■范例详讲

欠条、借条和收条都是日常生活中常见的重要凭据，那么欠条、借条和收条有什么不同呢？下面来具体了解。

7.3.1 欠条、借条和收条的区别

作为最基本的3种字据凭证，欠条、借条和收条三者有着很多区别，具体如表7-2所示。

表7-2 欠条、借条和收条的区别

区别	详细说明
含义不同	欠条是指个人或单位在欠款和欠物时，写给有关单位或个人的凭证性文书，也有人将其称为“白条”；借条又被称为借据，是表明债权债务关系的书面凭证，是个人或单位在借用他人财物时，写给对方的凭证性文书；收条又被称为收据，是收到交来的财务时，写给对方的凭证性文书
作用不同	欠条的作用在于证明一方欠了另一方的财物；借条的作用在于表明一方借了财物给另一方；收条的作用在于表明收到了别人或单位送到的财物
作者不同	欠条和借条的作者一般都是债务人，而收条的作者一般是债权人
债权债务关系形成原因不同	借条和欠条都是表明债权债务关系的凭证，其中借条表明了债权债务关系是因借贷而形成的，而欠条无法表明债权债务关系形成的真正原因，其产生的原因有很多，可能是因为借贷而形成，也可以因买卖或承揽而形成，而收条不能证明是否存在债权债务关系

续上表

区别	详细说明
承担的责任不同	借条实际上是一份简化了的借款合同，借款人应当按照借条的约定归还财物，若违反了约定，则要承担相应的违约责任。收条并非是债的必然凭证，它只能证明当事人给付了财物，收条不能证明一方当事人欠了另一方当事人的财物，如债权人以收条作为凭据起诉债务人，如果债务人不承认存在借款事实，那么债权人也常常会败诉
诉讼时效不同	欠条和借条在诉讼时效上也有区别，借条中如果注明了还款日期，那么诉讼时效从还款日期的次日起计算，具体为两年。若借条中没有注明还款日期，则诉讼时效为 20 年，若债权人主张了权利，那么诉讼时效从债权人主张权利的次日起计算两年。如果超过了两年则超过了诉讼时效，那么人民法院不会再支持其诉讼请求。而欠条中如果有还款日期，那么其诉讼时效为偿还期满后两年内；若没有还款日期，则诉讼时效为欠条出具之次日起计算两年

因欠条、借条和收条混用而导致的纠纷也有很多，因此在使用这 3 种凭证性文书时一定要注意。

7.3.2 欠条、借条、收条的适用场合

欠条、借条和收条有着不同的使用场合，了解它们的适用场合，能够避免欠条、借条和收条错用。

1. 欠条的适用场合

在买卖关系和借用关系中，欠条的使用是比较频繁的，它通常适用于以下几种场景。

- ◆ 在购买或收购产品时，因不能全额支付或不能支付他人的货款，而写一张欠条给出卖人。
- ◆ 借了他人或单位的财物时，因不能归还、全部归还或有部分拖欠，此时就写一张欠条给出借人。
- ◆ 借了他人或单位的财物，事后补写一张欠条给他人或单位。

2. 借条的适用场合

借条的适用场合比较简单，主要用于他人向自己借用财物或自己向他人借用

财物时，如以下简单的民间个人借条就表示了李 ×× 向王 ×× 借了 10000 元钱。

借条

今向王××借到人民币 10000 元（壹万元整），约定还款日期为 2017 年 12 月 4 日。

借款人：李××

2017 年 5 月 4 日

3. 收条适用场合

收条主要有两类，一类是写给个人的收条，另一类是写给单位的收条。收条一般适用于以下场合。

- 原来借他人财物的一方，将所借财物归还时，借出方当事人不在场，只能由他人代收，此时代收人就要写一张收条给借他人财物的一方。
- 归还财物时，想出借方当事人索要借条，但当事人一时找不到借条，则让对方开具收条。
- 个人向单位或团体上缴财物时，单位或团体要向个人开具收条。
- 单位和单位之间的财物往来需要开具收条。

7.3.3 欠条、借条、收条的写作格式

在日常生活中，人们开具的欠条、借条和收条有手写的，也有打印好填写并签字的，不管是哪种都要注意写作的格式。

欠条、借条和收条都是由标题、正文和落款这 3 部分组成的，标题写在正文的正上方的中间位置，字体要比正文字体稍大。标题一般由文种名称构成，如欠条就写明“欠条”二字，收条就写明“收条”二字。

正文是 3 种凭证性文书的主体部分，欠条、借条和收条正文内容会有所不同，具体如下所示。

- **欠条**：正文写明欠了什么人或什么单位什么财物，以及财物的数量，并注明偿还的日期。
- **借条**：借条正文的内容可多可少，一般来说，民间个人手写的借条内容

都比较简单，主要会写明出借人姓名、借款金额和币种，有的会写明借款偿还日期，有的则没有偿还日期。而标准的借条，正文部分应写明借款目的、出借人姓名、借款金额和币种、借款起止日期、借款期限、借款期限及借款偿还方式等。

◆ **收条：**收条的正文要写明收到财物的数量和规格等情况。

需要注意一点，在写欠条、借条和收条正文时，都要在开头空两个字符后进行书写。欠条、借条和收条的落款都位于正文下方，这 3 种凭证落款的写法如下所示。

欠条的落款处要写明欠方的名称，若欠方是单位则写明单位全称并盖章，若欠方是个人，则由个人亲笔签上个人姓名，个人有私章的要加盖私章。单位或个人名称前一般要写上“欠款人”或“立据人”字样。最后，在欠方下方写明欠条的日期。

借条的落款处要写明借款单位或个人的名称，单位要加盖公章，个人则亲笔签名，若有必要则需加盖私章，单位或个人名称前一般要写上“立据人”或“借款人”字样。在署名的下方写明借款日期。

收条的落款处要写明收财物的人或单位的名称，单位要加盖公章，个人则需亲笔签名，若有必要则加盖私章。若是某人经手的，则要在姓名前写上“经手人”字样，若是他人代收，则在姓名前写上“代收人”字样。

7.3.4 常见欠条、借条、收条文书范例详讲

欠条、借条和收条这 3 种凭证式文书的格式并不复杂，但在实践中，仍有许多细节需要书写者注意，下面就来看看欠条、借条和收条的范例，通过范例来了解其中的注意事项。

No.1 标准的欠条

欠条是欠物和欠款的凭据，所以在书写欠条时不能草草了事。另外，欠条的保管人也要保管好欠条，以防丢失后带来纠纷。

范本内容展示

◎资源下载\第 7 章\标准欠条 .doc

欠 条

因本人资金临时周转不便，兹欠付＿＿＿＿＿＿有限公司货款共计人民币＿＿＿万＿＿＿仟＿＿＿佰＿＿＿拾＿＿＿圆整（¥＿＿＿＿＿＿元）。上述款项本人承诺最迟于＿＿＿＿年＿＿＿＿月＿＿＿＿日前无条件偿还＿＿＿＿有限公司，并支付到指定银行账户。并保证：

1、＿＿＿＿＿＿＿＿＿＿＿＿＿＿＿＿＿＿＿＿＿＿＿＿

2、＿＿＿＿＿＿＿＿＿＿＿＿＿＿＿＿＿＿＿＿＿＿＿＿

特出此据，以兹证明！

欠款人：

欠款人身份证号码：

欠款时间：　　　年　　月　　日

范本内容精讲

通过上述欠条范本可以看出欠款人的欠款原因是资金临时周转不便，在填写欠款金额时，大写数额要使用中文大写数字书写，“¥”后用阿拉伯数字书写，要注意大写和小写金额要对应。

那么如果因为一时疏忽导致出现了大小写金额不一的情况，又该怎么办呢？一般情况下，以大写金额来认定，但如果债权人或债务人能够证明“欠条”上小写的金额才是正确的金额，则要结合案情来判定是否认定为小写金额。

在范本中，可以看到保证的内容需要进行约定。其内容可以是保证返还欠款，也可以是未按时偿还的违约责任，如可以按照以下方式来填写。

- 欠款期限届满时，××保证返还全部欠款，否则愿意承担一切法律责任。
- 未按时还款，××应当向××支付违约金人民币＿＿＿＿万＿＿＿＿仟＿＿＿佰＿＿＿＿拾＿＿＿＿圆整（¥＿＿＿＿＿＿＿＿元）。

当然，并不是所有的欠条中都有保证内容。如若认为没有必要让欠款人承诺保证，也可以不在欠条中进行约定。

需要注意，欠条的内容一定要表达清楚，避免出现歧义。当欠款人支付欠款后，要收回欠条，不收回欠条可能会出现欠条持有人重复讨要的纠纷。

No.2 标准的借条

借条虽然是常用的债权凭证，但并不是人人都会写，我们这里以有保证人的借条为例。

范本内容展示

资源下载 \ 第 7 章 \ 标准借条 .doc

借　条

今＿＿＿＿借给＿＿＿＿人民币（大写数字）＿＿＿＿圆整，即￥＿＿＿＿元。借款期限自＿＿年＿＿月＿＿日起至＿＿年＿＿月＿＿日止，共＿＿个月，利率为每月＿＿%，利息共计人民币（大写数字）＿＿＿＿＿＿圆整，即￥＿＿＿元，全部本息于＿＿年＿＿月＿＿日一次性偿还。如不能按期足额归还借款，借款人应向出借人支付违约金人民币（大写数字）＿＿＿＿圆整，即￥＿＿元。

担保人确认：本人同意为借款人的上述债务向出借人承担连带责任保证，保证期限为借条出具之日起到借款偿还期限届满后两年时止，担保范围及于所有借款本息、违约金、赔偿金、出借人实现债权的费用（诉讼费、律师代理费、差旅费、公证费及其他实际支出的费用）。本确认条款的效力独立于借条，借条无效不影响本确认条款的法律效力。

注：1、本借条同时为借款人收讫借款的法律凭证；2、借款人与担保人的身份证复印件为本借条的附件，与本借条具同等法律效力。

借款人：＿＿＿＿　身份证号码：＿＿＿＿＿＿＿＿

担保人：＿＿＿＿　身份证号码：＿＿＿＿＿＿＿＿

借条出具时间：＿＿年＿＿月＿＿日

范本内容精讲

从上述借条范本中可以看出，该借条约定了借款利率为每月____%。利率的多少是由借贷双方协商确定，但需要注意一点，根据《最高人民法院关于审理民间借贷案件适用法律若干问题的规定》（以下简称《规定》），借贷双方约定的利率未超过年利率24%，出借人请求借款人按照约定的利率支付利息的，人民法院应予支持。借贷双方约定的利率超过年利率36%，超过部分的利息约定无效。

也就是说如果在借条中，约定的年利率超过了36%，那么法律将不支持超过部分的利息。而24%～36%的区间属于自然债务区，如果当事人根据借条要求人民法院保护这一区间的利息，人民法院是不会支持。同样的，若借款人给付了这一区间的部分利息，再要求出借人返还已付利息，人民法院也是不予支持的。法律保护并支持的利息只能是未超过年利率24%的部分。因此在借条中约定借款利率时，要注意法律关于民间借贷利率的规定。另外，若在借条中没有约定借款利息，则视为不支付利息。

在范本中，还涉及了保证人，保证人能为借款人提供一般保证。需要明确一点，若保证人在借条上签字了，但没有注明其保证人的身份，那么该保证人可以不承担保证责任。因为在《规定》中，对此有以下明确规定。

第二十一条　他人在借据、收据、欠条等债权凭证或者借款合同上签字或者盖章，但未表明其保证人身份或者承担保证责任，或者通过其他事实不能推定其为保证人，出借人请求其承担保证责任的，人民法院不予支持。

因此借条中有保证人的，一定要在保证人亲笔签名前注明“保证人”或“担保人”字样，以明确其身份。

No.3 标准的收条

相比借条，收条要简单很多，因此大部分人都会写收条，但收条要如何写才比较合理呢？具体来看一看范本。

范本内容展示

资源下载\第7章\标准收条.doc

收　条

今收到＿＿＿＿＿＿＿＿送来的＿＿＿＿＿＿
合同资金，共计人民币（大写）＿＿＿＿＿＿＿＿圆整，
即￥＿＿＿＿。

××××××××公司（盖章）

经手人：＿＿＿＿＿＿
＿＿＿年＿＿月＿＿日

范本内容精讲

上述收条是最为简单的一种收条，篇幅短小，只需在正文中用简洁的语言说明收到的财物即可。范本是以“收条”作为标题，实践中，还可以“今收到”或“现收到”作为标题。

当以“今收到”或“现收到”作为标题时，第一行空两个字符后，写上“今收到”或“现收到”3 个字作为标题。正文开头部分无须空两个字符，需顶格写，如下图所示的收条。

今收到
＿＿＿＿＿有限公司设计的＿＿＿＿＿＿＿＿＿＿
施工图两份。

××××××××公司（盖章）

经手人：＿＿＿＿＿＿
＿＿＿年＿＿月＿＿日

在将收条交给对方时，一定要仔细检查收到的财物的数额，并准确填写，以避免出错。实际上，欠条、借条和收条都没有固定的格式，撰写人只要做到内容表述清楚明确，落款完整即可。

7.4 聘书、解聘书的写作

■类型和作用 ■写作规范 ■范例详讲

聘书是聘请书的简称，有时也称聘任书。它用于聘请一些有专业技能或特长的人来完成某一任务或承担某一职位。解聘书的用途与聘书相反，它在辞退或解雇某一岗位的员工时使用。

7.4.1 聘书、解聘书的类型及作用

在商务办公中，聘用和解聘属于人事管理工作的范畴。常见的聘书主要有两类，一种是临时聘请书；另一种是正式聘请书。临时聘请书在聘请的人员完成任务后即告失效。正式聘请书在聘用期满后失效，一般在实行聘任制的单位中使用。

聘书将人才和用人单位很好地结合了起来，对单位和被聘者来说，它具有以下重要作用。

◆ 构建纽带

聘书使用人单位和人才之间建立了协作的纽带，使双方能够互通有无并互相支援。同时，还能加强用人单位和其他单位之间的合作，这使其成为连接用人单位和人才，以及用人单位和其他单位的纽带。

◆ 促进人才交流

当被聘者接受聘书后，即表示其接受了用人单位的聘任。此时，被聘者要发挥智囊的作用，敢于担当，根据用人单位的需求开展工作。

根据被聘者职位的不同，被聘者对用人单位提供的帮助也是不同的，如被聘者是法律顾问则会提供法律意见咨询，协助开展法律知识培训以及参与调节和仲裁等工作。

在被聘者开展工作的过程中，会与用人单位的员工进行沟通，这在一定程度上就促进了人才之间的交流。

◆ 信任和守约的作用

用人单位向被聘者发布聘书以后，即表示对被聘者有足够的信任，相信被聘者能够胜任这一岗位或完成这一任务。被聘者接受聘书就意味着有了一种责任，这种责任要求被聘者要尽力做好工作。

7.4.2 聘书和解聘书的写作规范

聘书主要由标题、正文、结语和署名 4 部分构成，如下图所示为一般聘书的结构布局方式。

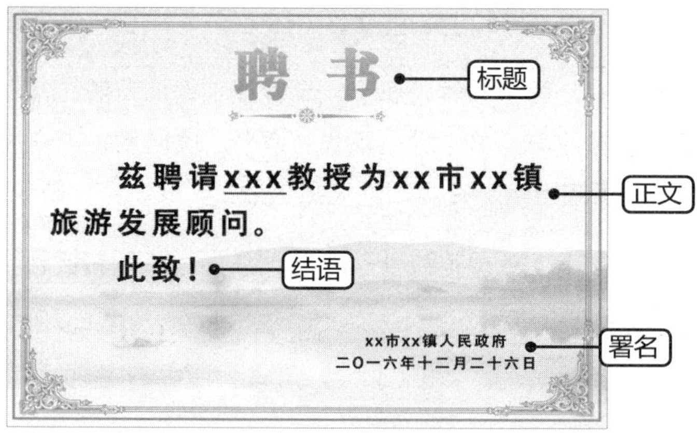

结语并不是聘书必须有的内容，部分聘书并没有结语。聘书 4 个部分的写法具体如下所示。

- **标题**：在书写聘书时，要在正中写上“聘书”或“聘请书”的字样，作为聘书的标题。
- **正文**：标题下方要写明被聘请者的姓名和身份。被聘请者的姓名和身份有时会书写在正文中，有时会在标题下方空一行位置，居左顶格显示。聘书的正文内容一般会交代聘请的单位、聘请的原因、聘请的职位或聘请去干什么事情。部分聘书不会写明聘请的原因，只说明聘请的单位和聘请的职位。
- **结语**：大多数聘书有结语，结语要写上表示敬意和祝颂的话，如“此聘”“特发聘书”“此致”。
- **署名**：署名需另起行在右下方显示，署名由聘请单位的名称和聘请日期组成。

解聘书和聘书在内容上有很大的不同。解聘书的正文要写明被解聘者在聘用期间担任的职位、解聘的原因以及解聘的日期等。

知识补充 聘书、解聘书的写作要求

聘书和解聘书的书写格式相似，但写作要求却不同。聘书一般短小精干，要求措辞要严肃诚恳，语言要简洁精炼，不可长篇大论。解聘书的内容相较于聘书来说会稍多，要求措辞中肯准确，不能使用过激的语言。

7.4.3 常见聘书、解聘书文书范例详讲

前面我们已经对聘书和解聘书有了一定的了解，下面就通过范例来看看聘书和解聘书的具体内容。

No.1 岗位聘任书

聘书不是劳动合同，因此它的内容不会像劳动合同一样复杂，许多公司都将岗位聘任书作为劳动合同的附件。

范本内容展示

资源下载 \ 第 7 章 \ 岗位聘任书 .doc

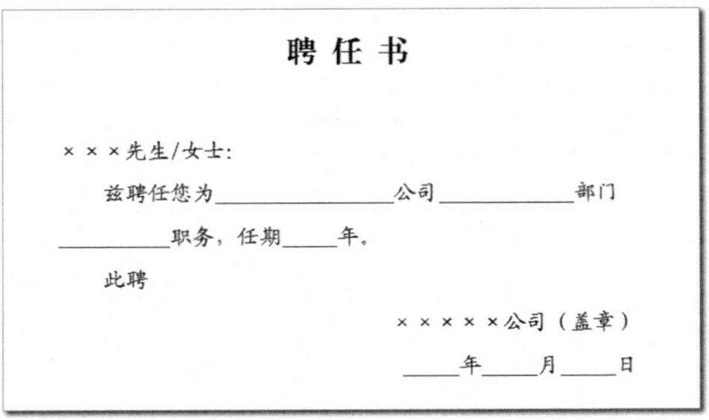

聘 任 书

×××先生/女士:

兹聘任您为________公司________部门________职务，任期____年。

此聘

×××××公司（盖章）

____年____月____日

范本内容精讲

通过上述范本可以看出，岗位聘任书的写作并不复杂，只需写明聘请谁到哪个单位从事什么职务即可。当然，岗位聘书的正文还有其他写法，如以下几种范例。

范例一：

×××同志：

根据我单位专业技术职务岗位的设置及您本人具备的专业技术职务任职资格和综合考核结果。聘任您为__________________部门_______________职务。任期自____年____月____日起，至____年____月____日止。

范例二：

兹聘请______同志为__________家电集团维修部总工程师，聘期自_____年___月___日至____年___月___日，聘任期间享受集团高级工程师全额工资待遇。

范例三：

为提高我院的科研水平，本院成立了科研项目评估委员会，特聘请×××教授为该委员会学术顾问，指导我院的科研工作。

由于聘书是颁发给特定的专业人才的，为表示信任、尊敬和体现聘书的价值，都会用封皮对聘书进行包装。聘书封皮的尺寸有大有小，规格具体如表 7-3 所示。

表 7-3　聘书封皮大小

规格	展开尺寸	合上尺寸
16K	27.2×18.3cm	13.3×18.3cm
12K	30×21cm	15×21cm
8K	36×25cm	18×25cm
6K	43×29cm	21.5×29cm

聘书内页的大小要根据封皮的大小来安排，一般来说，在市场上买的聘书封皮都配有内页，只需在内页中书写聘书的内容即可。当然也可以自己制作聘书的内页，聘书的内页通常都很美观，可以在网上下载聘书内页素材进行制作。

No.2 应聘保证书

为防止受聘人毁约，不少公司会要求受聘人签订应聘保证书，下面来看看应聘保证书的内容。

范本内容展示

资源下载\第7章\应聘保证书.doc

应聘保证书

________公司负责人______:

贵公司于____年____月____日，所发录用通知已经收到。本人肯定按贵公司所要求时间保证如约到贵公司就职，上述保证由本人亲属提供担保。

姓名____________ 现住址：____________

亲属担保人________ 现住址：____________

____年____月____日

范本内容精讲

应聘保证书是保证书的一种，它具有承诺性和誓言性的特点。通过上述应聘保证书范本，可以看出应聘保证书的主要内容。应聘保证书的标题一般仅写“应聘保证书”几个字。应聘保证书的称谓在标题下空一行顶格居左手写，需写明保证书送达的单位、领导或个人姓名。

在应聘保证书正文中，主要需要表明受聘人的态度，即会按公司要求按时就岗。应聘保证书中可以委托亲友作为其担保人，当受聘人未按时到岗，又联系不到受聘人本人时，公司可以通过联系担保人了解原因。

No.3 岗位解聘书

当用人单位经过各方面考虑认为该员工不适合该工作岗位，或该员工在工作岗位上犯了重大错误时，公司就可能通过解聘书解聘该员工。

范本内容展示

资源下载\第7章\岗位解聘书.doc

解聘书

甲方：__________________________（企业名称）

注册地址：________________________________

法定代表人（负责人）：_______________________

乙方：______________________________（姓名）

身份证号码：_____________________________

性别：___________　　民族：___________

出生年月：________　　籍贯：___________

职称/资格：______________________

乙方自_____年___月至____年___月于甲方担任_________职务，现因____________________原因，甲方与乙方解除劳动聘用关系，签订本解聘协议书，自_____年___月___日起生效。

本解聘书一式两份，双方各持一份，保存备用。

甲方：（企业公章）　　　　　　乙方签字：

法定代表人（负责人）：

范本内容精讲

解聘是用人单位和被解聘人解除聘约的行为，因此解聘书中应包括用人单位和受聘人两方。从上述岗位解聘书范本可以看出，甲方就是用人单位，而乙方就是解聘人。

在书写解聘书时，一定要把解聘的原因和解聘日期表述明确。在陈述解聘原因时要实事求是，含蓄委婉，感情要真切诚挚，使被解聘人能够理解和接受。一般来说，解聘的原因有以下几种。

- 公司业务的调整。
- 员工工作能力或技能达不到要求。
- 违反了公司的规章制度。
- 员工作出违法的行为。

第8章

法律类文书写作要点与范例精析

8.1 诉状的写作

■分类 ■不同类型的写法 ■范例详讲

法律文书是我国公安机关（含国家安全机关）、检察院、法院、监狱或劳改机关、公证机关以及仲裁机关依法制作的处理各类诉讼案件和非诉讼案件的法律文书和案件当事人、律师及律师事务所自书或代书的具有法律效力或法律意义的文书的总称。而诉状就是最常见的法律文书之一。

8.1.1 诉状文书的分类

诉状，是指一方当事人为维护或实现自身权益，依法向人民法院提出某种诉讼请求，并陈述有关事实和理由，或者另一方当事人针对一方当事人的诉讼请求和理由提出抗辩的法律文书。

按照不同的性质，诉状文书又有 7 种类别，分别为起诉状、上诉状、申诉状、答辩状、反诉状、刑事附带民事诉状和自诉状。每一类别有各自不同的特点和应用，如表 8-1 所示。

表 8-1 诉状的类型

类型	具体描述
起诉状	起诉状是公民或法人因自身合法权益遭受侵害而向人民法院提起诉讼请求的文书。根据诉讼的性质和目的不同，起诉状可以分为民事起诉状、行政起诉状和刑事自诉状 3 类
上诉状	上诉状是民事、行政或刑事案件的当事人对地方各级人民法院作出的第一审判决或裁定不服，按照法定的程序和期限，向上一级人民法院提起上诉时使用的文书，也分为民事上诉状、行政上诉状和刑事上诉状 3 类
申诉状	申诉状是诉讼当事人对已生效的裁定、判决或调解书认为有错误，请求原审人民法院或上级法院给予复查纠正而写的司法文书
答辩状	答辩状是被告（人）、被反诉人、被上诉人或被申请（诉）人针对起诉状、反诉状、上诉状或再审申请（诉）书的内容，在法定期限内根据事实和法律进行回答和辩驳的文书，是诉状中使用频率最高的文种之一

续上表

类型	具体描述
反诉状	反诉状是指在已经开始的诉讼程序中，民事案件的被告以本诉的原告为被告，以抵销或吞并对方诉讼请求为目的，向同一人民法院提出与本诉有关的新的诉讼请求时使用的文书
刑事附带民事诉状	刑事附带民事诉状是被害人由于刑事被告人的犯罪行为而遭受物质损失，在刑事诉讼过程中依法向人民法院递交的要求刑事被告人等致害人给予民事赔偿的法律文书
自诉状	自诉状是法律规定的自诉案件的被害人或监护人，为追究被告人刑事责任，直接向法院提起的刑事诉讼时使用的文书。自诉可以采用口头和书面两种形式，若采取书面自诉，则应提交诉状，并按被告人的人数提交诉状副本

8.1.2 不同类型的诉状怎样写

不同的诉讼事项应用到的诉状文书种类不同，选对诉状类型是前提，写对写好诉状才是根本，下面介绍一下不同类别诉状的写法。

1. 起诉状

公民、法人或其他组织向人民法院起诉，应当递交起诉状。一般来说，一份规范的起诉状需要具备以下要素。

- **原告**：即诉讼的提出人，可以是公民个人，也可以是法人。
- **被告**：即侵犯原告利益，需要追究民事责任的人，可以是公民个人，也可以是法人。
- **诉讼请求**：诉讼请求是向法院提出的实体权利的主张，要求法院予以判决的请求。
- **事实与理由**：即起诉所依据的事实及其理由。
- **证据和证据来源**：诉讼过程涉及的证据及其来源渠道或方式。
- **证人姓名和住址**：诉讼过程涉及的证人姓名及家庭住址，一般还会涉及证人工作单位，所有信息都必须完全真实。

2. 上诉状

上诉状一般由上诉人、被上诉人、上诉请求和上诉理由 4 个部分构成。

- **上诉人**：即不服一审法院的裁判而提起上诉的人。一审程序中的原告、被告（人）、共同诉讼人、诉讼代表人、有独立请求权的第三人及无独立请求权的第三人，都可以成为上诉人，但是不承担民事责任的无独立请求权的第三人不能成为上诉人。
- **被上诉人**：上诉人的对称，是不服一审法院的裁判而提起上诉的人的对方当事人。被上诉人可以是原审案件的原告，也可以是原审案件的被告（人）。在我国刑事诉讼程序中，只有自诉案件和附带民事诉讼程序中有被上诉人的称谓。没有附带民事诉讼的公诉案件中，则没有被上诉人的称谓。
- **上诉请求**：是诉讼请求中的一种，即上诉人向法院请求裁决的事项及其向被上诉人主张的利益。
- **上诉理由**：主要是指针对原审判决或裁定论证不服的理由，一般来说主要是以下方面：认定事实不清，主要证据不足；原审确定性质不当；适用实体法不当；违反了法定程序。

需要注意的是，上诉必须采用书面形式并遵守法定期限，若当事人仅在一审判决或裁定送达时口头表示上诉而未在法定期间内递交上诉状，则视为未提出上诉。此外，上诉是当事人享有诉权，一审原、被告及被判决承担责任的第三人均有权上诉。上诉是国家为了保证当事人合法权益制定的一项法律制度。民事审判、刑事审判和行政审判当事人不服一审判决均可依法提起上诉。

3. 申诉状

申诉状的构成要素与起诉状类似，由申诉人、被申诉人、请求事项及事实和理由构成。

- **申诉人**：提起申诉的当事人或其亲属及有关公民。
- **被申诉人**：提起申诉当事人的对方当事人。
- **请求事项**：即提出申诉所要达到的目的，申诉人的申诉内容。
- **事实和理由**：即事实依据和法律依据，应针对原终审判决认定事实、适用法律或审判程序上存在的问题和错误陈述理由。必须完全真实准确。

4. 答辩状

答辩状由首部、答辩理由以及尾部和附项 3 个部分组成

首先，答辩状的首部由标题、答辩人的基本情况和答辩事由 3 个要素构成。

◆ 标题

标题处应写明“刑事（或民事）答辩状”，“刑事（或民事）被上诉答辩状”。前者为第一审案件答辩状，后者为上诉案件答辩状。

◆ 答辩人的基本情况

直接填写答辩人的基本情况。被告人是公民的，就填写答辩人姓名、性别、年龄、民族、籍贯、职业和住址。有代理人的，接着另起一行填写代理人，并标明是法定代理人、指定代理人还是委托代理人，并写明其姓名、性别、年龄、民族、籍贯、职业和住址。如果是法定代理人，还要写明他与答辩人的关系。如委托律师代理，只写明其姓名和职务。

被告人是企事业单位、机关或团体（法人）的，先填写答辩人及其单位全称和所在地。另起一行填写该单位的法定代表人及其姓名和职务。再另起一行，列写委托代理人及其姓名和职务。

对方当事人的情况不用单独填写，可在下面的答辩理由说明起诉人和上诉人是谁，起诉或上诉的案由是什么。

◆ 答辩事由

即答辩的具体行为事项，第一审案件答辩状和上诉案件答辩状其事由的写法不同，会在后面的范例中进行详细讲解，这里不再细说。

答辩的理由是答辩状的主体部分，写法没有统一的规定，一定要针对原告在诉状中提出的事实和理由，或上诉人在上诉状中提出的上诉请求和理由进行答辩，并可提出相反的事实、证据和理由，以证明自己的理由和观点是正确的，而提出的要求是合理的。

答辩状的尾部和附项要写明以下内容：

第一，呈送的机关。写为“此致”“××× 人民法院”。

第二，右下方写明。答辩人 ××× （签名或盖章）并注明年月日。

第三，附项。注明证物及书证的名称和件数。

反诉状、刑事附带民事诉状及自诉状的写法与起诉状、上诉状和申诉状的写法类似，这里不再一一介绍。

8.1.3 常见诉状文书范例详讲

常用的诉状文书有起诉状、上诉状、申诉状和答辩状，下面来依次讲解。

No.1 起诉状

根据诉讼的性质和目的不同，起诉状分为民事起诉状、行政起诉状和刑事自诉状 3 类，下面以离婚民事起诉状为例进行讲解。

范本内容展示

资源下载 \ 第 8 章 \ 离婚民事起诉状 .doc

离婚民事起诉状

原告______，性别___，___族，籍贯____，职业_______，___年___月___日出生，住址_______________________。

被告______，性别___，___族，籍贯____，职业_______，___年___月___日出生，住址_______________________。

诉讼请求：

一、判决原告与被告离婚；

二、婚生儿子/女儿_______由原告抚养，被告一次性支付抚养费元给原告/被告每月支付抚养费至儿子/女儿年满 18 周岁止（从___年___月起至___年___月止，按每月__元计）；

三、被告一次性支付抚养费_______（大写）元给原告（从___年___月起至___年___月止，按每月__元计）；

四、__市___区___路___号房所有权归原告所有，其他财产依法分割。

事实和理由：

原告于___年___月_________（自由恋爱/经人介绍）与被告相识，于___年___月___日领取结婚证。____年____月____日生下________。

由于婚前双方缺乏了解，感情基础薄弱，双方生活习惯不同，被告性格暴躁，对原告经常恶言恶语。婚后不到__年，被告________________（感情破裂原因）。结婚至今，彼此积怨，没有沟通，致夫妻感情日益淡薄。被告在外与他人有不正当的男女关系，没有尽到夫妻之间应有的忠实义务。

经实践证明，夫妻双方分居多年，性格不合，更因被告不履行夫妻之间___________的义务且________________，继续共同生活下去已没有意义，夫妻感情完全破裂、毫无和好可能，理当结束这段婚姻。

婚生儿子/女儿______岁，一直与原告生活，从小一直由原告照顾，而被告从未关心和照顾儿子的生活，为有利于______(儿子/女儿)的健康成长，应保持现状，继续由原告抚养为宜。被告现月收入__元，且其经常夜不归宿，联络不上，因而原告请求被告应一次性支付抚养费。原告收入不多和不稳定，为维护原告和儿童的合法权益，原告现__________财产应判归原告所有。至此，夫妻感情已彻底破裂，再无和好可能，为此，根据《婚姻法》和《民事诉讼法》相关规定具状前来，恳请人民法院准予原告的诉讼请求。

此 致

___________________人民法院

具状人：_____________

___年___月___日

范本内容精讲

民事起诉状是我们日常生活中最有可能接触到的起诉状，除了诉讼请求部分最好有专业人士指引，其他的部分已经形成了固定的模板。根据范本中展示的离婚民事起诉状可以看出，民事起诉状的基本结构。

◆ 标题

标题在正文开始之前单列一行，根据具体诉讼的事项，写明“民事起诉状”或“民事诉状”，例如范本中的标题“离婚民事起诉状”。

◆ 双方当事人的信息

诉讼状正文应当首先指明诉讼参与人，即原告与被告双方，并写明双方当事人的基本信息，包括姓名、性别、民族、籍贯、职业、出生年月日以及住址等。这里需要注意的是，如果原告是不满 18 周岁的未成年人，则需写明法定监护人的姓名以及与原告的关系。若原告为机关、团体或企业事业单位，则应在原告处写明单位名称和地址。

次一行写法定代表人姓名及职务，法定代表人应为单位的主要负责人（范例一）。原告不论是公民或者法人，如有委托代理人的，在原告的下一项还要写明委托代理人的姓名、职务以及与原告的关系（范例二）。被告栏的事项与写法与原告栏的事项和写法相同。

范例一：原告为企事业单位

原告：贵州 ×× 有限公司，地址 ×× 市 ×× 区 ×× 路 1 号贵州 ×× 钢材物流有限公司场地内。

法定代表人：黄 ××，职务公司总经理。

范例二：原告有代理人

原告：李 ××，民族：汉，性别：男，年龄：19，地址：上海市浦东新区街道 ×× 弄 ×× 室，电话：×××××××××××。

委托代理人：陈 ××，上海市浦东新区 ×× 街道法律服务所，职务：法律服务工作者，联系电话：×××××××××××××。

◆ 诉讼请求

诉讼请求即原告想要请求法院依法解决的有关民事权益争议的具体问题，包括损害赔偿、债务清偿、履行合同或产权归还等。诉讼请求应该写得具体明确，并且简单扼要。例如范本中的离婚民事诉讼，其诉讼请求主要分为 4 点，即判决离婚、婚生子女抚养问题、抚养费用问题以及夫妻财产分割问题。

◆ 陈述支持诉讼请求的事实和理由

事实和理由是民事诉状的正文和核心部分，是请求人民法院裁决当事人之间权益纠纷和争议的重要根据。一般是先写事实，后写理由。

事实部分，主要是写明被告侵权行为的具体事实或当事人双方权益争执的具体内容，以及被告人所应承担的责任。包括发生争执的时间、地点、原因、情节和事实经过等。其中，应着重写清楚被告侵权行为所造成的后果和应承担的责任以及双方当事人争执的焦点和实质性分歧。事实写清楚以后，提供充分的人证、物证、书证及其他足以证明原告起诉有理的证据。例如范本中的双方缺乏了解，感情基础薄弱，双方生活习惯不同，被告性格暴躁，对原告经常恶言恶语。

理由部分，就是根据事实和证据写明认定被告侵权或违法行为的性质和所造成的后果及应承担的责任，同时写明提出请求的政策和法律依据，但必须注意援引法律应准确适当。

◆ 诉状所递交的人民法院名称

法院名称的写法一般为“为此，特向你院起诉，请依法判决”“根据 ×× 规定，向贵院提起诉讼，恳请依法判决”或“根据 ×× 规定，向人民法院提起诉讼，请求支持原告的诉讼请求”等。

◆ 具状人签名或者盖章

具状人即书写民事起诉状的人，一般为原告，在具状人下一行应注明提交诉状的年月日，如范例内容所示。

No.2 上诉状

上诉状是上诉人对地方各级人民法院作出的第一审判决或裁定不服，按照法定的程序和期限向上一级人民法院提起上诉使用的文书。

上诉状根据其类别进行划分，可以分为刑事上诉状、民事上诉状以及行政上诉状。刑事上诉状是刑事诉讼当事人或其法定代理人对人民法院第一审案件判决或裁定不服，在法定上诉期限内依照法定程序，向上一级人民法院请求撤销或变更原审裁决或重新审理而提出的诉讼书状；民事上诉状是民事诉讼当事人不服人民法院一审判决或裁定，依法定程序和期限，向上级人民法院提出上诉，请求撤销、变更原审判决或裁定，或重新审理的书状；行政上诉状是行政诉讼当事人不服一审法院对行政案件做出的裁定或判决，在法定期限内依法向上一级法院提出上诉，要求撤销、变更原判决或裁定的一种法律文书。

范本内容展示

资源下载＼第 8 章＼上诉状 .doc

民事上诉状

上诉人（原审被告）：××，男，××族，××年××月××日生，住四川省××××××××××。

被上诉人（原审原告）：××，男，×族，××年××月××日生，住四川省××××××××××。

上诉人因客运合同纠纷一案，不服四川省旺苍县人民法院（2009）旺苍民初字第 117 号民事判决，现向贵院提出上诉。

上诉请求：

原审判决适用法律错误，请求依法改判，驳回原告的诉讼请求。

上诉理由：

被上诉人 2006 年 1 月 4 日搭乘上诉人所有的挂靠于四川广旺能源发展集团有限公司的客车，由于道路不平正常颠簸至被上诉人脊椎受伤。被上诉人于 2006 年 5 月 24 日以人身损害赔偿为诉由向旺苍县人民法院提起诉讼，2006 年 12 月 25 日该院作出判决，上诉人不服向贵院提起上诉，贵院以程序违法可能影响案件公正判决为由于 2007 年 7 月 2 日裁定发回重审。案件发回一审法院后，一审法院对本案进行重新审理，并于 2008 年 6 月 25 日作出案号为（2007）旺苍民初字第 546 号民事判决，驳回了被上诉人的诉讼请求。被上诉人不服该判决于 2008 年 7 月 5 日向贵院提起上诉，但在贵院未作出任何裁判的情况下，被上诉人于 2008 年 9 月 25 日撤回了上诉。撤回上诉后，被上诉人又于 2008 年 12 月 20 日就本案事实以客运合同纠纷为诉由重新向一审人民法院提起诉讼，一审法院予以受理并作出判决。

上诉人认为被上诉人于 2008 年 9 月 25 日撤回对旺苍县人民法院（2007）旺苍民初字第 546 号民事判决的上诉后，该判决就已经成为生效的民事判决。按照《民事诉讼法》第一百一十一条的规定，被上诉人对判决已经生效的案件再行起诉的，人民法院应当按申诉处理。上诉人认为一审法院以一审重新受理该案，并作出了与（2007）旺苍民初字第 546 号民事判决完全相反的民事判决，不仅违反了“一事不再理”原则，而且严重损害了法律的严肃性和生效民事判决的既判力。

但一审法院在（2009）旺苍民初字第 117 号民事判决中却混淆了“民事案件案由”和“民事法律事实”两个不同的法律概念，“撤回起诉”和“撤回上诉”两种不同的诉讼行为，错误的适用法律规定，认定本案被上诉人的重复起诉行为不违反《民事诉讼法》的规定和“一事不再理”的法律原则。

首先，一审法院混淆了“民事案件案由”和“民事法律事实”的两个不同的法律概念。一审判决认为虽然被上诉人两次起诉源于相同的法律事实，但人身损害赔偿和运输合同是性质不同的法律关系，并由此认为被上诉人针对同一事实的重复起诉不违反“一事不再理”原则。显然，一审法院错误的理解了“一事不再理”原则和《民事诉讼法》第一百一十一条的规定。人身损害赔偿和运输合同是由同一法律事实引起的两个不同诉由，根据最高人民法院《全国沿海地区涉外、涉港澳经济审判工作座谈会纪要》中对“一事不再理”原则的阐释以及最高人民法院相关公报案例（2004 年第十期《最高人民法院公报》）的精神，认定“一事不再理”的标准是同一法律事实，而不是由法律事实产生的不同法律关系和诉由。本案中，被上诉人先后选择的“人身损害赔偿之诉”和“运输合同之诉”都是源

范本内容精讲

范例展示的是某民事上诉状的部分内容，3 种上诉状其对应的上诉状标题一般为“民事上诉状”“刑事上诉状”及“行政上诉状”。此外，我们可以从范例内容中总结出在写上诉状过程的一些注意事项。

◆ 诉讼必须是当事人及其法定代理人提出的

当诉讼由法定代理人提出时，在上诉状中应将代理人的信息列出，具体如下所示。

上诉人：姓名：××，性别：××民族：××出生日期：××工作单位：××身份证号：××住址：××联系方式：××。

委托代理人：××性别：××民族：××出生日期：××工作单位：××身份证号：××住址：××联系方式：××。

被上诉人：姓名：××，性别：××民族：××出生日期：××工作单位：××身份证号：××住址：××联系方式：××。

委托代理人：××性别：××民族：××出生日期：××工作单位：××身份证号：××住址：××联系方式：××。

◆ 上诉必须以对地方各级人民法院的一审裁定或判决不服为前提

上诉是当事人针对一审判决或裁定在认定事实、运用法律或程序上存在的问题提出的。此外，这里的一审裁定或判决包括两层含义：一方面，上诉只能对地方各级人民法院，即高级以下人民法院所作出的判决提出，对最高人民法院作出的判决，不能提出上诉；另一方面，上诉只能是对人民法院的一审裁判不服才能提出，我国法院实行两审终审制，二审裁判是终审裁判，不得再提起上诉，如不服判决可以向人民法院或检察院提出审诉。

◆ 必须在法定期限内提起

针对不同的上诉类型，我国法律规定了不同的上诉期限，上诉人必须准确把握，只有在期限内作出的上诉，才是有效的上诉，也才能被受理。有关上诉期限的相关法律规定有如下所示的一些。

【民事上诉期限】

当事人不服地方人民法院第一审判决的，有权在判决书送达之日起十五日内向上一级人民法院提起上诉。当事人不服地方人民法院第一审裁定的，有权在裁定书送达之日起十日内向上一级人民法院提起上诉。

最高人民法院审理的第一审民事案件，当事人不服不能上诉，只能向最高人民检察院申请抗诉。

【行政上诉期限】

当事人不服地方人民法院第一审判决的，有权在判决书送达之日起十五日内向上一级人民法院提起上诉。

当事人不服地方人民法院第一审裁定的，有权在裁定书送达之日起十日内向上一级人民法院提起上诉。

【刑事上诉期限】

根据我国刑事诉讼法的规定，刑事诉讼当事人及其法定代理人的上诉期限分别是：不服判决的上诉期限为十日，不服裁定的上诉期限为五日，从当事人收到判决书、裁定书的第二日起算。

No.3 答辩状

答辩状是被告（人）、被反诉人、被上诉人、被申请（诉）人针对起诉状、反诉状、上诉状、再审申请（诉）书的内容，在法定期限内根据事实和法律进行回答和辩驳的文书，是诉状中使用频率最高的文种之一。答辩状是法律赋予处于被告地位的案件当事人的一种权利，其有处置答辩权的自由，可以答辩，也可以沉默。

范本内容展示

资源下载\第8章\答辩状.doc

民事答辩状

答辩人：司××，男，1981年××月××日生，汉族，住临漳县××乡××村。

被答辩人：孙××，女，1982年××月××日生，汉族，住临漳县××乡××村。

2011年11月14日，答辩人收到临漳县人民法院送达的原告孙××诉答辩人离婚及抚养权纠纷一案的民事起诉状副本，经认真阅读，答辩人认为，原告并没有将案件之真实事实向法院陈述，诉状中多有不实之词。为澄清案件事实，使人民法院能够公正审理本案，答辩人提出答辩如下：

一、答辩人与原告感情基础稳固，且无《婚姻法》第三十二条第三款所规定之法定离婚情形，不符合法定离婚的条件。

2008年春节，答辩人与原告经人介绍相识，因对彼此都很满意，双方很快坠入爱河，并与同年农历2月月举行婚礼。婚后双方感情稳固，家庭幸福，同年农历11月，双方迎来了自己的爱情结晶——儿子司××出生，孩子的出生更是给这个小家庭带来了无限的幸福和美好的憧憬。在日常生活中，夫妻二人偶尔因生活琐事产生一些轻微的争吵，按一般的生活逻辑，这是在正常不过的事情；如果夫妻二人不发生一些争吵，倒是反常的。

以上事实，可以看出答辩人与原告感情并未破裂，不但未破裂，且感情基础稳固；且答辩人品行良好，奋斗上进，并无《婚姻法》第三十二条第三款所规定之不良行为及其他情形。所以，答辩人与原告不符合法定离婚的条件。

二、关于子女抚养权的问题

（一）双方婚后生有一子——司××，答辩人认为一个幸福和完整的家庭是孩子健康成长所必可少的条件，良好的家庭环境可以给孩子带来一个阳光向上的成长心态；反之，会使孩子的心灵充满阴霾，不利于孩子的成长。因此，维持答辩人与原告的婚姻，才会使这个家庭完整幸福，从根本上有利于孩子的健康成长。

（二）由于原告坚持选择离婚，并同时争取孩子抚养权；答辩人从有利于孩子成长的角度来衡量，认为即便双方最终离婚，孩子也应当由答辩人抚养。

1、孩子随原告生活期间，原告未尽到应有的监护义务

2010年，在孩子随原告生活期间，由于对孩子监护不力，使孩子误食不明有毒物品，后经送往医院抢救（另：医院病例资料正在调取中），才得以生还，此事给孩子无论是身体上还是心灵上都造成了无法弥补的伤害。其他原告未尽到监护之事例，因篇幅之所限，在此不再一一列举。

2、原告无法给孩子提供良好的物质生活条件

原告因其工作性质，收入微薄（月薪1000元左右），按照现在的物质生活水平，原告连最基本的生活保障都很难提供给孩子，何来孩子的健康成长；而答辩人收入远远高于原告，且收入稳定，可以给孩子提供良好的物质生活条件。根据《婚姻法》关于离婚后子女抚养权的立法精神以及《最高人民法院审理离婚案件处理子女抚养问题的若干意见》的有关规定，并结合以上事例来衡量，无论是从有利于孩子身心健康、还是双方的抚养能力和抚养条件，孩子都应由答辩人来抚养。

综上，答辩人认为，原告所提之诉讼请求，既无事实根据，又无法律依据，答辩人不能接受。因此，请求人民法院查明事实，驳回原告的诉讼请求。

此致

临漳县人民法院

答辩人：司××

2011年司××月××日

范本内容精讲

从范例内容可以看出，答辩状的标题与上诉状及起诉状类似，命名方式都是“民事答辩状”“刑事答辩状”或“行政答辩状”。

答辩状一般由双方当事人情况、正文及尾部3个部分构成。其中，正文包括答辩理由和答辩请求两个部分，是答辩状的核心部分。一般由“针对……，具体答辩如下：”引出，如范例中第三段所示。

不同的答辩事项，答辩状中正文涉及的答辩理由和答辩请求也不同，范例中展示的是关于某离婚诉讼的答辩，下面展示一个刑事答辩的范例。

答辩人因庆州市高湖区人民检察院提起职务侵占罪诉讼一案的起诉状，现答辩如下：

答辩理由：

答辩人徐××没有收到王××代收的货款15万元，这15万元不属

于犯罪所得，不构成职务侵占罪。被答辩人庆州市高湖区人民检察院以徐××委托当地人王××收取温州市××装饰有限公司的货物余款15万元不上交公司为由，控诉徐××利用职务便利私吞货款，构成职务侵占罪。这个控诉与事实不符，缺乏法律依据。在2011年6月份，答辩人徐××委托当地人王××收取温州市××装饰有限公司与××科技股份有限公司因材料买卖而产生的货款余款15万元。在王××的供词中提到在15万中留下一万元，其余都转账给了徐××，是转去一个不是徐××的个人账户，但是却提供不了账户姓名和转账凭证并且不能提供哪间银行，也没有徐××开出的收据。而且《授权委托书》是由林××开办的，和林××供词中不知情相矛盾。因此无证据证明徐××利用职务便利侵占15万元。

答辩请求：

请求法院驳回公诉方以职务侵占罪控告答辩人徐××。综上所述，答辩人徐××对于温州市××公司的15万货款一直未收到王××的汇款，其行为没有触犯《中华人民共和国刑法》第二百七十一条的规定，因此不能以职务侵占罪追究其刑法责任。

8.2 其他法律文书的写作

■基础概述 ■范例详讲

8.2.1 其他法律文书基础概述

除了诉状类文书之外，还有一些其他的法律文书类型，主要包括授权委托书、公证书、遗嘱及赠与书等。具体讲解如表8-2所示。

表 8-2　其他常见的法律文书类型

类型	具体描述	相关规定
授权委托书	授权委托书一般指委托书，是委托他人代表自己行使自己的合法权益，委托人在行使权力时需出具委托人的授权法律文书	委托人接受委托后不能以任何理由反悔委托事项。被委托人若有违背国家权益行为，委托人有权终止委托协议。此外，在委托人的委托书上的合法权益内，被委托人行使的全部职责和责任都将由委托人承担，被委托人不承担任何法律责任
公证书	公证书是公证机关根据当事人申请，依照事实和法律，按照法定程序制作的具有特殊法律效力的司法证明书，是司法文书的一种。主要有合同公证书、出生公证书和拍卖公证书 3 种形式	公证书应当按照司法部规定或批准的格式制作。其为 16 开大小，由封面、正文和封底组成
遗嘱	遗嘱是指遗嘱人生前在法律允许的范围内，按照法律规定的方式对其遗产或其他事务所作的个人处分，并于遗嘱人死亡时发生效力的法律行为。主要有 5 种形式：公证遗嘱、自书遗嘱、代书遗嘱、录音遗嘱和口头遗嘱	遗嘱人在危急情况下，可以立口头遗嘱。立口头遗嘱时应当有两个以上见证人在场见证。危急情况解除后，遗嘱人能够用书面或者录音形式立遗嘱的，所立的口头遗嘱无效
赠与书	赠与书是赠与人单方面以书面形式将财产无偿赠与他人	赠与书是赠与人单方面的书面意思表示，如果受赠人拒绝接受，其赠与行为不发生法律效力

8.2.2　常见其他法律公文范例详讲

授权委托书、公证书、遗嘱及赠与书都是在实际中被广泛运用的文书类型，它们在使用范围和表现形式上差别较大，只有在对每种文书充分了解之后才能做到准确应用。

No.1　授权委托书

授权委托分为单位授权委托书和个人授权委托书两大类，两者的区别仅在于委托人不同，单位授权书的委托人为公司或企业；个人授权委托书委托人为个人。

范本内容展示

资源下载 \ 第 8 章 \ 授权委托书 .doc

单位授权委托书

××（单位名称）：

我单位授权委托职工：××，性别：××，身份证号码：×××××××××，到贵单位办理××事宜，对委托人在办理上述事项过程中所签署的有关文件，我单位均予以认可，并承担相应的责任。

委托期限为：2019 年 5 月××日～2019 年 5 月××日

单位名称（盖公章）：

法定代表人（签字）：

代理人签字：

2019 年 5 月××日

范本内容精讲

范本展示的是单位授权委托书，从中可以看出，单位在进行授权时，必须写明具体的单位名称、受托人姓名、性别、身份证号以及具体的委托事项和委托期限，授权委托书中受托人的身份证号极其重要，是对方单位核实授权人身份的主要依据。

另外，当委托人为单位时，授权委托书上必须加盖单位公章，且单位的法定代表人必须签字，否则授权委托书没有效力，对方单位有权不进行相关事项处理。此外，授权事项和权力在委托期限结束后也自然终止，因此对方单位或经办人员在审核授权委托书时一定要注意委托期限是否在有效期内。

除了单位授权委托书之外，还有个人授权委托书，个人授权委托书样式一般如下所示。

个人授权委托书

委托人：姓名：××，性别××，年龄××，身份证号××××××。

受托人：姓名：××，性别××，年龄××，身份证号××××××。

兹委托受托人为我的代理人，全权代表我领取失业保险金。代理人在其权限范围内签署的一切有关文件，我均予承认，由此在法律上产生的权利义务均由委托人享有和承担。代理人无转委托权。

本授权委托书自委托人签字之日生效。

委托人（签字）：

受托人（签字）：

2019年××月××日

可以看出，个人授权委托书和单位授权委托书差别不大，相对单位授权委托，个人授权委托书的内容中需要写明委托人的信息，尤其是身份证号，用以证明委托的真实性。

授权委托书并无固定的格式，只要委托人将双方信息、委托事项和委托期限等情况写清楚即可。

No.2 公证书

公证书是公证机关常用的应用写作文体之一，是比较规范的法律文书，具体内容因公证事项而异。

范本内容展示

资源下载\第8章\公证书.doc

公 证 书

（××年）××字第××号

申请人：××(基本情况)。

公证事项：出生。

兹证明××（申请人）于××年××月××日在××省××市（县）出生。××（申请人）的父亲是××（公民身份号码××××），××（申请人）的母亲是××（公民身份号码××××）。

中华人民共和国××省××市（区、县）××公证处（盖章）

公证员（签名或签名章）

××年××月××日

范本内容精讲

范本展示的是出生公证书，从中可以看出，公证书的内容包括以下几方面。

◆ 公证书编号

为公证书编号是出于方便规范、归档及查找的需要。一般来说，编号的方式为：年份（加用小括号）+ 省份简称 + 市简称 + 公证处字号简称（若无字号，则用公证处简称）+ 公证简称（统一用“证”字）+ 公证类别简称 + 字第 + 阿拉伯数字编号。例如黑龙江省哈尔滨市南岗公证处 ×× 年的国内民事公证书编号为：“（×× 年）黑哈南证内民字第 ×× 号”。

◆ 当事人的基本情况

当事人的基本情况包括当事人的姓名、性别、出生年月、身份证号码和住址，有代理人的，还应将代理人的以上信息写在公证书中。

◆ 公证证词

公证证词的内容应包括：公证证明的对象、公证证明的范围和内容以及证明所依据的法律法规等。公证证明对象和范围不同，公证的条件、内容和适用的法律也不同，这些都要在证词中有所反映。公证证词若涉及单位或组织名称，则其第一次出现时必须使用全称；所涉及的日期应采用公历，涉及农历时用括号注明。

◆ 承办公证员的签名或签名章以及公证处印章

在公证书正文内容结束后，负责该公证事项的公证人员必须在公证书上签字或盖个人印章，同时必须加盖该公证处的印章，两者缺一不可。

◆ 出证日期以公证处审批人审核批准的日期为准

公证书的生效日期以最终审批人审核批准的日期为准。公证处印章、公证员签名及日期应在公证书正文内容右下方空两行逐一右居中对齐列出，如范例所示。

No.3 遗嘱

随着公民法律意识的提高，遗嘱被使用得越来越频繁，但大多数读者对于遗嘱的一些事项还不十分了解，下面来具体看一下。

范本内容展示

资源下载 \ 第 8 章 \ 遗嘱 .doc

遗嘱

立遗嘱人（下称“本人”）：××

身份证号码：××××××

本人现年××岁，在立遗嘱时精神正常、头脑清醒，具备完全民事行为能力。为防止可能发生意外，由××见证，现立遗嘱如下：

1、本人××现有财产：××××；××××；××××。本人身故后，该上述财产中的××××由××（身份证号：××××××）继承，其他财产按照法定继承办理。

2、本人指定××作为遗嘱执行人。

本遗嘱一式 3 份，我本人、遗嘱继承人和遗嘱执行人各持一份，继承开始时由执行人负责实施。

立遗嘱人：

见 证 人：

遗嘱执行人：

××年××月××日

范本内容精讲

从范本可以看到，立遗嘱时，需要对本人身份、委托的遗嘱执行人、本人身体和精神状况、本人财产情况以及继承情况等进行逐一说明，若遗嘱人之前立过遗嘱的，还应对该情况进行说明，若有多份遗嘱，且遗嘱内容之间有冲突的，那么应以最近日期订立的遗嘱为准。最后，遗嘱人必须在遗嘱上进行签名，若不签名，则遗嘱没有法律效力。

此外，为了保证遗嘱的真实有效及公正，我国《继承法》第十八条从反面规定了遗嘱的见证人不能为以下人员。

- 无行为能力人和限制行为能力人。
- 继承人和受遗赠人。
- 与继承人或受遗赠人有利害关系的人。

No.4 赠与书

赠与书是发生赠与行为时使用的文书类型，赠与是一种无偿行为。

范本内容展示

◎资源下载\第8章\赠与书.doc

赠与书

赠与人：万××，男，73岁，汉族，海南省××市人，住××市××镇。

受赠人：王××，男，52岁，汉族，海南省××市人，住××市××镇。

赠与人万××因年迈，患病多年，长期以来依靠受赠人王××悉心照顾、赡养，借债医治病难，现万××生活困难，怕王××难以还清为万××治病而借的债务，特将一所（两间）位于××开发区××安置区××号，长18米、宽8.7米、面积156.6平方米的地基赠与王××，特立此赠与书，以兹证明，并有妻子及子女作证。（本赠与书一式两份，各执一份为据）。

赠与人：

受赠人：

见证人：

××年××月××日

范本内容精讲

赠与书是赠与人单方面赠与行为的书面表达，在受赠人接受后产生法律效力。从范例可以看出，其由赠与人、受赠人和赠与事项 3 个方面构成，其中需要注意的是赠与事项应清晰明了，应对赠与标的进行清楚的描述，以保证赠与的可执行。正文左下方空两行的位置应将赠与人、受赠人、见证人和日期顺序排列作为落款。

除了赠与书之外，在实际应用中，赠与行为还多以赠与协议或合同的形式来表现。其内容如下所示。

股权赠与协议

甲方（赠与方）：××，身份证号码：××，住址：××，电话：××。

乙方（受赠人）：××，身份证号码：××，住址：××，电话：××。

1. 赠与标的：甲方拥有公司（以下简称公司）股权，是章程中所载明的合法股东，其中甲方占公司股权 5%；甲方同意将其拥有不超过公司股权总额 5% 的股权给乙方；

2. 赠与条件：无条件赠与。

3. 承诺和保证：甲方保证其所持有的股权并未设置任何种类留置权、质押权或其他物权或债权，无注册资金抽逃的违法行为，且甲方对依据本协议赠与给乙方的股权拥有完全处分权；乙方承认原公司章程和股东之间的合同，保证按原章程和合同的规定承担股东权利义务和责任；股权赠与后，甲乙双方应根据公司所在地的有关法律、法规及公司章程的规定，提请公司向登记机关办理股权变更登记，并将股权变动情况登载于公司的股东名册，同时向乙方出具《出资证明书》。

4. 赠与撤销的情形：（1）乙方严重侵害甲方或甲方的近亲属（2）乙方严重损害公司利益或给公司造成损失。

5. 违约责任如果本协议任何一方未按本协议的规定，适当地、全面地履行其义务，应该承担违约责任。守约方由此产生的任何责任和损害由违约一方赔偿。

甲方：　　　　　　　　乙方：

××年××月××日　　　　××年××月××日

第9章

商务往来文书写作要点与范例精析

9.1 传真的写作

■基础概述 ■写作格式 ■范例详讲

传真是近二十多年发展最快的非话电信业务，因其便捷高效被各企事业单位及个人广泛运用，随着网络技术的发展，传真形式更是越来越多样化。

9.1.1 传真的基础概述

传真就是利用图像传成器和固体电子平面扫描，通过传真平台（通常为传真机），传送文书、文字材料或图像等的一种文书形式。

传真具有真实性、便捷性和可靠性的特点，具体如下。

- **真实性**：即传送的资料（文书、文字材料及图像）内容是绝对真实的。
- **便捷性**：操作简单，传输快捷，传送方传送之后对方就能收到传真内容。
- **可靠性**：传真是资料传输的手段，不会更改任何文字或图像信息。

传真是日常商务活动中经常使用的文书类型，企事业单位及个人的某些重要事项都会涉及传真的使用，因此了解一些使用过程中的注意事项是非常有必要的。具体如表 9-1 所示。

表 9-1　使用传真的注意事项

注意事项	具体描述
使用合法	安装和使用传真设备，必须配有电信部门正式颁发的批文和进网许可证。如欲安装和使用从国外直接带入的传真设备，必须首先前往国家所指定的部门进行登记和检测，然后方可到电信部门办理使用手续。传真设备使用期间必须按规定缴纳相关费用
传真内容的清晰度	发送传真时应尽量使用清晰的原件，避免发送后出现内容看不清楚的情况，给公司及个人带来不便或损失
传真内容限制	传真一般不适用于页数较多的文件，成本较高，且占用传真机时间过长也会影响其他工作人员的使用
传真时间	如果没有得到对方的允许，尽量不要将发送时间设定在下班后，这会给对方留下不好的印象，如果事发突然，应及时跟对方解释清楚

续上表

注意事项	具体描述
传真的接收和传送确认	如果将传真机设定为自动接受的状态，发送方应尽快通过其他方式与收件人取得联系，确认其是否收到传真。收到传真的一方也应给予及时回复，避免因任何的疏漏造成传真丢失。在重要的商务沟通中，任何信息丢失都可能造成时间的延误甚至影响到合作业务的成败，因此确认传真的接收工作不可轻视

9.1.2 传真的写作格式

传真在商务活动中必不可少，一份规范的传真不仅能展现公司的良好形象，还能使传真事项表达更清晰，在无形中提高工作效率。

传真一般由标题、传真头、传真内容和结尾 4 个部分构成。

◆ 标题

传真的标题格式较为简单，采用“公司名称＋传真”的结构，如 ×× 公司传真。

◆ 传真头

传真头部分主要是写明传真双方即收件人和发件人的相关信息。其中，收件人的信息应包括收件单位名称、收件人姓名、地址、联系电话、网址、抄送人姓名和传真号；发件人的信息应包括发件人姓名、网址、发件日期、资料总页数、联系电话、传真号、主题、紧急程度和回复要求。

◆ 传真内容

传真内容即传真的正文部分，也是传真的主体部分。这部分内容是发件人需要告知收件人的信息，包括文书、文字和图像等形式。若内容为文字，其书写格式与一般文书正文书写格式相同，全文字体统一，每段首行缩进两个字符即可，字号大小无统一规定，符合实际情况即可。具体如下所示。

×× 公司：

我公司之前提出的关于 ×× 产品的独家销售权问题，希望贵公司能在 3 个工作日内进行回复，谢谢。

其中需要注意的是，若传真内容较多，那么最后一页至少要有3行以上的正文内容。

◆ 结尾

传真的结尾一般是添加一些礼仪性语言，如“期盼回复”、“祝合作愉快”等。结尾部分内容并非必须，使用时可视情况决定是否添加。

9.1.3 常见传真文书范例详讲

常用的传真文书有普通传真和退款传真两类，两者在使用上有一些差别。

No.1 普通传真

普通传真是普遍情况下使用的一种传真形式，也是最常见的传真形式。

范本内容展示

资源下载\第9章\普通传真.doc

××公司传真

发件公司名称	××	收件公司名称	××
联系人	××	收件人	××
传真号	××××××	传真号	××××××
收件日期	××年××月×日	抄送人	××
电话	××××××	总页数	1
主题	联系仓储运输		
紧急程度和回复要求	☑紧急 □请审阅 □请批准 □请回复 □请传阅		

××运输公司

我公司现有××吨救灾物急需运往××灾区，请贵公司与我联系有关仓储运输运输事业。

××公司（盖章）

××年××月××日

范本内容精讲

使用普通传真时需要注意，范例中的落款处“×× 公司（盖章）”，此处加盖的应是发件公司的公章，而非接收公司的公章。同样的，接收公司在回复发件公司传真时也应在传真上加盖自己公司的公章，这一点在实际应用过程中比较容易弄混，需要引起重视。若发件人和收件人都为个人，附件时可能还需要附上发件人的身份证复印件。

“紧急程度和回复要求”一栏并非必须项，有的传真就没有这项内容。此外，有的传真还采用将发件人和收件人的信息竖排的方式排列，具体如下图所示。

发件人：××
地址：××
电话：××
传真号：××
日期：××
总页数：××
收件人：××
地址：××
电话：××
传真号：××
主题：××

××公司/先生/女士：

××……

No.2 退款传真

退款传真是传真双方发生退款行为时使用的传真，不仅可以用于企业之间的业务往来，个人与企业之间的退款行为也经常会使用到退款传真。

范本内容展示

资源下载\第 9 章\退款传真 .doc

退款传真

单位用户填写（请详细填写以下信息）			
发件公司名称：		收件公司名称：	
联系人：		收件人：	
传真：		传真：	
联系电话：			
注册详细信息			
用户名：			
域名：			
注册单位名称：			
联系电话：			
省份：			
城市：			
邮政编码：			
通信地址：			
联系邮箱：			
退款信息			
退款原因：			
退款金额：			
退款方式：（请详细注明）			
注册公司公章（单位用户） 或注册人身份证复印件（个人） 年 月 日			

备注：

A. 如您的退款金额已开出发票或收据，请回寄给我公司，邮寄地址：×××××××××××××××××××，邮编：××××××，收件人：××××××××××××××××。

B. 退款方式分为两种：银行汇款、邮局汇款。

C. 在退款方式中您需要注明以上两种方式中任选的一种，并注明以下信息：
银行汇款：公司全称、账号、汇入行名称。
邮局汇款：收款人姓名、详细地址、邮政编码。

范本内容精讲

从范本内容可以看出，退款传真和普通传真有很大的不同，除了发件人和收件人信息与普通传真基本一致之外，退款传真有其自身的特殊性，申请退款人必须将自己的详细信息和退款信息在传真中写明，待收件公司收到并核实后进行退款行为。

退款传真中的“备注”内容应特别注意，它一般是对重要事项的说明，申请退款人一定要按照相关要求进行传真内容的填写，否则可能会导致退款不成功。目前，使用退款传真的情况有以下几种。

- 企业之间的货物往来环节出错导致的退款行为。

◆ 个人与企业之间的交易出错导致的退款行为。

◆ 其他可能涉及的单位或个人的退款事项。

9.2 商务函的写作

■文种特征 ■写作格式 ■注意问题 ■范例详讲

商务函是商务贸易往来双方在建立业务关系、洽谈合作事项、沟通商情、回答问题、处理业务事项以及完整一笔交易过程中使用的信函。

9.2.1 商务函的六大文种特性

商务函是配合商务活动使用的事务文书，是商务往来过程中所使用的简便书信，具有以下一些特征。

◆ 内容的直接性

企业每天都要阅读大量的信函文件。因此商务函的内容必须要简明扼要、短小精悍和切中要点。这就要求在商务函的写作过程中应尽量采用简洁朴实的语言，使信函读起来简单清楚并容易理解。当涉及数据或者具体的信息时，如时间、地点、价格和货号等，要用语精确，使交流的内容更加清楚，这更有助于加快商务活动的进程。

◆ 态度真诚性

商务函要能够充分体现发信人的真诚和礼貌。不管说什么，都要带着诚意去说。商务函涉及的内容必定与公司业务有不同程度的关系，商务函的收信人是公司的合作伙伴，或是将要成为公司合作伙伴的人。因此，商务函内容的真实和真诚很重要，公司的态度和诚意，可以直接从商务函的字里行间里感受出来。

◆ 主旨单一性

商务函具有纯粹的业务性，一般要求专文专事，内容集中单一，围绕公务，突出主旨。

◆ 格式规范性

商务函结构类似于一般的书信，有称呼、正文和署名。即使是外贸商务函，其写作也必须依照国际惯例，用英语或对方国家所使用的语言书写，在文法和书写格式上也要符合对方的语言规范和习惯。

◆ 地位平等性

商务函是两个平等法人之间的往来文书，反映双方平等与互惠互利的关系。商务信函的写作应相互尊重，以礼相待。

◆ 要求时限性

商务函是在商务活动的每个环节中形成的，每封信函都是一定时限内的双方意愿的明确表达。因此，接收对方的信函后必须及时回复。目前，信函的传递越来越多地使用图文传真和电子邮件等快速传递形式，以适应这一特点的需要。

9.2.2 商务函的写作格式

商务函一般由 3 个部分组成：信头、正文和信尾。

1. 信头

信头即商务函的开头，由发信人名称及地址、标题、函号、称谓、收信人地址和单位等组成。

◆ 发信人名称及地址

发信人名称及地址一般写明发信人企业单位名称及详细地址、电话号码、专用电码、电传、传真和网址等商务联系信息。

◆ 标题

商务函与一般的普通信件不同，除了企业单位个人与个人之间的交流之外，商务函一般有标题。标题位置在信文首页居中书写，其内容是标明事由，事由要概括出函件的主要内容和目的，使收信人通过标题就能对信函的主要内容有大致了解。

常见的商务信函标题有两种形式：一种是“事由 + 文种”，如“关于要求承付复印机货款的函”“推销函”及“订购函”等；另一种是“事由 + 冒号 + 信函事项”，如“事由：机动车索赔”。

◆ 函号

函号即商务函的编号，分为对方编号和己方编号。在外贸业务信函的信头上注明编号，可保证信函便于管理和查阅。函号位置一般出现在标题右下方或信头的左上方。常见的有两种形式：一是仿效行政公文发文字号的格式，采用“×函〔××××〕×号”或“（××××）函第×号”的形式；二是采用直接编号的形式，如“第×号”。

◆ 称谓

称谓是对收信人或收信单位的称呼，一般采用尊称，这是商务函的必要组成部分。其位置一般在标题或函号的左下方，单独占行，顶格书写，后面用冒号。

书写时有以下两种称谓：一是泛指尊称，即“尊敬的+称谓”，可以加上职务名称，如“尊敬的先生/女士/总经理/主任”等；二是具体称谓，即“姓名+称谓”，一般用于写信人与收信人彼此认识或者非常熟悉的情况。称谓可用泛称中的“先生”和“女士”等，也可以使用职务，如“尊敬的办公室王主任”“尊敬的财务部李部长”和“尊敬的销售部刘经理”等。

◆ 收信人单位和地址

收信人单位和地址即要写明收信人企业单位名称及详细地址。

2. 正文

正文是商务信函的主体，叙述商务往来联系的实质问题。正文写作要求内容单纯，一文一事，文字简明，事实有据，行文礼貌。正文部分又由问候语、主体和结束语3个组成部分。

◆ 问候语

问候语一般用一两句尊敬的客气话表示，如“您好”和“近来生意可好，效益颇高”等。如果是初次联系，可使用“久仰大名，未亲雅教”；如果是回函，可使用“惠书敬悉，不胜感激”等词语。

◆ 主体

主体是商务信函正文的核心，是发信人要说明的具体事项。一般包括两个内容：发函缘由和发函事项。

发函缘由要求直截了当且简明扼要地说明发函的目的和原因，如果是复函，则要就对方的来函进行要点重申，以示复函的依据和针对性。

发函事项部分就是针对发函缘由对所要商谈的事项进行详细的阐述，表明自己的意见和立场，要求态度平和、事实清楚和立场明确。

◆ 结尾语

正文结束以后，要用精练的语言将发函事项进行简单概括，并提出本函的有关要求，强调发函目的。如请求函的结尾语是“拜托之事，承望协助解决为盼”，希望回函的结尾语是“不吝赐函，静候佳音”等。结尾语视发信人与收信人的关系以及信函的内容而定，要求恰当得体。

3. 信尾

商务函的信尾包括祝颂语、签署、日期和附件 4 个部分。

祝颂语由两部分构成：请候语和安好语。请候语在正文结束后空两格书写，常用的有“敬祝”“顺颂”和“恭祝”等；安好语要另起一行顶格书写，以表示对对方的尊重，常用的有“商棋”“金安”和“生意兴隆”等。

签署即发信人的签名或盖章，签署具体采用签名还是盖章的方式，要视企业的要求及发信人的意见而定，若采用签名方式签署的，必须为发信人亲笔签名。

日期是发函的具体时间，其写法一般采用数字的形式，如“2017 年 5 月 10 日”。

附件是随函附发的有关材料，如报价单、发票、确认书和单据等。如果需要标注附件的，可以在信函签署的下方标注附件。如果附件是两个以上的，要分别标注附件一和附件二等。

9.2.3 撰写商务函要注意哪些问题

商务函是企业或个人商务活动交往的重要媒介。一份规范的商务函可以为商务交往更顺畅提供助力，而要做到规范就需要了解其基本的要求，商务函在内容和形式上有以下一些要求。

◆ 内容完整

为了避免传递错误信息，务必使商务函的基本内容“按部就班”、完整无缺。例如，在信函中提到收到对方来信，或是在末尾落款时，不可一笔带过，而应准确到具体日期。另外，在书写收信人及发信人地址时，也要完整，不能采用简称。

◆ 内容清楚

只有内容清楚，才能表达出商务函需要表达的意思。这就要求做到字迹清楚，切勿潦草和乱涂乱改；要选择耐折、耐磨、吸墨、不洇、不残及不破的信纸和信封；要选用字迹清楚的笔具与墨水；在书信里叙事表意时，要层次明，条理清晰，有头有尾，这是写商务信函要特别注意的一点。

◆ 行文简洁

行文应言简意赅，适可而止。应当遵循“有事言事，言罢即止” 的原则，切勿洋洋洒洒，无休无止。同时也要避免一味地追求简洁而矫枉过正，走向另一个极端，使书信通篇冰冷乏味。

◆ 内容和格式的正确性

商务函中的称呼、叙事以及遣词造句，都必须做到正确无误。杜绝出现错字、别字、漏字、代用字或自造字，也不要为了省事，而用汉语拼音或外文替代不会写的字。在书写收信人姓名、地址、职务及尊称时，也需要按照要求书写，不能简写或随意。

9.2.4 常见商务函文书范例详讲

商务函类型多样，应用广泛，这里将主要介绍一些比较常用的种类，如邀请函、询价函、催款函、索赔函和订购函等。

No.1 邀请函

邀请函通常也被称为邀请信，是邀请商业伙伴、知名人士、专家或亲朋好友等参加某项活动时所发的请约性信函。其中，商务性活动邀请函是邀请函中的一个重要分支，商务活动邀请函的主体内容符合邀请函的一般结构，由标题、称谓、正文以及落款组成，但相比亲朋好友类的邀请函更加正式，下面来具体看看。

范本内容展示

◎资源下载 \ 第 9 章 \ 邀请函 .doc

邀请函

尊敬的××：

为了感谢您对公司业务的支持，我们特于××年××月××日 14:00 在成都市××酒店××楼××殿举办客户答谢活动，届时将有精彩的节目和丰厚的奖品等待着您。

敬请莅临。

我公司的联系方式如下：

联系人：××	电 话：××
地 址：××	传 真：××
邮 编：××	E-mail：××

企业名称

××年××月××日

范本内容精讲

商务活动邀请函是商务活动主办方为了郑重邀请其合作伙伴（投资人、材料供应方、营销渠道商、运输服务合作者、政府部门负责人、新闻媒体朋友等）参加其举行的活动而制发的书面函件。它体现了活动主办方的礼仪愿望、友好盛情，反映了商务活动中的人际社交关系。企业可根据商务礼仪活动的目的自行撰写具有企业文化特色的邀请函。邀请函由标题、称谓、正文以及落款组成。

邀请函的标题通常直接用“邀请函”即可，如范本所示，但是在实际的商务活动中也可以看到一些由活动内容和公司文化组成的个性活动主体标语。

邀请函的称谓使用统称，并在统称前面加敬语。例如“尊敬的 ×× 先生 / 女士”或“尊敬的 ×× 经理”。

邀请函的正文是指商务礼仪活动主办方正式告知被邀请方举办礼仪活动的缘由、目的、事项及要求，写明礼仪活动的日程安排、时间、地点，并对被邀请方发出得体、诚挚的邀请。如范本的正文“为了感谢您对公司业务的支持，我们特于××年×月××日14:00在成都××酒店××楼××殿举办客户答谢会。”

最后，一般会在邀请函正文内容后附上公司的联系方式，联系方式应包括电话、传真、地址和邮箱，以便被邀请人能通过多种渠道对活动事宜进行询问。

邀请函的落款部分与前面所讲内容一致。需要注意的是其正文部分，除了要告知被邀请对象活动的内容和目的、时间、地点和安排外，正文最后还应加上“敬请莅临”“敬请光临”等邀请惯用语。邀请函一般不加祝颂语。

另外，为了方便了解被邀请人的意愿，更好地安排活动，常常会在邀请函主体内容后附上邀请函回执，如下图所示。

邀 请 函 回 执

姓 名		性别		籍贯		民族	
单位名称							
职务(职称)		电话		手机			
通讯地址							
E-mail							
对活动的建议与期望							

同时为了表示庄重，还会将邀请函附上封面，以使其更加正式和规范。

此外，企业的邀请函封面上还可以根据需要加上企业名称和一些基本信息。

No.2 询价函

询价函一般是由买方向卖方提出，主要内容是有关货物的价格，也有包括其他一项或几项交易条件的。比如，要求对方提供商品目录或样本等。

范本内容展示

资源下载 \ 第 9 章 \ 询价函 .doc

询价函

××公司：

我公司因工作需要，特以询价的方式采购以下设备（见下表），请按以下的要求于××年××月××日前将报价文件密封交到我公司。报价要求含税费以及运输费。

序号	设备名称	规格、型号、性能参数	数量	单价（元）	备注
1	××	××	××	××	无
2	××	××	××	××	无

希速见复。

××公司
××年××月××日

范本内容精讲

从范本内容可以看出，询价函的文本格式与普通信函格式大致相同，由 3 个部分组成，即称谓、正文以及落款组成。

询价函的正文通常由 4 个部分组成，即表示自己对对方产品的兴趣；表达订货意向；向对方询价；提出相应的一些要求，例如要对方开列所需货物的品质、规格、数量以及交货期等。这是询价函的重要内容，也是询价函的核心所在。

询价函正文结束后通常还会加上“希速见复”和“盼速回”，以此表示询价事项的急迫性。

另外，很多企业由于业务量较大，会采用统一规范的表格作为询价函的表现形式，以节省书写询价函的时间，提高询价效率，询价函表格如表 9-2 所示。

表 9-2 表格式询价函

<table>
<tr><td colspan="11">×× 公司询价函</td></tr>
<tr><td colspan="11">编号：</td></tr>
<tr><td colspan="2">单位名称：</td><td></td><td colspan="2">联系人：</td><td colspan="2"></td><td colspan="2">部门：</td><td colspan="2"></td></tr>
<tr><td colspan="2">邮箱：</td><td></td><td colspan="2">电话：</td><td colspan="2"></td><td colspan="2">传真：</td><td colspan="2"></td></tr>
<tr><td>序号</td><td>产品名称</td><td>规格型号</td><td>技术参数</td><td>数量</td><td>市场报价</td><td>单价（优惠价）</td><td>金额</td><td>厂家/品牌</td><td colspan="2">备注</td></tr>
<tr><td>1</td><td></td><td></td><td></td><td></td><td></td><td></td><td></td><td></td><td colspan="2"></td></tr>
<tr><td>2</td><td></td><td></td><td></td><td></td><td></td><td></td><td></td><td></td><td colspan="2"></td></tr>
<tr><td colspan="11">1. 有无增值税发票（17%）： 2. 是否含运输、安装调试、培训等费用：</td></tr>
<tr><td colspan="11">3.（1）到货期： （2）质保期：</td></tr>
<tr><td colspan="11">4. 结算方式：（1）预付款：% （2）货到验收合格后付款： % （3）质保金：%</td></tr>
<tr><td colspan="11">5. 付款信息：（1）开户名称： （2）开户银行： （3）账号：</td></tr>
<tr><td colspan="11">备注：请务必 E-mail 或传真产品详细资料，包括图片及主要技术参数、实验指导书等</td></tr>
<tr><td colspan="5" rowspan="3">×× 公司
联系人： 电话：
传真： 邮箱：</td><td colspan="6">报价单位： （盖章）</td></tr>
<tr><td colspan="6">报价人： （签字或盖章）</td></tr>
<tr><td colspan="6">日期：×× 年 ×× 月 ×× 日</td></tr>
</table>

No.3 催款函

催款函是一种催交款项的文书，是交款单位或个人在超过规定期限，未按时交付款项时使用的通知书。催款函的写作形式有两种，一种是便函式，即以信函的形式写作；另一种是表格式，即人们在长期实践基础上约定俗称的固定表格，使用时直接填写即可。

需要注意的是，写催款函除了达到催收欠款的目的外，还要注意不应当因为催款而影响双方的友好关系和继续合作，不要因为催款伤害双方感情，形成敌意。因此，在编写催款函时要注意言辞和语气。

范本内容展示

资源下载 \ 第 9 章 \ 催款函 .doc

催款函

××公司：

贵公司自××年××月××日至××年××月××日止尚欠我公司货款共××元，根据贵我双方所签署的合同，贵公司应在××年××月××日付清该款。现贵公司已逾期××天仍未支付，严重影响了我公司的资金周转和生产安排。请贵公司收到此通知书后××天内将上述逾期未付的货款汇付我公司账户（户名：××××；开户行：××××；账号：××××）。否则，本公司将循法律途径或委托相关追收人员上门催收解决，届时可能造成贵公司不良影响并将有损贵公司诚信形象。

特此函达。

××公司（盖章）

××年××月××日

范本内容精讲

范本展示的是企业与企业之间的催款。可以看出，催款方在制作催款函过程中需要重点注意以下内容：

- **催收款项内容**：这是制作催收函的主要依据和原因，应清楚准确地写出欠款发生的原因、日期、涉及合同或协议、欠款的金额及拖欠的情况，以便使受文单位明确情况，及时交款。
- **名称和账号**：催款函中要清楚准确地写上双方单位的全称，以便明确债权债务双方。同时，催款方必须写明本方的开户银行及账号，以便对方有明确的偿还款项渠道。必要时，还要写明催款单位的地址、电话及经办人的姓名。
- **明确的处理意见**：催款方应在催款函上提出处理办法和意见。这种意见一般都从以下3个方面予以说明：第一，要求欠款户说明拖欠的原因；第二，重新确定一个付款的期限，希望对方按时如数交付欠款；第三，再次逾期不归还欠款将采取的罚金或其他措施。

No.4 索赔函

索赔函是指合同双方中的一方，根据法律法规和双方签订的合同，以对方违反合同约定，造成当事人经济损失或精神损失为理由，向另一方提出赔偿或维护其他权利的书面材料。

范本内容展示

◎资源下载 \ 第 9 章 \ 索赔函 .doc

索赔函

××有限公司：

××年××月××日，我公司委托贵公司将回流焊设备一台，通过公路运输至深圳，交付给收货人刘××（以下简称收货人），在深圳收货人验收时发现设备已经破损而拒绝接收。设备于××年××月××日退回我公司，经贵公司和我公司双方查验，由于贵公司运输、装卸不当，造成设备和包装破损。

此次事件使我公司设备损坏，遭受二次紧急调运设备的运费损失，还使我公司对客户逾期交货，信誉受损并要承担逾期交货的违约责任。我公司向贵公司郑重要求立即赔偿以下设备修理费用和运输费损失。

破损部位及程度	费用（元）
上罩：两合页部分螺丝穿孔，严重掉漆	1300
温室：合页部分及四个边角破裂	1900
横梁中间部分压损	1800
电机上罩	50
包装箱	450
修理设备运输费	600
设备修理人工费	1000
费用合计	7100

以上是我公司的最低要求，请贵公司于 7 日内支付上述赔偿金额，或者贵公司自己将设备送去经我公司认可，有相应技术能力和修理设施、设备完善的修理厂修理，贵公司承担全部修理费用。7 日后如果贵公司不支付赔偿金，又不将损坏设备送去修理、恢复设备完好，我公司将自己委托修理厂修理，并通过法律途径追偿全部损失，不再通知。

顺祝商祺！

××公司
××年××月××日

范本内容精讲

根据范本可以看出，索赔函的标准格式。首先是标题，标题的形式比较灵活，既可以根据实际情况写成包括“索赔事由 + 文种”的完全标题样式，如：“关于 ×× 的索赔函”，也可以简明扼要地写成不包括索赔事由而只写文种的简单标题形式，如：“索赔函”。

接着是称谓，在标题下另起一行，书写受信者的名称，可以是单位或部门，也可以是个人姓名，如范本中“×× 有限公司：”。

正文部分首先要提出引起争议的合同及其争议的原因，接着具体指出合同项下的违约事实以及根据，最后根据国家有关法律向违约方提出要求赔偿的意见。范本展示的是因运输不当导致的索赔事件，索赔函内容中将索赔事项、索赔原因以及索赔明细都很清晰地表现出来了，最后还提出了索赔的时间要求以及不按时索赔的处理意见，内容比较全面，逻辑清晰。

另外可以看到，该索赔函的落款即单位名称和日期位于函的左下方，之前提及的商务函的落款都是在函的右下方。由此可以得出，商务函的落款位置并无强制要求，左右下方均可，具体视使用单位或使用人的习惯或相关规定而定。

除了运输不当导致的索赔事项之外，当发生以下事项时，也可申请索赔。

- 产品质量未达到合同约定标准。
- 产品数量短缺，不能按约定数量进行交易。
- 产品包装不完善或因对方责任而损坏。
- 运输拖欠，包括拖欠运输款项和故意拖欠运输事项，导致运输物不能按时到达运输地点。
- 违反合同规定并按合同约定可以索赔的其他事项。

简单来说，索赔函要将索赔的理由书写的有理有据，逻辑清楚，条理清晰，同时准确具体地表达出自己的索赔要求。

No.5 订购函

订购函指买方按双方谈妥的条件向卖方订购所需货物的信函。订购函是买方发出的，表示向卖方订购所需商品的信函。

范本内容展示

资源下载 \ 第 9 章 \ 订购函 .doc

订购函

××公司：

贵公司6月16日的报价单收悉，谢谢。我公司认为贵公司报价较为合理，特订购以下产品：

1. ××牌××型手机50台，单价1500元，总计75000元。
2. ××牌××型手机20台，单价3000元，总计60000元。
3. ××牌××型手机30台，单价2000元，总计60000元。

交货日期：××年××月××日。

结算方式：转账支票。

交货地点：成都市××区××路××号。

请贵公司运送货物时一并将货款发票（总计人民币195000元，请注明我单位名称）带来。

我公司接到贵公司货物后将立即开具转账支票。

××电讯器材销售公司

××年××月××日

范本内容精讲

范本清楚地向卖方说明了所需商品，包括商品的名称、规格、型号、单价以及数量等。同时买方还交代了具体的结算方式、交货日期和地点等，以便卖方能根据订购函清楚地知道买方的需求和要求，提供相应商品和服务。从而使交易顺利进行。

订购函有两种形式：一种范本所示的用信函的形式说明所需订购的货物；另一种是下订单，即把订购函制作成订单，以表格形式列明各项交易条件，如表9-3所示。

表9-3 订单样式

订货单			
订货人 / 单位		订货日期	
收货地址		发货日期	
联系电话		付款方式	

续上表

备注				物流公司		
序号	产品名称	规格型号	数量	单价（元）	总金额（元）	备注
1						
2						
……						
总金额（大写）					¥:	
制单：××			批准：××			

第10章

书信写作要点与范例精析

10.1 内部传阅书信的写作
10.2 对外交际书信的写作
10.3 其他功能书信的写作

10.1 内部传阅书信的写作

■基础概述 ■范例详讲

书信原本只是发件人和收件人双方信息和情感交流的一种方式，但随着交流沟通的广度和深度不断增加，书信的作用也不断被放大，不再局限于最初的形式和目的。

10.1.1 内部传阅书信基础概述

内部传阅书信是按使用范围来界定的，它主要是指在单位或企业内部及个人之间常用的一些书信形式，主要有如表 10-1 所示的一些类型。

表 10-1 内部传阅书信的类型

类型	具体描述
表扬信	表扬信是向特定受信者表达对被表扬者优秀品行颂扬之情的一种专用书信。它主要用于在日常工作或生活中受益于被表扬者的高尚品行（或被其品行所感动），特向被表扬者所在单位或其上级领导致信，以期使其受到表彰和奖励，使其精神发扬光大。企业内部的表扬信主要有两种形式：一是上级对下级的表扬；二是企业、部门或团队对个人的表扬
感谢信	感谢信是单位、企业或个人对关心、帮助和支持本单位或个人表示衷心感谢的函件，兼有表扬和感谢的意思。广泛应用于个人与个人之间，个人与组织之间，组织与组织之间
慰问信	慰问信是向对方（一般是同级，或上级对下级单位或个人）表示关怀和慰问的信函
道歉信	道歉信是因工作失误引起对方的不快，以表示赔礼道歉，消除曲解，增进友谊和信赖的信函。道歉事项既包括企业或单位内部员工失误引起的内部矛盾，也包括因工作失误引发外部企业不满的事项

10.1.2 常见内部传阅书信文书范例详讲

每一种书信都有自己的个性和写作要求，范例讲解可以使读者更好地把握每一种内部传阅书信的具体用法。

No.1 表扬信

表扬信在内部最常见的应用就是上级对下级的表扬，以对被表扬人及其他员工进行激励。

范本内容展示

资源下载\第10章\表扬信.doc

表扬信

××同志：

在公司期间，你工作表现突出，为公司赢得了客户的尊重和赞赏，赢得了良好的口碑，在此对你予以表扬，同时也号召全体员工以你为榜样，希望在我们的企业里形成比学赶超的风气，掀起学习模范员工的热潮。

××公司

××年××月××日

范本内容精讲

从范本内容很容易可以看出表扬信的整体结构，主要包括标题、抬头、正文、结尾和落款5个部分。这5个部分中每个部分的描写内容都不相同。

◆ 标题

表扬信的标题一般统一为“表扬信”3个字，位置放在第一行正中。

◆ 称谓

表扬信的称呼在开头顶格书写，对象应为被表扬的机关、单位、团体或个人的名称或姓名。写给个人的表扬信，应在姓名之后加上“同志”和“先生”等字样。若是直接张贴到某机关、单位和团体的表扬信，开头可不必再写受文单位。

◆ 正文

正文内容在称谓下另起一行空两格写。一般要求写出两个方面的内容：一是用概括叙述的语言交代表扬的理由，重点叙述人物事迹的发生、发展、结果及其意义。叙述要清楚，要突出最本质，尽量列举事实；二是要指出受表扬行为的意义，如给社会、单位、团队或个人带来了什么好的影响。

◆ 结尾

该部分要提出对表扬对象的肯定，并号召未受表扬对象向受表扬对象进行学习。若是外部单位或个人对本单位进行表扬的，还可以在该部分对该单位提出建议，希望对 ×× 进行表扬。

◆ 落款

落款应写明发文单位名称或个人姓名，并在右下方注明成文日期。

另外，在表扬信的写作过程中，还需要注意把握尺度，做到表扬得当。做到这一要求的前提，是理解和掌握表扬信写作的注意事项。

第一，实事求是。这有两个方面要求：一是对被表扬对象和事件的叙述既不夸大，也不缩小；二是评价要据实评价，恰如其分。

第二，以事实为依据。表扬信内容应以实际发生的事件和产生的影响为依据，不能以空泛的说理代替切实的事迹。

第三，表扬信语气要热情恳切，文字要朴素精炼，篇幅要短小精悍。

第四，表扬信可以组织名义写，也可以个人名义写。除信中给予的表扬外，也可以建议有关部门给予表扬。

No.2 感谢信

感谢信与表扬信有许多相似之处，不同的是感谢信虽然也有表扬的意思，但侧重点在于感谢。

范本内容展示

资源下载 \ 第 10 章 \ 感谢信 .doc

感谢信

全体员工：

公司自成立以来，一直得到你们的支持和帮助，感谢你们多年来对公司发展作出的贡献。我代表公司向全体员工及你们的家人表示最诚挚的祝福和最衷心的感谢，感谢你们一直以来的信任和支持。

饮水思源，我们深知公司所取得的每一点进步和成功都离不开每位员工的关注、信任、支持和参与。你们的理解和信任是公司进步的强大动力，你们的支持和参与是公司成长的不竭源泉。你们的每一次参与，每一个建议，都促使公司不断奋进。有了你们，公司的发展才有源源不绝的信心和力量；有了你们，公司才能一步步改革创新、发展壮大，在目前的市场上占据一定的位置。

在今后的岁月里，希望能够继续得到你们的关心和大力支持，为客户提供一流的品质以及更全面、更贴心的服务，让你们的付出有所回报，让你们的汗水不会白流，在你们的大力支持下向行业龙头努力迈进。

最后，再一次感谢你们的大力支持和帮助，恭祝你们身体健康！合家幸福！事业兴旺！万事如意！

××公司

××年××月××日

范本内容精讲

范本展示的是某公司对全体员工的感谢信，一般来说在公司取得重大发展或阶段性突破时，会采用这种方式，以更好地激发团队精神。此类感谢信一般会在论述公司取得的成绩上展开对员工贡献的肯定，并在此基础上号召员工以更加积极的状态应对未来的工作。

除了这类企业内部针对员工的感谢信之外，常见的还有一些外部单位和个人对于企业本身或企业某部门或员工的感谢信，这类感谢信的内容主要侧重的是针对某一具体事项的感谢，与范本展示内容差异较大，具体如下所示。

感谢信

××公司（感谢对象）：

我单位于××年××月××日召开了××活动，本次活动规模大、人数多、时间紧、任务重，在活动过程中，得到了××公司（感谢对象）的大力支持和帮助，为活动作出了巨大的贡献，最终使得活动得以成功举办。对你们这种无私奉献的精神和高度认真负责的态度，我单位表示衷心的感谢和崇高的敬意！

××公司

××年××月××日

No.3 慰问信

慰问信是表示向对方（一般是同级或上级对下级单位、个人）关怀、慰问的信函。主要包括两种：一种是表示同情安慰；另一种是在节日表示问候。

范本内容展示

资源下载\第10章\慰问信.doc

慰问信

亲爱的××：

你好，首先愿这只字片语能捎去我们这些远方同事的问候。我们都很挂念你，都在盼望你早日康复，回到我们中间来。

谁都难免遭遇病魔的侵袭，它有时把你折磨得筋疲力尽，但我们始终要有这样的信心，我们的意志比它更强大，它在我们面前不值一提，家人的关怀，朋友的关心，自己的努力，很快你就能战胜病魔，赢得胜利。

××，希望你能积极配合治疗，虽然你正经历治疗的疼痛，但请选择坚强，选择忍受，阴霾的天空必定出现彩虹。请保持乐观的心态，乐观的心态是战胜一切苦难的前提，放下心里的包袱吧，只要有坚定的信念就一定能战胜病魔。有这么多关心你爱你的人在支撑着你，有这么多热切期盼着你早日康复的眼神望着你，他们就是你的力量。

××公司是你生活过、工作过、战斗过的地方，作为同事和朋友，我们始终与你在一起，我们都在热切地期盼你康复归来，我们在遥远的××为你守候、为你祈祷、为你祝福！

遥祝早日康复。

××

××年××月××日

范本内容精讲

范本展示的是生病慰问，全文侧重于对慰问对象的鼓励，以激起其战胜病魔的勇气，因此这类慰问信的重点是要言辞恳切和感情真挚，让慰问对象深切感受到真挚的关心和激励。此外，一般还会在结尾部分加上“祝早日康复”和“祝早日痊愈”之类的祝福语句，以表示对慰问对象的美好祝愿。

除了生病慰问之外，最常见的慰问信形式还有节日慰问，主要是以规范的书信形式向慰问对象表示节日的祝福。其主体内容与生病慰问差异较大，而节日慰问又主要分为两类：一类是纯粹的节日祝福的慰问；另一类是在节日祝福基础上对公司成绩进行总结，并对未来作出展望，分别如范例一和范例二所示。

范例一：

一年一度的端午节来临之际，是你们在节日期间坚守工作岗位，是你们长期以来默默无闻忘我奉献，是你们用对公司的忠诚和对事业的热爱，谱写了万成企业辉煌的昨天，抒写着万成企业灿烂的今天和明天。在此，我代表公司领导，向各位员工，表示最由衷的祝福和诚挚的敬意，并向你们的家人致以节日的问候和美好的祝愿。祝愿大家节日快乐，家庭幸福，身体健康，工作顺利。

范例二：

时光荏苒，岁序更新，在春节来临之际，公司谨向广大员工及员工家属致以节日的问候，并致以崇高的敬意！

即将过去的2016年，是公司发展卓有成效的一年。公司生产经营保持快速增长态势，企业管理不断创新，改革改制稳步推进。在全体员工的共同努力下，公司全面完成了年度各项工作任务，共实现经营开拓亿余元，完成施工产值亿余元，安全生产平稳运行，工程质量稳中有升，盈利能力逐步提升。

这一切成绩的取得，凝聚着广大员工的智慧和汗水，凝聚着广大员工家属的默默支持。新的一年即将来临，这是充满希望和挑战的一年。希望每位员工继续保持昂扬的斗志和拼搏精神，开拓创新，真抓实干。希望广大员工家属继续关心、支持各项工作。让我们共同努力，为实现企业又好又快的发展目标而奋斗！

最后，祝广大员工及员工家属：新年愉快，合家欢乐，万事如意！

10.2 对外交际书信的写作

■基础概述 ■格式和注意事项 ■范例详讲

随着人际交往范围的扩大和交往程度的不断深入，对外交往的形式也越来越多样化，对人的对外交际书信写作能力要求也越来越高。

10.2.1 对外交际书信基础概述

对外交际书信是指单位或个人在外部交往过程中所使用到的书信，外部交往形式的多样化使得对外交际书信形式也逐渐多样化。常见的对外交际书信类型如表 10-2 所示。

表 10-2 对外交际书信的类型

类型	具体描述
请柬	请柬又称为请帖或简帖，是为了邀请客人参加某项活动而发出的礼仪性书信
贺信	贺信是表示庆祝的书信的总称，是指党政机关、企事业单位、社会团体或个人向其他集体单位或个人表示祝贺的一种专用书信。可分为上级给下级、下级给上级、平级单位之间、国家之间以及个人之间的贺信
喜报	喜报是指用于书面报喜的文帖，是将喜事写在某些载体上面然后将其发给需要告知的人或张贴在被告知人能看到的地方
讣告	讣告也叫讣文或“讣闻”，是告知某人去世消息的一种丧葬应用文体
贺电	贺电是对收电对象表示祝贺赞颂的电报。它多是以政府部门、企事业单位、首脑人物或代表人物名义发给有关单位、集体或个人的。贺电可以直接发给对方，也可以通过登报或广播发布
唁电	唁电是因吊唁者与丧家相距较远或因故不能亲临吊唁，而向丧家发出的表示哀悼、慰问的吊唁的电话、短信、电报或传真文字。 多用于官方等正式场合。分为个人唁电、单位唁电以及国与国之间拍发的唁电 3 类
悼词	悼词是对死者表示哀悼的话或文章。它有广义和狭义之分。广义的悼词指向死者表示哀悼、缅怀与敬意的一切形式的悼念性文章，狭义的悼词专指在追悼大会上对死者表示敬意与哀思的宣读式的专用哀悼的文体

10.2.2 对外交际书信的写作格式与注意事项

由于对外交际书信一般用于外部联系，因此其行文和格式的规范性就显得尤其重要，一份规范工整的对外书信是对收信方尊重的最好体现。

一份完整的对外书信一般由标题、称谓、正文、结尾、署名和日期构成，写作过程中一定要保证每部分内容都规范书写。

◆ 标题

对外书信的标题一般是直接采用书信类型名称，如请柬的标题一般就为“请柬”二字，贺信的标题为“贺信”二字。

◆ 称谓

称谓即对收信人的称呼。不同类型的书信，在称谓上有所差异，若是请柬，那称呼一般多为“×× 先生 / 女士”“××+ 职位名称”或直接以对方的姓名全称为称谓。需要注意的是，有的书信类型并无称谓，如讣告。

◆ 正文

正文内容在称谓下方另起一行空两格写，遵循一事一文或一事一段的原则。内容要求层次清楚，语言准确通俗，不应对内容作过多过深的修饰。

◆ 结尾

结尾在正文结束后另起一行空两格书写，一般是写一些表示祝愿的话，但对于讣告、唁电和悼词等，一般是用一些悲切或安抚性的语言作为结尾。

◆ 署名和日期

署名和日期在结尾写完后另起一行靠右书写，署名和日期各占一行，署名应是单位名称或个人姓名全称。

需要注意的是，若书信为手写，则必须保证字迹清晰可鉴，用词礼貌恰当，以避免因书信内容引起不必要的误会或麻烦。

10.2.3 常见对外交际书信文书范例详讲

在实践中，请柬、贺信、喜报和讣告应用较为广泛，下面将逐一讲解。

No.1 请柬

请柬是以书面形式表示的请人出席或参加某项活动的卡或帖，它与我们的日常生活息息相关，每个人或多或少都与之有过接触。

范本内容展示

资源下载 \ 第 10 章 \ 请柬 .doc

请柬

尊敬的××先生：

敝公司定于××年××月××日 17:00 在上海市××大厦××楼展览厅举办现代家居商贸洽谈会。恭候光临。

××公司
××年××月××日

范本内容精讲

范本展示的是某公司的活动邀请请柬，时间、地点及事项明确，语言精简，清晰明了。文中还添加了“恭候光临”的结束性语句，它既可以如范例所示紧跟正文之后出现，也可在正文结束后另起一行空两个书写。

请柬本身是一种礼仪文书，因此在使用中还要注重礼貌和规范，要特别注意以下问题。

◆ 托人转递请柬是不礼貌的

请柬的递送方式很有讲究。最好的递送方式是邀请人亲自登门递送，以表示真诚邀请的心意；而现下由于时间和距离限制，多采用邮寄方式递送。但一定注意不能托人转递，这是很不礼貌的。请柬如果是放入信封当面递送，要注意信封不能封口，否则会造成又邀客又拒客的误会。

◆ 请柬中应避免出现“准时”两字

在正文后可根据不同的情况采用“敬请光临”“恭请光临”和“请光临指导”等结语。在一些请柬上我们时常可以看到“请届时光临”的字样，“届时”是到时候的意思，表示出邀请者的诚意。但是有些请柬把“届”改成了“准”字，这样就成了命令式，体现了邀请者的高高在上，是对被邀请者不尊敬的表现，在请柬中我们应该避免使用这样的结语。

对于某些舞会、音乐会和大型招待会的请柬还写有各种附启语，如“每柬一人”“凭柬入场”和“请着正装”等，通常写于请柬正文的左下方处。

◆ 应对能否赴约进行及时回复

请柬的被邀请方为表示对邀请方的尊重，在收到请柬后，无论是否出席活动或会议，都应在请柬邀约事项活动时间之前对邀请方进行回复，以便邀请方进行相关安排。

◆ 请柬的发出时间

对于大部分请柬，应在活动或会议举行前两周发出，规模较大或更重要的活动，应提前更长时间发出请柬，以便给被邀请人以充裕时间安排行程。

另外，请柬一般会与封面同时出现，以使其更美观，同时也可以表现对被邀请人的重视和尊重。

图片展示的是某结婚请柬的封面，画面甜蜜清新。在请柬封面制作或选择过程中需要注意封面风格与请柬内容的和谐匹配，此外，封面应以简洁为主，太过繁复华丽的封面往往会适得其反，令人眼花缭乱。

No.2 贺信

目前，贺信已经成为表彰、赞扬和庆贺对方在某个方面所作贡献的一种常用形式，应用十分广泛。

范本内容展示

资源下载 \ 第 10 章 \ 贺信 .doc

> **贺信**
>
> ××广播电视报社：
>
> 值此××广播电视报创刊 20 周年之际，谨向报社全体同志表示热烈的祝贺！××广播电视报创办 20 年来，你们辛勤耕耘，自主创新，日益壮大，与时代同行，和百姓同心，报纸办得有声有色，精彩纷呈，深受读者喜爱，报社的各项事业蓬勃发展，红红火火，蒸蒸日上，走在前列。
>
> 希望以 20 周年报庆为契机，不断开拓进取，实现科学发展，坚持“三贴近”，扩大影响力，办出新水平，为繁荣我市的新闻出版事业作出更大的贡献！
>
> 中共××市委宣传部
>
> ××年××月××日

范本内容精讲

范本是单位与单位之间的贺信内容，主要包括了 3 个方面的内容：一是祝贺的背景原因，即“×× 广播电视报创刊 20 周年”；二是概括说明了被祝贺单位取得的成绩，即“创办 20 年来……，走在前列。”；三是祝贺单位对被祝贺单位的祝词及祝愿，即“希望……，为繁荣我市的新闻出版事业作出更大贡献！”。

贺信标题的写法，除了范本中直接以“贺信”二字为题之外，还有以下几类写法：

- **祝贺对象 + 文种**：如“致 ×× 公司的贺信”。
- **祝贺者 + 文种**：如“×× 公司贺信”。

◆ **祝贺者 + 祝贺对象 + 文种**：如“×× 公司致 ×× 公司的贺信”。

◆ **只写祝贺事由**：如“祝贺全省 ×× 会议顺利召开”。

No.3 喜报

喜报主要用来报喜，因此其内容比较精简，且一般遵循一事一报的原则。

范本内容展示

资源下载 \ 第 10 章 \ 喜报 .doc

喜 报

为了全面提升我院××专业教学水平，展示我院××专业学生的实践能力，我系积极参与由××主办的“××”活动。

在指导教师和参赛学生的精心准备和刻苦训练下，经过学院初赛的层层选拔以及决赛前的培训指导，学生××在本次大赛中喜获佳绩。

获得如此优秀的成绩，是辅导老师辛勤劳动付出的结晶，是参赛学生刻苦努力的结果，也是学校强化教学常规管理，努力提高课堂教学质量的突出成果，充分显示了我院素质教育的雄厚实力。

××学院
××年××月××日

范本内容精讲

喜报的作用是公告，一般会采用张贴或在指定渠道发送的方式展示。因此在实际应用中，常常会省略称谓部分，直接进行正文内容的叙述。

通常为了醒目以及对喜报所述事项的重视，会采用条幅或海报式的喜报形式，以示庆贺。这类喜报的内容往往更加精简，着重对于祝贺事项或祝贺对象取得的成绩进行描述，如下图所示。

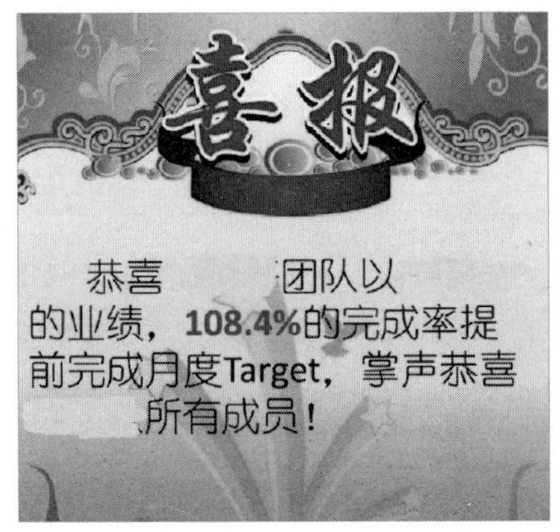

No.4 讣告

讣告是用来告知某人去世消息的，一般由死者所属单位的相关部门或者家属进行报告。

范本内容展示

资源下载 \ 第 10 章 \ 讣告 .doc

讣告

我部门同事××因病医治无效，于××年××月××日上午××时在××医院逝世，享年××岁。 有意表示哀悼的同事，请与××联系，谨此讣告。

××部门

××年××月××日

范本内容精讲

讣告的标题普遍采用“讣告”二字，且讣告一般没有称谓部分。在正文最后一般以“特此讣告”或“谨此讣告”作为结尾。落款名称以讣告发出者而定，若发出者为公司，则落款名称为公司全称；若发出者为个人，则以“×× 哀告”

表 10-3　其他功能书信的类型

类型	具体描述
申请书	申请书是个人或集体向组织、机关、企事业单位或社会团体表述愿望、提出请求时使用的一种文书
推荐信	推荐信是一个人为推荐另一个人去接受某个职位或参与某项工作而写的信件，是一种应用写作文体。特定含义下是指本科生或硕士研究生到其他（一般是国外）大学研究生院攻读硕士或博士学位时请老师所写的推荐信
证明信	证明信是以行政机关、社会团体、企事业单位或个人的名义，凭借确凿的证据证明某人的身份、经历或某件事情的真实情况时所使用的一种专用书信。证明信一般也直接称作证明，可分为组织证明信和个人证明信，前者又可分为普通书写证明信和印刷证明信
倡议书	倡议书是由某一组织或社团拟定的，就某事向社会提出建议或提议社会成员共同去做某事的书面文章
决心书	决心书是个人、集体或单位为响应上级号召而表示决心所用的文书。一般用于个人对组织和领导，下级对上级表达决心
保证书	保证书是个人、集体或单位，为响应上级号召开展工作、完成任务或做错了事，犯了错误并决心改正，提出保证时使用的专用书信或文字材料
建议书	建议书是指个人、单位或集体向有关单位或上级机关和领导就某项工作提出某种建议时使用的一种常用书信。有的建议书也被称为“意见书”
号召书	号召书是各级党和政府借重大会议之机，号召广大群众迅速行动起来，贯彻会议精神，完成党和政府某一中心任务的一种应用文体
介绍信	介绍信是机关团体和企事业单位派人到其他单位联系工作、了解情况或参加各种社会活动时用的函件，具有介绍和证明的双重作用

10.3.2　常见其他功能书信的文书范例详讲

这里主要对其他功能书信中的申请书、推荐信、证明信和倡议书等进行介绍。

No.1 申请书

使用对象不同，申请书类型也不一样。申请书要求一事一议，内容单纯，切忌一书数事。

范本内容展示

◎资源下载 \ 第 10 章 \ 申请书 .doc

开业申请书

××市工商行政管理局：

为发挥个体经济和私营经济对社会主义经济有益的、必要的补充作用。本人申请开办一家个体家用电器修理门市部。

本人自前年中专毕业后，就一直坚持自学无线电和家用电器维修技术，并参加市工人文化宫举办的专业家电维修技术培训班的学习。现已掌握了修理国产和进口的电视机、收音机、录音机、电冰箱和洗衣机的技术，曾业余为亲友修好不少的家用电器，效果非常好。为了给社会和人民做点贡献，也为改变我家生活困境，特申请开办一家个体户家用电器修理门市部。所需店房、修理工具和开店资金等均已就绪。恳请考核我的技术，审查开业条件，批准我的要求，发给《个体工商户开业申请登记表》 办好登记发证手续，以便早日开业。

开业后，我保证遵守国家一切政策、法令，维护市场秩序；按章准时交纳税金，如实反映服务情况；做到热情为用户和群众服务，价格公平、合理，不高于国营单位价格。

此致

敬礼！

申请人：××

××年××月××日

范本内容精讲

范本展示的是某个体工商户的开业申请，申请书主体内容主要是围绕申请开业原因、拟开办的商户类型以及自身为开业所做的准备等进行书写，描写比较全面，事实和申请要求阐述也较为清楚。

从范本内容中，我们还可以总结并延伸出申请书写作的一些格式要求和注意事项。

◆ 标题

申请书的标题有两种写法：一种是直接用“申请书”作为标题；另一种是“事由＋申请书”形式，如“开业申请书”“入党申请书”及“调换工作申请书”等。

◆ 称谓

顶格写明接受申请书的单位、组织或有关领导。如范本中的“×× 市工商行政管理局”。需要注意的是，称谓一般不简写，如“工商行政管理局”一般不简写为“工商局”。

◆ 正文

正文部分是申请书的主体，首先应提出要求，然后说明理由。理由要写得客观和充分，事项要写得清楚和简洁。

◆ 结尾

写明惯用语“特此申请”“恳请领导帮助解决”和“希望领导研究批准”等，也可用“此致”和“敬礼”礼貌用语。

◆ 署名和日期

个人申请要写清申请者姓名，单位申请写明单位名称并加盖公章，注明日期。

此外，在写申请书时还需要注意以下一些事项。

第一，申请的事项要写清楚，写具体，涉及的数据要准确无误。

第二，理由要充分合理，实事求是，不能虚夸和杜撰，否则难以得到上级领导的批准。

第三，语言要准确简洁，态度要诚恳朴实。

No.2 推荐信

推荐信一般都用于考察申请人各方面的资格和品质，最常见的形式是工作推荐信和攻读学位时所用的推荐信。

范本内容展示

资源下载 \ 第 10 章 \ 推荐信 .doc

推荐信

××，男，××年××月至××年××月在××公司担任××职务，年薪为××万人民币。

××在本单位工作期间，表现出了独特的思维模式及较高的工作水平。他具有极强的素质，工作清晰明确、严格规范，行政工作中能够做到理论联系实际，认真履行工作职责，加强与其他部门的协调和沟通，使行政工作井然有序，相关工作也达到了优质高效，为公司各项工作的开展创造了良好的条件。他积极主动，工作有计划，落实有措施，完成有记录，对各事项都做到了及时处理反馈。他同时具有业务学习的自觉性，积极配合公司提高员工素质，使公司形成了良好的学习氛围。

他的努力给公司发展做出了很大的贡献，为公司树立了良好的形象，起到了窗口作用。该同志能够胜任所负责的任何工作。

希望我以上所言能够帮助您更多的了解××。如果您还有什么疑问，请与我联系，我很乐意回答您的任何问题。

推荐人：××

公司职位：××

联系电话：××

××年 ××月 ××日

范本内容精讲

范本展示的是推荐某人参与某项工作的推荐信，内容侧重于对被推荐人基本情况、职业素质、工作能力和发展潜力等方面的阐述，以及推荐人对于被推荐人的个人评价。一般来说，对被推荐人的良好评价和能力的肯定是推荐人撰写推荐信的初衷和前提。

此外，推荐信的写作过程中，需要把握以下的一些写作要素。

- **推荐人的身份**：推荐人在何种身份下认识被推荐人或曾在什么课程上教过该推荐人。
- **被推荐人的表现**：包括工作能力、学习能力、领导能力和团队合作能力等。

除了工作推荐信之外，最常见的还有被推荐人到其他（一般是国外）大学研究生院攻读硕士或博士学位时，请老师所写的推荐信。其与工作推荐信在结构上大致相同，但内容有较大差异，具体可参考下列范例。

我非常荣幸的为××同学出具这份正式的推荐信。我是××交通大学土木建筑学院的副教授，毕业于上海同济大学并获得博士学位，目前在××交通大学土木建筑学院教授道路工程专业课程。××同学参加我教授的道路工程专业的学习已经将近两年了，所以我对该同学还是相当了解的。作为我最优秀的学生之一，××应该受到更好的教育和更专业的指导。因此，我很荣幸向贵校推荐该同学。

××同学是我校土木建筑学院××级道路工程专业的一名学生，在其读大三后，我一直教授其道路工程专业知识。在这期间，他以刻苦好学以及强大的求知欲给我留下了深刻的印象。每次上课他都会有很多问题提出，而且不全部释疑决不罢休。他勤于预习复习，并且对于一些较难的知识点，总是认真记录笔记并和我一起讨论。在学业后期的课程设计中，他总是对自己设计的方案进行反思，并积极向我请教，然后回去进行调整，然后在反思。总之，××同学在做设计时追求每一个细节的尽善尽美。在我看来，他是一名十分有上进心的同学。所以我很希望××同学能够继续他的学业，受到更高学术成就老师的指导。

鉴于××的同学、我的同事以及我本人对××都有很高的评价，我真诚地向贵校推荐他，希望他能够入选贵校的学习项目。

No.3 证明信

证明信是证明某人的身份、经历或某件事情的真实情况时所使用的一种专用书信，一般篇幅较短。

范本内容展示

◎资源下载＼第 10 章＼证明信 .doc

个人收入证明

兹证明××是我公司员工，性别××，身份证号码××××××××××，在××部门任××职务。月收入××元，一年总收入约为××元。

特此证明！

本证明仅用于证明我公司员工的工作及在我公司的工资收入，不作为我公司对该员工任何形势的担保文件。

××公司（加盖公章）

××年××月××日

范本内容精讲

范本展示的是个人收入证明，这是证明信最常用的形式之一，其内容和格式比较简单，一般将证明人信息（姓名、身份证号、职位等）和证明事项（月收入或年收入等）详细列出，再加盖证明人单位公章即可。证明信一般会以“特此证明”作为结尾。为约束证明信的用途，证明人还可在证明信中约定免责事项，如文中的“本证明仅用于……，不作为我公司对该员工任何形势的担保文件”。

从范本内容还可以看出，证明信的标题命名方式一般有两种：一种是直接以“证明”为标题；另一种是以“事项+证明”为标题，即范本所示的标题命名方式。

目前，身份证明信也用得较多，其格式和内容如下所示。

员工身份证明

兹证明××，身份证号：×××××××××，于××年××月××日起受聘于我公司。他/她的目前职位为：××。

特此证明。

××公司（公章）

××年××月××日

整体来说，证明信的内容比较简单，只需将被证明人的信息和证明事项逐一列出即可。其中，无论什么类型的证明，被证明人的信息中都要包含能确认其身份的要素，如身份证号码。

No.4 倡议书

倡议书是为倡议或发起某项活动而写的号召性和公开提议性的专用书信。

范本内容展示

资源下载\第10章\倡议书.doc

保护野生动物倡议书

全市人民：

野生动物是人类的朋友，是大自然不可缺少的组成部分，随处都能见到它们的踪影，也正是它们把我们的生存环境点缀得多姿多彩，显示出生机勃勃的景象。

野生动物在维持生态平衡和生物多样性方面发挥着重要作用，保护野生动物，维护生态平衡，不仅关系到人类的生存与发展，也是衡量一个国家、一个民族、一个城市文明进步的重要标志。为此，我倡议：

一、树立保护野生动物就是保护自己的理念，提高对生态保护的认识。

二、主动学习野生动物知识和野生动物保护的法律法规，搜集整理野生动物相关的资料和信息。

三、积极宣传野生动物保护的法律法规和保护野生动物的重大意义，引导广大群众自觉加入到保护野生动物的行动中来。

四、配合相关部门，制止捕杀野生动物的不法行为，发现伤害或贩卖野生动物的行为应及时向有关部门举报。

五、拒绝食用野生动物，并劝诫亲朋好友不食用野生动物。

保护野生动物，人人有责，让我们携起手来，从我做起，从现在做起，共创人与自然和谐发展的绿色家园！

倡议人：××

××年××月××日

范本内容精讲

倡议书和其他书信格式类似，也由标题、称呼、正文、结尾和落款 5 部分组成。其中，正文部分是倡议书的重点，在写作时需要把握以下内容。

- **写明倡议书的背景、原因和目的：**倡议书的目的在于引起广泛的响应，只有交代清楚倡议活动的原因以及当时的各种背景事实，并申明发布倡议的目的，人们才会理解和信服，才会自觉地行动。这些因素交代不清就会使人觉得莫名其妙，难以响应。
- **写明倡议的具体内容和要求：**倡议的内容一定要具体化。开展怎样的活动，都做哪些事情，具体要求是什么，它的价值和意义都有哪些，均需逐一列出。倡议的具体内容一般分条开列，以使其清晰明确，一目了然。

结尾部分要表示倡议者的决心和希望，或提出某种建议。倡议书一般不在结尾写表示敬意或祝愿的话。

第11章

新闻媒体文书写作要点与范例精析

为落款名称；若发出者为治丧委员会，则落款名称为“×× 治丧委员会”。

若讣告发出者为公司或治丧委员会，则讣告内容中应直接指明过世者的全名（如范本内容所示）；若发出者为个人，应先在讣告中指出与过世者的关系，再指出过世者全名。如下所示是个人发出的讣告。

讣告

先母 ×× 于公元 ×× 年 ×× 月 ×× 日 ×× 时病故，享年 ×× 岁。兹定于 ×× 月 ×× 日 ×× 时，在 ×× 火葬场火化，并举行追悼会。谨此讣告。

×× 哀告

×× 年 ×× 月 ×× 日

此外，讣告的写作和发出还有一些规范要求，如下所示。

- 讣告必须在遗体告别仪式之前发出，以便死者亲友与有关方面人士及时地作出必要的准备，如送花圈和挽联等。
- 讣告只能使用黄、白两色纸，长辈之丧用白色，幼辈之丧用黄色。
- 讣告必须使用黑色，并在四周加黑框，以示哀悼。
- 讣告的语言要求准确、简练、沉痛和严肃。

10.3 其他功能书信的写作

■基础概述 ■范例详讲

除了内部传阅和对外交际书信以外，还有一些其他不能被归类的书信类型，它们在实际工作和生活中也常常会被用到。

10.3.1 其他功能书信基础概述

其他功能书信是指前面两节所讲内容之外的书信形式，如表 10-3 所示。

11.1 讲话稿的写作

■基础概述 ■写作格式和注意事项 ■范例详讲

讲话稿有广义和狭义之分。广义的讲话稿是人们在特定场合发表讲话的文稿；狭义的讲话稿即一般所说的领导讲话稿，是各级领导在各种会议上发表带有宣传、指示和总结性质讲话的文稿。

11.1.1 讲话稿基础概述

讲话稿作为应用写作的重要文体之一，其有自身的一些特点。

- **内容针对性**：讲话稿内容受会议主题、讲话者身份和素质以及受众等因素影响。因此写讲话稿之前，必须对以上因素进行充分了解，包括了解会议的主题、性质和议题；讲话的场合和背景；领导者的指示和要求；听众的身份、背景情况、心理需求和接受习惯等。
- **篇幅的限制性**：讲话稿的篇幅视讲话时间长短而定，不能一味追求讲话稿的文字数量，而应注重其质量。讲话稿一般不宜长篇大论，表彰、通报和庆典类的讲话稿篇幅不宜过长，以免喧宾夺主。
- **语言规范性**：为了便于讲话者表达，易于听众理解和接受，讲话稿的语言既要准确简洁，又要通俗生动。另外，由于讲话具有现场性，因此撰写领导讲话稿时必须提前考虑和把握现场气氛和场合。
- **撰稿的集体性**：为了提高行政效率，领导讲话稿一般由秘书代笔，然后经领导审核是否采用。有的部门还专设起草小组，领导在将写作目的、背景和要求等交代清楚之后，由起草小组分工协作，集体撰稿，并在起草的过程中反复讨论和修改，最后才提交领导使用。
- **语言的通俗性**：演讲稿应通俗易懂，符合口语习惯，不能咬文嚼字。这样有助于讲话者与听众形成良好的互动，把抽象的道理具体化。

11.1.2 讲话稿的写作格式与注意事项

讲话稿的结构比较简单，分为标题和正文两个部分，因此只要把握好这两部分的写作方式，就能写出一篇好的讲话稿。

1. 标题

讲话稿的标题分为两种：一种一般是由“讲话人的姓名 + 职务 + 事由 + 文种”构成，如《×× 市长在全市教育工作会议上的讲话》。

另一种是由“一个主标题 + 副标题”组成，其中主标题一般用来概括讲话的主旨或主要内容，副标题则与第一种标题命名方式的构成形式相同。如“进一步学习和发扬鲁迅精神——在鲁迅诞生 110 周年纪念大会上的讲话”。

2. 正文

讲话稿的正文包括开头、主体和结尾 3 部分，每部分的写作重点不同。

◆ 开头部分

开头部分分为 3 个层次：首先是称谓，应根据与会人员的情况和会议性质来确定，如“同志们”和“各位专家学者”等，称谓要求庄重、严肃和得体；然后是内容概述，要求用极简洁的文字说明讲话的缘由或所要讲的内容重点；接着再转入正文讲话。

◆ 主体部分

根据会议的内容和发表讲话的目的，主体部分可以为以下内容：对文件、指示和会议精神的领会；通过分析形势和明确任务，提出搞好工作的意见；结合本单位情况，提出贯彻上级指示的意见；对前面其他领导人的讲话做补充讲话；也可以围绕会议的中心议题，结合自己分管的工作谈几点看法等。

◆ 结尾部分

结尾用以总结全篇、照应开头和发出号召，或对讲话内容征询意见或建议等。

在讲话稿的实际运用过程中，还需要把握其与演讲稿和发言稿的区别。

第一，讲话稿与演讲稿的区别。演讲稿比讲话稿正式。演讲稿是在较为隆重的仪式上和某些公众场所发表的讲话文稿。有针对性、可讲性和鼓动性等特点。

第二，讲话稿与发言稿的区别。不作为公务文书时，讲话稿和发言稿可以通用。一旦作为公务文书，应严格区别使用。讲话稿是从整体出发，一般体现主办方或上级领导的意见，具有一定的原则性、政策性和权威性；发言稿则是从自身的实际出发，一般体现参与方平级或下级领导的意见，畅所欲言，具有一定的务实性和灵活性。如“在××会议上的讲话”和“在××会议上的发言”可能内容写法相同，但在实际使用时要注意标题的命名是选择“讲话”还是“发言”。

11.1.3 常见讲话稿文书范例详讲

在实际工作中，比较常用的讲话文稿主要有领导讲话稿、会议开幕词、会议闭幕词和欢迎词等。下面将逐一讲解。

No.1 领导讲话稿

领导讲话稿是讲话稿最常见的形式之一，是讲话稿的狭义解释。

范本内容展示

资源下载\第 11 章\领导讲话稿 .doc

××领导在××会议上的讲话

同志们：

今天，我们在这里召开会议，我认为是十分必要的，这对于××工作的开展，具有十分重要的指导意义。对于刚才××同志的讲话，我认为讲得非常好，非常深刻。希望在座的同志，要认真领会，深刻理解。回去后注意传达学习，并认真抓好落实，确实把工作往前赶、往实里抓。真抓实干，扎实地推动××工作的顺利开展，努力创造××工作的新局面。

对于××工作，我在这里提几点补充意见：

一、对于××工作，我们要从思想上提高认识，充分领会××工作的重要性和必要性。目前，××工作已经开创了很好的局面，取得了很大的成绩，这是大家有目共睹的。但是，最重要的一点是提高认识，各级领导要从思想上充分认清××工作的重要意义，要加大工作的宣传力度，要形成上下“齐抓共管”的好局面，只有这样，××工作才能更上一层楼。

二、对于××工作，要加强落实，把工作落到实处。目前，个别部门和个别同志，存在一个很不好的现象：热衷于搞形式主义，热衷于开大会，以会议传达会议，以文件传达文件，没有真正的入心入脑，完全图了过场、走了形式。当然，开大会是必要的，上传下达也是必要的。但是，光是讲空话，打官腔，是远远不够的。对于××工作，要真抓实干，加强责任心，搞好落实。各级领导要把××工作列入日常议事日程，要具体部署，认真执行。各级领导要为××工作相应的进行政策倾斜，创造必要的物质条件和舆论环境，扎扎实实推动××工作的开展，要抓出成效、抓出成绩。

三、要加强工作的统筹协调。历史证明：团结，是我们消除一切困难的有力武器。××工作也一样，各级领导要加强工作协调，要把上下、左右各方面、各环节有机的结合起来，遇事推诿、互相扯皮，这种官僚作风十分要不得。

四、要在实践中探索××工作与市场经济有机结合的新路子。市场经济是一场深刻的社会变革，它的影响波及到社会的每一个角落，××工作当然也不例外，它必将会受市场经济的影响。因此，如何适应市场经济的要求，如何和市场经济有机的结合起来，希望大家认真的思考一下，探索一下，这是十分有意义的。

五、要增强参加某某工作的自豪感和责任感。同志们，对于××工作，上级是非常重视的，各级组织也投入了大量的人力、物力和财力，既然选择了你们来承担××工作，那是组织对你们的信任，你们肩负了组织的殷切希望，希望你们要脚踏实地，多干实事，同心同德，开拓进取，努力工作，在各自的岗位上为××工作添砖添瓦，努力开创××工作的新局面。

范本内容精讲

范本标题采用的是前述的第一种标题命名方式，即由讲话人的姓名、职务、事由和文种构成；而讲话的主体部分内容，是以前述的“对前面其他领导人的讲话做补充讲话”为角度来展开的，主体内容层次分明，重点突出；讲话稿的结尾部分是紧接着主体部分的要点来写的，将对与会者和相关责任人的号召穿插到了主体内容中，在实际写作过程中，参考这种写法，可以使讲话稿更精简，更有连贯性和整体性。

此外，可以将讲话稿写作前后的技巧简单概括为“五个一原则”。

- **问一问：**包括3个层次的内容：一是问领导，重点是通过征询领导意见，提前了解领导意图、讲话思路和重点内容；二是问相关，对讲话稿涉及的相关部门和人员，应主动上门问政策、问情况和问数据；三是问自己，了解领导意图和收集相关材料之后，还要问自己写作讲话稿已经有什么，还缺少什么。找出缺漏，再去有针对性地“找米下锅”。
- **拎一拎：**“拎”是对“问”的提炼和总结，主要是对讲话稿的大纲、目录和要点进行确定。其中，大纲内容应有侧重且相互统一，形式要工整对称，语句要朗朗上口；大纲下的目录不应过多，否则会降低讲话效果；讲话稿的要点内容应明确需填充哪些材料、事实和数据，做到言之有物，这是讲话稿的重点。
- **写一写：**正式写作讲话稿时，要注重内容和形式的统一，做到篇章结构匀称，用词准确。可以通过巧用典故、比喻和引用，多用一手数据、新鲜事例以及感召性话语，以增强说服力、号召力和吸引力。
- **放一放：**讲话稿初步完成后，不要急着送给领导审阅，而要先放一放，以通过短暂的停歇和冷处理，更好地完善初稿。
- **改一改：**在经过放一放，自己修改后，要及时将讲话稿送给领导审阅修改。修改的过程一般先是起草部门领导修改，再是用稿领导修改。

No.2 会议开幕词

会议开幕词是在重要会议开始时，会议主持人或主要领导人讲话所用的文稿。

范本内容展示

资源下载\第11章\会议开幕词.doc

2017 年度工作会议开幕词

各位同仁：

大家上午好！

春回大地，万象更新！转眼之际 2016 年已经过去，充满新的挑战与机遇的 2017 年已然来临。今天，我们欢聚一堂，在这里隆重召开××地产营销机构 2017 年度工作大会。首先，我谨代表公司向各位参会人员表示热烈的欢迎，再者，向全体员工在过去一年里的辛勤工作致以深深的谢意！

2016 年，是公司大跨步发展的一年，也是充满挑战的一年。公司自 2006 年成立以来，已然走过八个年头，在这八年的时间里公司承接了数个地产项目，项目涉及区域遍及××省多个县市地区，乃至外省地区。机遇和挑战是并存的，尤其是在近几年整个市场经济处于一种较为动荡的时期，致使房地产市场局势也变得变幻莫测，从而给我们的销售工作带来了很大的挑战。但是通过公司全体员工的不懈努力，公司获得了健康、稳步和持续的发展，做到了稳健运营，实现持续发展的目标。

在 2016 年，公司总部经历了办公场所的搬迁和工作人员的扩编，由原先的狭小办公场所搬到了现在正规、宽敞和明亮的专业商务写字楼，公司各职位也逐渐达到齐全的人员配备状态。这些方方面面都是公司在不断发展壮大的实际体现，当然公司的发展是伴随着全体员工的辛勤劳动和不断努力，也凝聚着每位员工在各自岗位上的自我突破和无私奉献。因此，我谨代表公司向全体员工表示衷心的感谢，并通过你们向你们的家人表示由衷的感谢！

展望 2017 年，我们将面临新的机遇和更大挑战，希望大家继续努力，开拓创新，与时俱进，以新的姿态和新的步伐，谱写出公司全新的篇章！

我相信 2017 年，在公司的正确决策下，有我们全体员工的共同努力和齐心协力；通过强化管理，提升效率，我们的员工和企业一定能够携起手来，共同进步，在激烈的市场竞争中求得新的发展，公司一定会有更美好的未来！最后祝我们的年度会议圆满成功！谢谢大家！

范本内容精讲

会议开幕词旨在阐明会议的指导思想、宗旨和重要意义，并向与会者提出开好会议的中心任务和要求。从范本展示的内容可以看出，一份完整的会议开幕词一般包括首部、正文和结束语 3 个部分。

◆ 首部

开幕词的首部又包括标题、时间和称谓 3 个部分。开幕词的标题有 4 种表现形式：第一种是“事由 + 文种”，如“中国共产党第十二次全国人民代表大会开幕词”；第二种是“致词人 + 事由 + 文种”，如“×× 同志在 ×× 会上的开幕词”；第三种是采用复式标题，如“我们的文学应该站在世界的前列——中国作家协会第四次会员代表大会开幕词”；第四种是直接用“开幕词”3 个字作为标题。范本采用的是第一种标题命名方式。

标题之下，用括号注明会议开幕的年、月和日，但有时也会将会议的日期直接写在标题中。如范本所示的“2017 年度工作会议开幕词”。

开幕词的称谓一般根据会议的性质及与会者的身份来确定，如“同志们”“各位代表、各位来宾”“运动员同志们”以及范本所示的“各位同仁”等。

◆ 正文

正文包括开头、主体和结尾 3 个部分。

开幕词的开头一般是开门见山地宣布会议开幕，也可以对会议的规模及与会者的身份等作简要介绍，如“参加这次大会的代表有 ×× 人，其中有来自……”，并对会议的召开及对与会人员表示祝贺。需要说明的是，开头部分即使只有一句话，也要单独列为一个自然段，将其与主体部分分开。

主体部分是开幕词的核心，一般也包括 3 个方面。

第一，阐明会议的意义，通过对以往工作情况的概括总结和对当前形势的分析，说明会议是在什么形势下，为了解决什么问题和达到什么目的召开的。如文中的“转眼之际 2016 年已经过去，……”。

第二，阐明会议的指导思想，提出大会任务，说明会议主要议程和安排。对于一些非正式或小规模的会议来说，这部分内容在开幕词中的表现可能会不太明显，而是会在实际的会议中进行具体提出和安排。

第三，为保证会议顺利举行，向与会者提出会议的要求。如文中的“展望 2017，……”。

结尾部分一般是提出会议任务、要求和希望，很多时候会与主体部分的最后一部分内容相融合。

◆ 结束语

开幕词的结束语要简短有力，且要有号召性和鼓动性。写法上常以呼告语结束，如“预祝大会圆满成功”。

No.3 会议闭幕词

会议闭幕词是一些大型会议结束时有关领导人或德高望重者向会议所作的讲话，具有总结性、评估性和号召性等特点。

范本内容展示

资源下载 \ 第 11 章 \ 会议闭幕词 .doc

××第二十一届职工代表大会第四次会议闭幕词

各位代表：

××第二十一届四次职工代表大会在省××工会、××工委的关怀下，在××党委的正确领导和××的支持下，经过全体代表的共同努力，历时一天，圆满地完成了大会预定的各项任务，现在就要结束了。

会议期间，代表们认真地听取并审议通过了行政工作报告，报告对×××的经济工作进行了实事求是的总结，并精辟地分析了当前××所面临的严峻形势，具体地部署了今后一个时期的工作。代表们一致认为，报告对××目前状况谈的实事求是，客观公正，对今年的工作任务讲的目标明确，措施具体，具有较强的操作性。代表们一致表示，要以“报告”精神为动力，动员和带领广大职工群众，为实现×党委“一一四”工作思路和×××“一六”工作目标，促进××的全面发展而努力奋斗。

大会还认真审议通过了其它有关报告和议案，评议了企业领导干部。会议期间，代表们各抒己见，畅所欲言，会议始终充满了民主、团结的浓厚气氛，收到了预期的效果，取得了圆满的成功。这次大会得到了×党委的高度重视，党委书记××同志就贯彻好这次会议精神，动员广大干部群众如何认清形势、统一思想、坚定信心、扎实工作，努力开创全×各项工作新×面，为实现××三步走发展战略提出了具体要求，并号召全×广大职工群众要立足本职，发挥作用，为完成××党委、××提出的各项工作任务，开创××经济发展而努力奋斗。

各位代表、同志们，在这充满希望的新世纪的第二年，不管我们面前会遇到多大的困难，我们都要高举邓小平理论伟大旗帜，解放思想，抓住机遇，务实创新，开拓进取，迎接考验。大会闭幕后，希望代表们要认真贯彻落实会议精神，为全面完成会议确定的各项工作任务而努力。

现在我宣布：××第二十一届职工代表大会第四次会议胜利闭幕。祝各位代表身体健康，工作顺利，万事如意！

范本内容精讲

会议闭幕词和开幕词相对应，一般来说，有开幕词就应有闭幕词。从范本内容也可看出，闭幕词和开幕词在结构上类似，但在结构构成部分的具体内容上，两者还是有所差异，在写作过程中应区别开来。

- **标题：** 闭幕词的标题书写和开幕词相似，也有 4 种写法，可参照上述开幕词标题写作方式。需要注意的是，同一会议的闭幕词的标题书写形式要与开幕词一致，如若开幕词的标题为“×× 市科学技术协会第 ×× 次代表大会开幕词”，则闭幕词的标题应为“×× 市科学技术协会第 ×× 次代表大会闭幕词”，而不应为“闭幕词”或采用复式标题格式。
- **正文的开头部分：** 与开幕词不同，闭幕词中的正文开头部分写作重点是说明会议已经完成预定任务，现在就要闭幕了，如文中的“……圆满地完成了大会预定的各项任务，现在就要结束了。”

◆ **正文的主体部分**：闭幕词的主体部分与开幕词差异也极大，主要是概述会议的进行情况，恰当地评价会议的收获、意义及影响。其中核心内容为：会议通过的主要事项和基本精神；会议的重要性和深远意义；向与会人员提出贯彻会议精神的基本要求。

◆ **正文的结尾部分**：开闭幕词的结尾部分都是发出号召，但使用的语言却完全不同，开幕词结尾一般是用类似"预祝会议圆满成功"的语句，而闭幕词的结尾则是用文中"大会闭幕后，希望代表们认真贯彻落实会议精神，为全面完成会议确定的各项工作任务而努力"的类似语句。

◆ **结束语**：闭幕词的结束语是用来郑重宣布会议闭幕的语句，如文中的"现在我宣布：×× 第二十一届职工代表大会第四次会议胜利闭幕"。

No.4 欢迎词

欢迎词是在座谈会、宴会或酒会等场合发表的对参会者表示欢迎的讲话。

范本内容展示

资源下载 \ 第 11 章 \ 欢迎词 .doc

欢迎词

女士们、先生们：

值此××厂 30 周年厂庆之际，请允许我代表××厂，向远道而来的贵宾们表示热烈的欢迎。

朋友们不顾路途遥远专程前来贺喜并洽谈贸易合作事宜，为我厂 30 周年庆更添了一份热烈和祥和，我由衷地感到高兴，并对朋友们为增进双方友好关系作出努力的行动，表示诚挚的谢意！

我厂建厂 30 年能取得今天的成绩，离不开在座的所有老朋友们的真诚合作和大力支持。对此，我们表示由衷的钦佩和感谢。同时，也为有幸结识来自全国各地的新朋友感到十分高兴。在此，我再次向新朋友们表示热烈欢迎，并希望能与新朋友们密切协作，发展相互间的友好合作关系。

"有朋自远方来，不亦乐乎"。在此新朋老友相会之际，我提议：

为今后我们之间的进一步合作，

为我们之间日益增进的友谊，

为朋友们的健康幸福，

干杯！

范本内容精讲

欢迎词是基于会议或活动的内容而作的，因此活动内容不同，欢迎词内容也不同。范本展示的是某厂 30 周年庆活动的欢迎词，内容主要是围绕对参加人员的欢迎和感谢进行，写作时将感谢之词与厂的发展紧密结合在一起，既表达了欢迎感谢之意，也加深了主办方与参会者之间的关系。

和其他类别的讲话稿类似，欢迎词的正文也是其核心部分，因此写作重点就在于对正文部分的把握。

第一，正文的开头，应对宾客的光临表示热烈的欢迎。如范本所示第一段的正文内容。

第二，正文的主体，应根据双方的关系，回顾相互交往的历程，阐明宾客来访的意义，展望美好的未来。如范本中的第二和第三段内容。

第三，正文的结尾，应再次表示欢迎，并预祝来宾作客愉快。如范本中的第三段内容。

此外，由于欢迎词是出于礼仪的需要而使用的，因此应十分注意礼貌。具体而言，要注意以下几点。

- **礼貌**：称呼要用尊称，感情要真挚，要能得体地表达自己的原则立场。
- **谨慎**：措辞要慎重，勿信口开河，同时要注意尊重对方的风俗习惯，应避开对方的忌讳，以免发生误会。
- **热情**：语言要精确、热情、友好、温和及礼貌。
- **精炼**：篇幅短小，言简意赅。一般的欢迎词都是一种礼节性的外交或公关辞令，宜短小精悍，不必长篇大论。

11.2 新闻稿的写作

■基础概述 ■写作格式和注意事项 ■前提和角度把握 ■范例详讲

新闻稿是政府、公司、机构和学校等单位发送予传媒的文字稿件，以公布有新闻价值的消息。新闻稿长期以来被视为官方声明，是企业永久公开记录的一部分，是品牌内容的重要资产。

11.2.1 新闻稿基础概述

新闻稿是以具体事件为基础撰写的稿件，每一篇新闻稿都应该具有明确正式的消息来源，每个企业都应该只发布自身为主体或者跟自身直接相关的新闻资讯。

新闻稿自身的结构是相对固定的。包括标题、导语、主体、结语和背景5个部分，每个部分又有不同的写作要求。

- **标题**：要做到高度概括，抓人眼球，文字不应过多过长。
- **导语**：用来提示消息的重要事实，使读者一目了然，一般是对主要内容的概括和浓缩。
- **主体**：写于导语之后，是新闻稿的主干，这部分内容重点是集中叙述事件、阐述问题和表明观点的中心部分，是全篇新闻的关键所在。
- **结语**：一般指稿件所指消息的最后一句或一段话，是消息的结尾，它依赖于内容的需要，视实际情况而定，可写可不写。
- **背景**：是事物的历史状况或存在的环境和条件，是消息的从属部分，常穿插在主体部分，也穿插在导语或结语之中。

另外，新闻稿的发布方法并不是固定的，发布者可以根据实际情况选择合适的发布方式，如下图所示。

①举办新闻发布会。通过发布会的方式请行业及大众媒体参会，由企业的新闻发言人对外公开发布企业重大消息。这种方式对企业来讲费用花费很高，而且是有一定社会知名度的大型企业才有这样的号召力和媒体关注度。

②与公关公司合作。公关公司通过挖掘企业的新闻事件，撰写成新闻稿，然后通过公司的媒体资源发布到全国各大媒体。这种方式可以省去很多事，公关公司在公关传播服务方面比较专业，而且资源和服务流程都是现成的。

③企业自主建立媒体关系。大型企业通过自己的品牌部、市场部或企划部，指定一位媒介经理联系媒体，如果企业有重要新闻，通过这些媒体关系发布。这种方式比较直接和快速，费用少；但工作难度大，媒体范围小，发稿数量可能受限制，稿件发布率低。

11.2.2 新闻稿的写作格式和注意事项

新闻稿的实质就是对消息的加工和完善，其格式有很多，而且都是在新闻事业的发展过程中不断摸索出来的，不同时期的格式也不一样。主要有以下几种新闻稿格式。

◆ 倒金字塔式

这是源于美国新闻界的一种格式，这种格式由于迎合了受众的接受心理，因此受到了普遍模仿，现在中国的很多都市报所使用的都是这种格式。

它的写法是：首先在导语中写出一个新闻事件中最有新闻价值的部分，即新闻中最突出、最新奇和最能吸引受众的部分。比如对于一场刚刚结束的球赛，观众和读者最想知道的是比赛的结果，或者是某个球员的发挥情况，那导语就可以从这里写起。

其次，在报道主体中按照事件各个要素重要程度依次递减的顺序写作，保证最前面的内容是最重要的，最后面的是最不重要的。同时需要注意，一个段落只写一个事件要素，不能一段到底。

最后，因为这种格式往往与事件发展的时间顺序不符，所以在写作时要尽量从受众的角度来构思，按受众对事件重要程度的认识来安排事件要素和顺序。这是写作的重点，也是难点，需要长期的实践经验积累和对于受众的宏观认识。

◆ 新华体

新华体是一种中外结合的写作格式，在弥补国内写法不足和借鉴国外优秀写法的基础上产生。它与倒金字塔式有一些相同之处，但更多的是差异性。

它的写法是：首先导语部分和倒金字塔式一样，先把事件中最重要的部分在导语中简明地体现出来。

其次，在第二段进一步具体阐述导语中的重要部分，形成支持，不至于使受众在接受时形成心理落差。因而，第二段实际上是一个过渡性段落。

最后，按照事件发展的时间顺序逐一讲解。

◆ 华尔街日报体

华尔街日报体格式的主要特点是在文首特写新闻事件中的一个“镜头”，一般是以一个人的言行为主，从而引出整个的新闻报道。比如对于央行要对房贷进行加息的消息，新闻报道就可以从一个普通市民的住房贷款行为写起，比较能贴近实际，贴近群众，贴近生活。

无论是哪一种写作格式，标题对于新闻报道都尤其重要，甚至都出现了一个标题就是一条报道的情况。因而，标题写作要提炼新闻事件的“精华”，把最吸引人的地方体现出来，同时要简洁。

如有需要，可以在主标题前加上引题，在其后加上副题。如果要写作篇幅较长的调查性报道或深度报道，就要注意在文中按照事件叙述明晰的需要，适当加一些小标题，以概括一个部分的内容，便于受众阅读。

11.2.3 写好新闻稿的前提和角度把握

新闻稿的写作对于写作者的信息收集和整理能力、语言组织能力、词汇掌握程度以及对于消息的重点把握能力等都有较高要求。

1. 培养新闻敏感度

新闻信息是新闻稿的基础和载体，因此培养新闻触角和新闻敏感，善于发现新闻线索是写作的前提。所谓新闻敏感度，就是识别新闻的敏锐能力。一件具有新闻价值的事情，别人不能看出它是新闻，而你却一下就能识别它是新闻。新闻敏感并不是与生俱来的，它可以通过在实践中不断培养和积累获得。

2. 积累素材、找好角度

素材积累是写作的前提，敏感度的培养也是为素材的积累服务，在素材积累到一定程度时，重点和难点就落在了角度的选择上。在考虑新闻角度时，可以从以下几个方面入手。

◆ **特色角度：**大多数的节日庆祝活动每年都大同小异，但如果能从中找出特色内容进行报道，就能写出有价值的新闻。

◆ **读者角度：**要关注受众的物质生活和精神生活上普遍关心的问题，选择发生在社会和生活中的“小事”，以小见大，才能增强新闻的吸引力。

◆ **时间和空间角度**：有些新闻事实，在不同的时期和空间，其重要的程度会发生一定的变化。有的事实发生在去年算不了新闻，但发生在今年却算新闻了；有的事实发生在A地区算不了新闻，而发生在B地区却又算新闻了。因此如果能把握这种时间和空间变化，那么就能准确找到新闻角度。

3. 掌握写作的基本方法

新闻写作的基本方法是用事实说话。这是新闻稿的独特魅力所在，也是新闻事业不可代替的价值所在。初写新闻稿的人往往用自己的主观评价和臆断代替大量重要的新闻事实，导致写出的新闻或空洞无物，或言不及义，这就扭曲了新闻稿传播事实的职能。

4. 大胆试写

若不落实到具体写作，那所有的积累和技巧的学习掌握都会变得毫无用处。只有勇于实践、大胆尝试、深入采访并勤奋笔耕，不断提高写作技巧，才能写出更多更好的新闻稿。

在试写的过程中，可以就成型的稿件向上司或有经验的人请教，以发现稿件的不足和自身写作存在的问题，这样才能做到不断提高和完善，没有尝试，没有失败，也就没有提升。

11.2.4 常见新闻稿文书范例详讲

新闻稿的细分种类较多，在实际工作中，电视新闻稿和企业新闻稿最为常见，运用得也最为广泛，下面将通过实例具体讲解。

No.1 电视新闻稿

电视新闻稿是用于电视报道的新闻稿件，它是以具体的画面为基础，和画面相互协调、密切配合的文字稿。电视新闻稿往往由播音员直接播出，以听觉的方式作用于受众对象。

范本内容展示

资源下载 \ 第 11 章 \ 电视新闻稿 .doc

我国长江流域出现日全食天文奇观

（导语）今天上午，长近 1 万公里、宽约 250 公里的“日全食带”跨越亚洲大陆，我国很多地区的人们目睹了这一壮观的日全食天象，人们的生产生活秩序如常。

（解说）“日全食带”早上 7 点 58 分起始于印度，进入我国境内后，经过西藏、云南、四川、重庆、湖北、安徽、江苏、上海、浙江等地 40 多个城市，中午 11 点多钟进入太平洋。所谓“日全食”是指当月球运行到太阳和地球之间时，月球挡住全部太阳光球所致，是一种常见的自然天象。整个过程包括初亏、食既、食甚、生光、复圆五个时期。

（解说）在西藏、四川、安徽、重庆、浙江等地，中央电视台联合 14 家地方电视台，从地面到空中对日全食进行了直播报道，让观众在第一时间见证了这难得一见的天象。

（现场）记者：……

（解说）在我国，人们对日食的观测已有 4000 多年历史，根据中科院紫金山天文台的预报，这次日食是自 1814 年到 2309 年近 500 年间，在我国境内全食持续时间最长的一次，也是世界历史上覆盖人口最多的一次日全食，我国长江流域的 42 个城市都可以直接观测到这次天文奇观。

（同期声）群众：……

（解说）天津、广州、海南、山东、辽宁等地区尽管不在日全食带，但人们还是看到了日偏食的美妙景色。专家介绍，因为天气原因此次无法看到日食的地区，实际上也能感觉气温下降和光线转暗等微妙变化，这也是日食的奇妙经历。

范本内容精讲

范本展示的是某事件报道类的电视新闻稿，稿件除了有导语和解说之外，还有同期声和现场记者报道内容，这是电视新闻稿特色的体现。同期声就是同期录音的意思，电视新闻稿中的同期声指的是新闻现场被采访者所述内容的录音，同期声的恰当使用可以使得电视新闻更加生动和真实。

一份完整的电视新闻稿，要包括标题、导语、解说词、同期声和画面简介 5 个部分内容，范本内容就能很好地与这 5 部分内容匹配。

首先，范本的标题为“我国长江流域出现日全食天文奇观”，高度概括了稿件的主要内容。

导语部分即为范本的第一段内容，介绍了日食的时间、地点、事件及影响，属于直接式导语。

范本的第二段解说词介绍了日食的过程，并引用背景材料介绍了日食的原理，与各地不同日食的景象相呼应。

第四段是记者在飞机上的报道，声音与机上能看到的壮丽景色、飞机现场音响是同步的，视听结合，使人印象深刻。由于不是播音员播报内容，因此没有在稿件中详细记录。

最后解说词介绍天津、广州、海南、山东和辽宁等地区人们的观看日食情况，是和电视画面内容相对应。

电视新闻稿采用视听结合的语言形式，具有转瞬即逝的特点，这也决定了其写作上的一些特殊要求。

- **文字和画面对应，相辅相成：**电视新闻稿是以画面为基础，以文字为载体，其文字和画面是相辅相成的关系，充分发挥两者之间的关系，并将其有机结合，共同完成传播任务，是电视新闻追求的境界。
- **文字和其他声音元素搭配：**电视新闻稿的文字最终会以声音的形式通过播音员表现出来，除了文字稿件之外，电视新闻稿通常还包括同期声和现场音响等声音。同期声采访比起记者转述来说更具现场性和感染力，现场音响也能使观众更加融合新闻事件。
- **语言口语化，做到简明扼要：**这里的口语化是指通俗易懂，不能有过长的句子和晦涩难懂的词汇，不能使用太多的转折性词语，也不能出现因读音相近而产生歧义的现象。
- **表达的即时感，尽量使用现在时态表述：**及时性是新闻的重要特征之一，新闻报道的内容一般为正在发生的事件，因此电视新闻稿的内容应尽可能使用现在时，以给受众一种报道事件正在眼前发生的强烈感觉。
- **报道的事实和用语准确：**准确性是对新闻的基本要求，如果报道的事实不准确，则会给观众传递错误的信息，影响观众的认知；若用语不准确，可能导致观众理解的偏差，不同观众对事件内容产生认知歧义。

No.2 企业新闻稿

企业新闻稿是企业和机构将自身的新品发布、高层升迁、获奖信息或企业的销售业绩等信息发表在媒体上，用以企业宣传的一种文体。

范本内容展示

资源下载\第11章\企业新闻稿.doc

××集团入选2018年中国民营企业500强

来源：总部　编辑：中国××集团　北京消息（××）××月××日

由中华全国工商业联合会评选的“2018 中国民营企业 500 强”榜单揭晓，××集团位列榜单第 28 位。

“中国民营企业 500 强”是中华全国工商业联合会在上规模民营企业调研的基础上，以营业收入总额为参考指标发布的排序结果。上规模民营企业调研作为全国工商联的重点工作，自 1998 年以来已连续开展了 20 年。中国××集团旗下的××企业和××企业已经连续多年入选“中国民营企业 500 强”。今年，中国××集团以 2018 全年营业收入总额××亿元，入选“2018 中国民营企业 500 强”榜单，成为中国××集团走上集团化发展道路的重要标志之一。

中国××集团始终秉持“绿色可持续”的发展理念，依托资源优势，坚持以“煤基清洁能源”为主线，大力发展煤基多联产循环经济。集团已经在内蒙古、青海、宁夏和新疆等地先后建成了多个以现代煤化工为标志的低碳化、清洁化、循环型国家级产业园区，成功运营了一大批煤基清洁能源项目。

“打造国际一流清洁能源企业”是中国××集团可持续发展的主旨和不懈的追求。作为全球领先和中国第一家投入商业化运营的煤制气企业，中国××集团将继续加大在清洁能源领域的投资和科技研发力度，遵循“绿色、安全、高效”的发展模式，构建全新的清洁能源全产业链条，努力成为中国清洁能源领域的领跑者！

范本内容精讲

范本展示的是某集团获奖信息的新闻稿，稿件内容大致分成了 4 个部分：该集团获取的奖项；该奖项的信息介绍；该集团的介绍；该集团的发展展望。这是企业新闻稿的常用模式，在对稿件的主题进行介绍之后，随之会侧重对该企业进行介绍，以起到企业宣传的作用。

不同的企业新闻稿，其结构都与范本内容大致相似，在内容上区别最大的是第一部分的导语内容，因为导语部分是对稿件主要内容的概括，因此对于不同的事项，导语内容差异较大。如当新闻稿内容为介绍新品发布时，其导语内容一般采用如下的表现形式。

××年××月××日，××汽车新品——××发布会在××市××大酒店顺利举办，并取得圆满成功。此次发布会以“新高度，新征程，××汽车再创佳绩”为主题，完美解读了巨匠之制“××”，并带领大家领略了一段巨匠打制一辆好车的旅途。

企业新闻稿的写作还应掌握一些通用的撰写技巧。

（1）可以在文章标题、副标题和正文第一段里都写上公司名称，这样既可以提高新闻稿的搜索引擎优化效果，也能加深记者和读者对公司的印象，起到更好的企业宣传效果。

（2）通过大量阅读网上的各类新闻稿来了解新闻稿写作的语言习惯、结构和文体，提升稿件质量。

（3）标题的写作可以放在新闻稿成文之后，因为标题是对稿件内容的精要概括，充分了解稿件内容是写好标题的基础。标题力求简洁和有吸引力。

（4）除了范本及与之类似的企业获奖或排名信息稿件之外，尽量不要在导语部分写一些关于公司的浮夸字句（比如，××公司是世界领先的××的厂商）。否则会显得有点儿突兀，容易引起读者反感，这部分内容在企业介绍中进行讲解更为合适。

总的来说，企业新闻承担着对内对外进行企业宣传推广的作用。对外，因为企业服务的对象是社会大众，因此，必然要依靠大众媒体的宣传，提高企业知名度，得到社会大众的支持和理解；对内，面向公司职员，宣传企业文化，增强企业活力和员工凝聚力。

读者意见反馈表

亲爱的读者：

感谢您对中国铁道出版社有限公司的支持，您的建议是我们不断改进工作的信息来源，您的需求是我们不断开拓创新的基础。为了更好地服务读者，出版更多的精品图书，希望您能在百忙之中抽出时间填写这份意见反馈表发给我们。随书纸制表格请在填好后剪下寄到：北京市西城区右安门西街8号中国铁道出版社有限公司大众出版中心 张亚慧 收（邮编：100054）。或者采用传真（010-63549458）方式发送。此外，读者也可以直接通过电子邮件把意见反馈给我们，E-mail地址是：lampard@vip.163.com。我们将选出意见中肯的热心读者，赠送本社的其他图书作为奖励。同时，我们将充分考虑您的意见和建议，并尽可能地给您满意的答复。谢谢！

所购书名：__________

个人资料：

姓名：______ 性别：______ 年龄：______ 文化程度：______

职业：______ 电话：______ E-mail：______

通信地址：______ 邮编：______

您是如何得知本书的：

□书店宣传 □网络宣传 □展会促销 □出版社图书目录 □老师指定 □杂志、报纸等的介绍 □别人推荐

□其他（请指明）______

您从何处得到本书的：

□书店 □邮购 □商场、超市等卖场 □图书销售的网站 □培训学校 □其他

影响您购买本书的因素（可多选）：

□内容实用 □价格合理 □装帧设计精美 □带多媒体教学光盘 □优惠促销 □书评广告 □出版社知名度

□作者名气 □工作、生活和学习的需要 □其他

您对本书封面设计的满意程度：

□很满意 □比较满意 □一般 □不满意 □改进建议

您对本书的总体满意程度：

从文字的角度 □很满意 □比较满意 □一般 □不满意

从技术的角度 □很满意 □比较满意 □一般 □不满意

您希望书中图的比例是多少：

□少量的图片辅以大量的文字 □图文比例相当 □大量的图片辅以少量的文字

您希望本书的定价是多少：

本书最令您满意的是：

1.

2.

您在使用本书时遇到哪些困难：

1.

2.

您希望本书在哪些方面进行改进：

1.

2.

您需要购买哪些方面的图书？对我社现有图书有什么好的建议？

您更喜欢阅读哪些类型和层次的理财类书籍（可多选）？

□入门类 □精通类 □综合类 □问答类 □图解类 □查询手册类

您在学习计算机的过程中有什么困难？

您的其他要求：